管理、组织和人工智能

[波兰] 巴尔托什·涅杰尔斯基（Bartosz Niedzielski）
杨朦晰 陈万思
[波兰] 皮奥特·布拉（Piotr Buła）
著

杨朦晰 陈万思
译

Management,
Organisations,
and Artificial Intelligence
WHERE THEORY MEETS PRACTICE

清华大学出版社
北京

北京市版权局著作权合同登记号　图字：01-2023-1986

Management, Organisations and Artificial Intelligence 1st Edition / by Piotr Buła and Bartosz Niedzielski / ISBN: 9781032025827

Copyright © 2022 Piotr Buła and Bartosz Niedzielski.

Authorized translation from English language edition published Routledge, a member of the Taylor & Francis Group.; All rights reserved. 本书原版由Taylor & Francis出版集团旗下，Routledge出版公司出版，并经其授权翻译出版．版权所有，侵权必究．

Tsinghua University Press is authorized to publish and distribute exclusively the Chinese (Simplified Characters) language edition. This edition is authorized for sale in the People's Republic of China only, excluding Hong Kong, Macao SAR and Taiwan. No part of the publication may be reproduced or distributed by any means, or stored in a database or retrieval system, without the prior written permission of the publisher. 本书中文简体翻译版授权清华大学出版社独家出版。此版本仅限在中华人民共和国国境内（不包括中国香港、澳门特别行政区和台湾地区）销售。未经出版者书面许可，不得以任何方式复制或发行本书的任何部分．

Copies of this book sold without a Taylor & Francis sticker on the cover are unauthorized and illegal.

本书封面贴有Taylor & Francis公司防伪标签，无标签者不得销售．

版权所有，侵权必究。举报：010-62782989，beiqinquan@tup.tsinghua.edu.cn。

图书在版编目（CIP）数据

管理、组织和人工智能 /（波）巴尔托什·涅杰尔斯基等著；杨朦晰，陈万思译．
北京：清华大学出版社，2025.6. -- ISBN 978-7-302-69286-7
Ⅰ. F272.7
中国国家版本馆CIP数据核字第2025L27G15号

责任编辑：梁云慈　朱晓瑞
封面设计：汉风唐韵
版式设计：方加青
责任校对：宋玉莲
责任印制：沈　露

出版发行：清华大学出版社
网　　址：https://www.tup.com.cn，https://www.wqxuetang.com
地　　址：北京清华大学学研大厦A座　　邮　编：100084
社　总　机：010-83470000　　邮　购：010-62786544
投稿与读者服务：010-62776569，c-service@tup.tsinghua.edu.cn
质　量　反　馈：010-62772015，zhiliang@tup.tsinghua.edu.cn

印 装 者：三河市科茂嘉荣印务有限公司
经　　销：全国新华书店
开　　本：170mm×240mm　　印　张：15.5　　字　数：234千字
版　　次：2025年7月第1版　　印　次：2025年7月第1次印刷
定　　价：69.00元

产品编号：097696-01

前言

那些只从媒体上听说过，但从未深入了解过人工智能领域的人会惊讶地发现，人工智能这个风靡当下的概念已经有70多年的历史了。人们一般认为，目前与人工智能有关的一切都起源于英国数学家和密码学家艾伦·图灵（Alan Turing）。图灵发明了一个著名的测试，通过这个测试的机器可被认为"具有智能"。如今图灵被视为人工智能和当代信息技术的创造者。为了表彰他对世界和英国科学界的贡献，于2021年进入流通的英格兰银行新的50英镑钞票采用了图灵的形象。尽管人工智能中所应用的诸多理论和方法由来已久，但有一个问题：为什么人工智能时至今日才流行开来，而且人们对它那么重视呢？其实答案非常简单，过去十年间，我们在计算能力、数据获取能力和算法开发方面均取得了重大进步，当前的数据规模更是达到了几十个泽字节[①]。因此，无论是新创建的进化算法，还是误差反向传播算法、量子算法，抑或是预测算法，目前均被广泛应用在各个生活领域，从医学、教育，到科学、工业、发电、交通、大众媒体、行政、管理、安全、商业服务，再到农业、采矿业和渔业，不一而足。换言之，人工智能元素已经深深融入我们的生活，并且正以一种前所未有的革命性方式改变着我们的生活。所有这些都表明，漫长的结构性变革之路刚刚开始，其范围将涵盖经济、社会甚至宗教。事实上，传感器和探测器等技术的进步有望在不久的将来推动电动出行取得长足的发展，彻底改变全球汽车市场和石化行业。因此，变革必然来临，但想要预测其对地球生命的重塑力度和规模仍然很难。

今天，许多实体，包括处于全球经济核心地位的企业都面临着一系列机遇和挑战。挑战之一，也许是最重要的一个挑战是组织需要适应不断变化的环境。应该指出的是，通过推动新技术的发展，如人工智能，人类已经创造

---

① 泽字节（zettabyte，简称ZB）是一种数据存储单位，相当于10的21次方字节，即1万亿GB或10亿TB。

出一种组织前所未知的商业环境，组织想要在这种商业环境中生存下去，不得不做出改变，以适应这种环境。换言之，不断适应人类活动所创造的环境将成为实体与人工智能时代的协同共生模式。在这种情况下，组织中的流程需要做出适应性调整，包括组织结构、管理模式、行动战略、工作岗位、检查和监督活动、内部审计、工作组织以及与业务伙伴的合作模式等。这种转变还将影响管理人员在人工智能时代有效管理组织所需具备的资质。对于员工也是如此，其就业将主要取决于自己的认知能力和核心技能。在这个人工智能时代，数据将成为所有组织最需要的资源。而数据质量和数据处理技能将成为影响组织市场竞争力的决定因素。

有关人工智能时代组织管理的问题，当前文献对此缺乏解决问题的框架，因此本书采用了一种相对普遍的方法。本书不仅包括了大量与工业4.0和人工智能领域直接或间接相关的定义和术语，还提供了在管理领域深化和发展人工智能的实例和指南。此外，作者认为，本书每一章中所使用的预测视角至少在一定程度上增强了人们对人工智能时代未来组织功能的信心。

针对一种高度先进、高度创新的技术环境，本书从一个全新且整体的视角阐述了这种环境中的组织管理方法、战术、战略和风格，具有广泛的适用性。因此，本书可以成为学生（不同研究专业的学生，不一定与管理相关）、教学科研人员，以及以企业家、经理或董事为代表的商界人士的知识来源。

本书由五章组成（每章都包括导言和总结部分），书中附有表格和图示，可帮助读者更好地理解当下正在讨论的问题和概念。此外，秉承"言传不如身教"的理念，书中描述的理论性问题都有实际案例作支撑。参考书目包含了所有已使用的材料，对于那些想要深入了解人工智能技术特定元素的读者来说，这些材料可以提供一定的帮助。

第一章介绍了工业4.0的起源和发展。本章援引了与全球工业革命发展相关的定义、分类和标准，不仅可使读者了解这一主题，还可以逐一评估其经济潜力。因此，读完本章读者将能够了解经济发展不同时期给组织和全球经济带来的挑战和机遇。

第二章介绍了人工智能的发展阶段以及人工智能对经济现实的影响。在本章，读者能够了解后现代生活将如何在"人—机器—工作"的互动中运转。

本章还描述了人工智能 2.0 的发展，并通过调查和举例总结了人工智能在不同经济部门的应用前景。

第三章充分讨论了人工智能时代组织运作的相关问题。读者将了解人工智能开发环境与组织之间的相互影响，以及当前管理科学范式是否会改变、如何改变，或者如何在组织中基于人工智能应用解决方案等问题。此外，本章还详细描述了一种新型组织，由于人工智能对组织和商业环境的影响，这种新型组织将在全球范围内兴起。

第四章从全球层面详细概述了 2030 年前各国人工智能发展战略的准备情况。透过美国、中国、欧盟、巴西和非洲的数字技术发展战略，本章将向读者介绍世界各地为推动人工智能发展以及整体创新能力所采取的任务、行动、项目、计划和适应过程。（Artificial Intelligence Generated Content，AIGC）

第五章探讨生成式人工智能与未来组织发展之间的关系。在介绍 AIGC 发展历程、概念及特征的基础上，讨论 AIGC 在组织中的应用、面临的挑战以及未来发展和应用前景。

本书是波兰和中国跨国团队紧密合作的结晶，中国科学院大学的袁天豫、张怡斐、姚健、王小茜、郭洁、宋夏等同学参与了部分章节的编写工作。在本书的写作过程中，我们还得到了众多学界前辈、同仁及师友的悉心指导与帮助，在此表示衷心的感谢！

2022 年 OpenAI 和 2025 年 DeepSeek 的崛起又翻开了人工智能发展历史新的一页，管理、组织和人工智能作为前沿的交叉课题，无论是理论还是实践都时刻不停地迭代发展着。欢迎大家随时对本书提出宝贵的意见和建议，也期待与您共同见证组织管理新时代的到来。

巴尔托什·涅杰尔斯基、杨朦晰、
陈万思、皮奥特·布拉
2025 年 3 月

目录

第一章 工业革命——从工业1.0到工业4.0 ⋯⋯⋯⋯1
- 第一节 工业4.0的前世今生 ⋯⋯⋯⋯⋯⋯⋯⋯⋯2
- 第二节 工业4.0——基于定义的视角 ⋯⋯⋯⋯⋯10
- 第三节 工业4.0——第四次工业革命的经济潜力 ⋯⋯⋯19
- 第四节 工业4.0——实施障碍与支持条件 ⋯⋯⋯⋯27
- 第五节 工业4.0——组织和全球经济的挑战与机遇 ⋯⋯37

第二章 人工智能——后现代的新技术 ⋯⋯⋯⋯⋯46
- 第一节 人工智能——基于解释的视角 ⋯⋯⋯⋯⋯47
- 第二节 人工智能的基本要素——分类 ⋯⋯⋯⋯⋯55
- 第三节 人工智能对商业和经济的影响 ⋯⋯⋯⋯⋯63
- 第四节 人工智能2.0——进化发展之路 ⋯⋯⋯⋯⋯73
- 第五节 人工智能在经济中的发展前景 ⋯⋯⋯⋯⋯80

第三章 人工智能时代的组织 ⋯⋯⋯⋯⋯⋯⋯⋯91
- 第一节 人工智能对组织的影响 ⋯⋯⋯⋯⋯⋯⋯93
- 第二节 人工智能——不断变化的管理范式 ⋯⋯⋯104
- 第三节 组织中的人工智能——实施阶段、资源评估、挑战 ⋯113
- 第四节 人工智能组织——管理领域的一种新型组织 ⋯122
- 第五节 数据是人工智能时代组织的战略资源 ⋯⋯128

第四章 全球人工智能发展战略 ⋯⋯⋯⋯⋯⋯⋯139
- 第一节 美国 ⋯⋯⋯⋯⋯⋯⋯⋯⋯⋯⋯⋯⋯⋯144
- 第二节 中国 ⋯⋯⋯⋯⋯⋯⋯⋯⋯⋯⋯⋯⋯⋯151

第三节　欧盟 …………………………………………… 159
　　第四节　巴西 …………………………………………… 167
　　第五节　非洲 …………………………………………… 175

第五章　AIGC 与未来组织新展望 …………………… 182
　　第一节　AIGC——基于解释的视角 ………………… 184
　　第二节　AIGC 对经济社会的冲击与影响 …………… 191
　　第三节　组织中的 AIGC 应用 ………………………… 201
　　第四节　AIGC 在组织应用的挑战与解决方案 ……… 215
　　第五节　AIGC 的未来发展与应用前景 ……………… 224

第一章

工业革命——从工业 1.0 到工业 4.0

> 章前案例　　工业 4.0 背景下的变革——格创东智

格创东智科技有限公司于 2018 年由 TCL 投资创立，是我国工业互联网标杆企业，被工信部遴选认证为"2022 年跨行业跨领域工业互联网平台"。公司业务围绕智能终端、半导体显示、新能源与半导体材料三大核心产业，基于平台及软件技术"对内赋能、对外输出"，即对内支撑 TCL 集团建设成为世界级的数字化企业集团，对外把数字化能力在内部反复迭代后向不同行业、不同规模的企业进行复制推广，由点带面推动中国制造业转型升级。

帮助格创东智实现"对内赋能、对外输出"的，是由"3+1+N"架构体系组成的东智工业应用智能平台。"3"指东智物联网平台、东智大数据平台、东智 AI（人工智能）平台，是通用、基础、标准的底层能力；"1"指东智应用赋能平台，包括开发基座和业务能力组件；"N"代表多样化的工业应用，包括自主研发工业应用和生态合作伙伴供给的工业应用。通过这一架构体系，目前格创东智已经横向赋能 20 多个行业。例如，为 TCL 华星光电打造的人工智能缺陷自动分类识别系统 ADC，帮助 TCL 华星光电替代了 50% 以上的人力，实现每年超千万元的经济效益；自主研发适用于泛半导体行业工业软件近 100 套，并将先进制造业平台及工业软件推广到中车半导体、华虹华力等近 20 家芯片制造厂；在远程设备运维场景中，利用"5G+AR"技术，解决了设备专家远程指导问题，并将其应用推广到其他行业。

由这一案例可知，工业 4.0 对传统制造业及服务业产生了变革性的影响。本章将从工业 4.0 的定义出发，介绍工业 4.0 的经济潜力、实施所需的条件，以及在此过程中可能遇到的挑战与机遇。

第一节　工业 4.0 的前世今生

一、第一次工业革命：蒸汽时代

从演进的角度来看，工业 4.0 的发展始于 18 世纪和 19 世纪之交，从手工制造生产过渡到机械化工厂生产，这是第一次工业革命（工业革命1.0）。来自格拉斯哥的苏格兰工程师和发明家詹姆斯·瓦特（James Watt）是早期的改革先驱，1763年冬天瓦特收到了一份利润丰厚但难以完成的订单——改良一款英国首批蒸汽泵（Pottin 和 Dietz，2018）。这项任务成了瓦特的一种"执念"，随后的几年里他一直专心于完成这项任务。后来，瓦特得到了一位水管工的热心帮助，他的参与促成了设备中央驱动装置——蒸汽机的发明。瓦特发明的蒸汽机是对托马斯·纽科门（Thomas Newcomen）[1]常压蒸汽机的改良，被视为工业技术的一次突破，宣告了第一次工业革命的到来。1769年，为了表彰瓦特的成就，英国国王授予了他人生中的第一项专利。

第一次工业革命始于1760年前后，结束于1840年前后，是世界经济史的重要组成部分，为未来世界经济的发展铺平了道路。第一次工业革命开启了机械化时代，推动了主要用于能源生产的大量创新技术发明的应用。这些革新也彻底改变了人们对工作场所和工作方法的看法。在机械化的背景下，工厂生产同样的东西比以前快了八倍。因此，在世界历史上，人类"昂贵"的工作首次被廉价煤炭驱动的蒸汽机取代。从经济角度来看，这种替代带来早期生产成本的降低，工作效率几乎呈指数增长，利润也大幅提升。在采矿业和纺织业中，蒸汽机应用带来的工作自动化是生产史上最大的突破。此后，人类在19世纪初所取得的发明进一步提高了自动化水平，主要包括詹姆斯·尼尔森（James Neilson）[2]的"热风法冶铁术"和乔治·史蒂芬森（George Stephenson）[3]的"蒸汽机车"。"热风法冶铁术"大大降低了冶金炉的燃料成本，"蒸汽机车"则缩短了货物运输的时间。因此，19世纪初的文明

---

[1] 托马斯·纽科门（1664—1729年），英国机械师，通常被认为是活塞式蒸汽机的发明者。纽科门在约翰·卡利（John Calley）的帮助下，在英格兰中部达德利城堡附近的科内格里煤矿建造了蒸汽机。根据保存的档案数据，这台机器高17米，每分钟连续运行12个工作周期，功率超过5马力，通常用于矿井排水。

[2] 詹姆斯·尼尔森（1792—1865年），英国冶金学家和发明家，1828年为热风法（蓄热式加热）冶铁工艺申请了专利。

[3] 乔治·史蒂芬森（1871—1848年），英国工程师和发明家，通常被认为是"英国蒸汽机车之父"。早在1814年，史蒂芬森就设计了第一台名为Blücher的蒸汽机车，它能够以6千米/小时的速度在轨道上牵引30吨煤炭。第二台名为Locomotion的蒸汽机车建造于1825年，它已经能够牵引80吨煤炭，且速度高达39千米/小时。

发展变得更加活跃。值得强调的是,在很大程度上,这是天才工程师、化学家、物理学家和技术专家共同努力的结果,而不是偶然所得或上天的礼物。

二、第二次工业革命:电气时代

1936年,法国社会学家和心理学家乔治·弗里德曼(Georges Friedmann)再次使用"工业革命"一词来描述19世纪上半叶,在生产线、劳动分工以及人类和整个社会的发展助推下,大规模工厂化生产为欧美带来的变化。[1]学界普遍认为,第二次工业革命(工业革命2.0)发生在1870年到1914年之间。这意味着在第一次工业革命开始一百年后,世界和人类不得不面对又一次工业革命,只不过这一次升级更大、挑战更多。第二次工业革命时期的最大创新与两种新能源有直接的关联:电力(电动机)和石油天然气(内燃机),它们深刻影响了当时工业的发展动态。在这两种新能源的助推下,工业世界见证了从传统生产方法到基于新技术的创新型生产方法的转变,而这改变了大多数英美工厂早期的制造和加工工艺。不过,从技术和创新的角度来看,这些重大变化不仅发生在工业领域,也出现在通信和运输领域。通信方面,电报[2]最初对人类和世界的发展发挥了相当大的作用,它让人们实现了远程通信。其次是电话[3]——智能手机的先辈,现在被认为是当代通信系统的基础。运输方面,美国航空先驱莱特兄弟[4]的发明开创了新的时代,而后改变了世界历史进程。正是由于他们的天赋才能,飞机得以成

---

[1] 如需更多信息,请参阅 Friedmann, G. (1936). La Crise du progrès: esquisse d'histoire des idées, 1895—1935. Paris: Gallimard.

[2] 电报是萨缪尔·摩斯(Samuel Morse)在19世纪上半叶所发明。1844年5月24日,摩斯编写的电码从华盛顿成功被发送到巴尔的摩,成为历史上的首条电报信息。此外,摩斯还被认为是大理石切割机的发明者,该机器可雕刻三维形状。

[3] 亚历山大·贝尔(Alexander Bell)被普遍认为是电话的发明者,因为他是第一个申请电话发明专利的人。不过,安东尼奥·梅乌齐(Antonio Meucci)开发出了语音通信设备,制造出了事实上的电话原型。而他没有足够的资金支付专利费用,从而将电话发明者的殊荣拱手让给了贝尔。关于电话发明者的讨论和争议一直延续至今。

[4] 威尔伯·莱特(Wilbur Wright)和奥威尔·莱特(Orville Wright)兄弟被认为是第一架飞机的设计者。1903年12月14日,奥威尔·莱特首次驾驶一架完全受控的飞机,飞行距离为279米。

为一种新的交通工具，地理距离不再是人们出行的阻碍。此外，他们提出的航空力学和转向原理至今仍然是飞机设计的标准。美国实业家亨利·福特（Henry Ford）也对当时的交通发展做出了宝贵的贡献。1896年福特制造了第一辆原型车，标志着汽车行业发展的开始，也永远改变了人们对交通、距离和时间的看法。从工作组织的角度来看，福特将流水生产线引入自己创办的工厂，完成了一场真正的革新，同时他还彻底改变了生产车间的布局，采用了轮班工作制，树立了成本利润意识和职业安全观念。

与第一次工业革命不同，第二次工业革命具有相当程度的科技基础作支撑，有利于更好、更有效地使用工艺，并且充分发挥技术的有效性（Mokyr 和 Strotz，2000）。此外，第二次工业革命还改变了世界对生产组织的看法，主要是因为工业效率的迅猛提升和规模经济效应的出现。人们的生活水平也在逐步提高，尽管不是十分显著。此外，当时西方工业化国家仍然占据着技术领先地位（Mokyr 和 Strotz，2000）。

三、第三次工业革命：信息时代

我们可以提出这样一种观点：第一次工业革命为第二次工业革命的发展奠定了基础，而第二次工业革命——特别是在熟练使用知识和技术方面为第三次工业革命（工业革命3.0）的发展夯实了基础。学界通常认为第三次工业革命是从1969年持续到2000年。为了分析的清晰性，我们可以将这一时期分为两个子阶段，1969年到1989年为第一阶段，1990年到2000年为第二阶段。第一阶段的标志是首批PLC可编程逻辑控制器[①]的引入和使用，它们实际上属于微处理器设备，主要用于控制机器或其他技术设备，包括个人电脑和生产线。正是PLC可编程逻辑控制器的应用，1987年计算机得以开始与第一批专业办公应用程序"合作"，从而不可逆转地革新了组织管理方法。第二阶段涵盖了互联网的动态发展和工作的数字化发展时期，个人和整个社会开启了新的生活和工作模式。工业革命3.0创造了数以百万计的全新工作场所，并为基于可再生能源的21世纪全球经济的可持续发展铺平了道

---

① 英文全称为 Programmable Logic Controller。

路。因此，在 Rifkin（2012）看来，第三次工业革命的整个"战略"基于以下五个不可分割、相互关联的支柱。

第一，转向可再生能源。[①]

第二，将各大洲的现有建筑改造成微型发电厂，以便收集分散的可再生能源。

第三，实施间歇性储能技术。

第四，利用信息技术（IT）和在线技术将电力传输和电线转化为能源互联网。

第五，整个运输车队转向电力驱动，可通过智能化、跨大陆[②]和交互化的能源网购买和销售这类"燃料"。

应该指出的是，第三次工业革命是围绕可再生能源展开的，这些能源相当分散，如果可利用大陆"绿色"电网逐步收集并实现"计算机化"，将有望实现 21 世纪经济体的可持续发展。

四、第四次工业革命：智能时代

目前经济发展和相关质变的进程十分迅猛，以至于在 21 世纪初人们几乎未能察觉到向下一次工业革命——第四次工业革命（工业革命4.0）的过渡时刻。想要更好地理解当前的变化速度，我们可以看一下在过去短短的 50 年中，人类已然经历了第三次、第四次工业革命，而向前追溯，完成第一次和第二次工业革命需要长达 150 年的时间（见图 1-1）。也就是说，目前的变化速度是 20 世纪初的两倍之多。第三次工业革命的核心是以在线技术为依托，实现机器的自动化和生产工艺的简单化，第四次工业革命则带来了系统的数字化转

[①] 值得一提的是，欧盟一些代表认为，从 2020 年开始，成员国近三分之一的电能将来自可再生能源。

[②] 跨大陆指的是在整个大陆范围内进行的广泛应用和互联互通。即在一个大洲内的不同国家和地区之间建立起统一的能源网络，使得各个国家和地区的能源资源可以相互连接、共享和协调。

第一章 工业革命——从工业 1.0 到工业 4.0

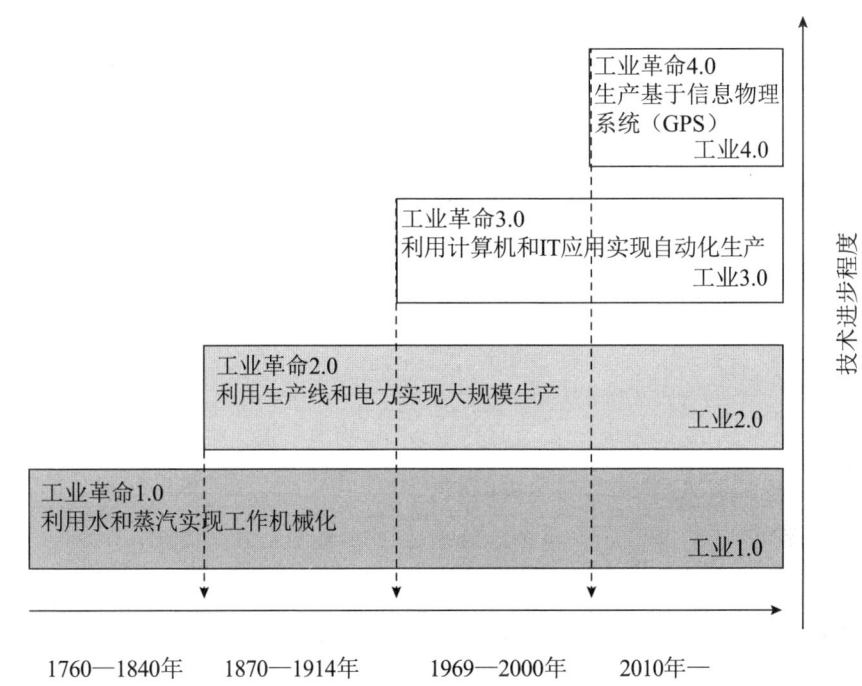

```
技术进步程度 ↑

                                    工业革命4.0
                                    生产基于信息物理
                                    系统（GPS）
                                              工业4.0

                        工业革命3.0
                        利用计算机和IT应用实现自动化生产
                                              工业3.0

           工业革命2.0
           利用生产线和电力实现大规模生产
                                              工业2.0

工业革命1.0
利用水和蒸汽实现工作机械化
                                              工业1.0
```

1760—1840年　　1870—1914年　　1969—2000年　　2010年—

图 1-1　从工业 1.0 到工业 4.0 的演进

资料来源：基于德勤（Deloitte）2015 年的研究。

型，其中涵盖了所有固定资产，以及与联合服务网络（又称数字生态系统[①]）内拥有相似价值观的商业伙伴所进行的深度整合。换言之，第四次工业革命最主要的特点就是日益增长的数字化，以及特定部门和经济领域内产品、服务、价值观和商业模式的深度关联。在这种情况下，Pottin 和 Dietz（2018）观察到，第四次工业革命的目标（尤其是在生产领域）将侧重以下方面。

- 将智能机器引入企业，由企业完全自主控制生产过程。
- 将不同的生产方法与能够提供数字化系统支持的先进 IT 和通信技术相结合，促进制造过程实现独立管理。
- 在企业中实施智能化的监控和决策流程，使组织活动能够近乎实时地得到控制和优化。
- 在企业中使用能够通信的智能化机器，将生产过程中的缺陷告知各相

[①] 数字生态系统属于互联服务网络（平台），允许用户以其所拥有的能力来满足各种需求。因此，数字生态系统可依托平台所有者的强大品牌将客户需求与独立供应商的能力关联起来。

关方，并且为生产流程所需的库存材料创建清单。

考虑到上述情况，我们可以得出结论：第四次工业革命的概念将彻底地改变工业和服务业企业的经营模式。在实践中，目前的生产和服务管理流程将发生显著的变化。利用众多信息物理系统所产生和交换的巨大数据量，我们不仅能够监测生产和服务流程的当前状态，最重要的是，还可以依据定性和定量参数更好地预测这些流程的未来发展和变化。这样从时间和生产要素的角度来看，服务的生产和供应都会得到优化。这些情况会对人类以及人们先前在组织中所扮演的角色产生影响，所有一切必然发生巨大的变化。第四次工业革命要求人们具备全新的技能和能力，而这些技能和能力在很大程度上指的是人们适应现实变化的能力、创造性解决问题的能力，以及操作现代数字化设备的技能和较高的情商。接下来，本书将对第四次工业革命进行详细讨论。

案例 1.1　工业 4.0 发展愿景与未来趋势——《十年工业 4.0》

工业 4.0 的提出者亨宁·卡格曼和沃尔夫冈·沃尔斯特在 2021 年 3 月撰写了《十年工业 4.0》，对十年来工业 4.0 这一概念的发展和全球表现（如图 1-2 所示）进行了梳理，并面向未来提出了新的愿景。

经济方面
- 将预先设定结果的传统自动化转变为实时对用户需求变化和意外干扰做出回应、能自动学习和调整的机器和环境。由此也带来大规模生产转向定制生产，即在价格方面更有竞争力地制造差异化的定制产品

社会方面
- 重点是构建社会伙伴关系。因此，工会得以密切参与整个生产过程，并发挥建设性作用。重要的是以下三点承诺：改善人机协作而不必担心失去人的控制能力；通过"近岸外包"创造就业岗位；借助身体和认知协助系统，帮助老人和残障人士参与劳动

生态方面
- 以资源和能源效率为核心目标：工业 4.0 拥有建立循环经济、使经济增长与资源消费脱钩的潜力。工业 4.0 把人置于核心地位，此外还考虑了社会和自然环境

图 1-2　工业 4.0 十年发展与全球表现

资料来源：德国国家科学与工程院前院长亨宁·卡格曼和德国人工智能研究中心前主任沃尔夫冈·瓦尔斯特所著《十年工业 4.0》；中国科学技术发展战略研究院王罗汉和王伟楠所著《德国工业 4.0 十年发展回顾与对中国的启示》。

工业 4.0 的发展趋势如何？2020 年，德国工业 4.0 促进机构工业 4.0 平台的专家提出了到 2030 年的工业 4.0 愿景，指出工业人工智能、边缘运算（edge-computing）与边缘云（edge-cloud）、工业 5G、团队机器人技术、自主内部物流系统以及欧洲数据云计划（Gaia-X）致力于打造可信赖的数据基础设施这六大新趋势将对未来 10 年的发展产生决定性影响。例如，借助工业人工智能，可以实时分析生产和供应链数据，并根据相关情况对其进行解释，以便将其积极地应用于新的价值链和业务模型，从而使生产数字化的第二波浪潮成为可能。

总而言之，应该强调的是，除了本章对第四次工业革命所概括的一般趋势外，我们还需要了解以下驱动力（普华永道，2016）。

第一，数字化转型以及价值链的横纵向持续整合。也就是说，第四次工业革命的推动力之一是在整个组织中横向转变和整合各个流程的能力——从产品采购和设计，到生产、物流，再到服务。垂直整合超越了公司内部行动的范围，延伸到供应商和客户，同时涵盖了价值链中所有的关键合作伙伴。这种类型的整合，需要有支持识别和追踪且能够实现一体化实时任务规划和执行的新型数字技术。

第二，利用先进技术实现产品范围和服务的数字化。产品数字化与产品阵容或整个产品组合的扩大有关，具体而言，公司可为产品配备智能传感器或通信设备，使之后续能够与数据分析设备配合使用。通过整合新的数据收集方法和数据分析，公司能够得到更多的信息，并将其用于产品优化，从而满足终端客户快速增长的期望。

第三，商业模式和客户渠道的数字化。通过商业模式的数字化，公司能够与客户共享额外的数据分析服务，或创建集成数字平台，来扩展公司的产品线。此外，还应注重与客户互动的优化。在数字生态系统中提供特定的数字产品和服务，是数字化商业模式的重要组成部分。

本节回顾了人类在过去 250 年中所经历的工业革命，可以说每一次革命的"成就"都与革命发生时知识的有用程度成正比。因此，随着知识有用性的日益提高，人们越来越有效地利用知识来创造新技术，知识成了 21 世纪的关键因素，决定了世界各国经济的发展速度。50 多年前 Kuznets（1965）

就注意到了这一规律，他认为经济的增长首先取决于有用知识的水平。

第二节　工业 4.0——基于定义的视角

工业 4.0 是指第四次工业革命。多年来，这个话题一直备受管理从业者和理论研究者的关注。前者主要关注的是工业 4.0 时代商品所带来的金钱上的成功，后者则注重观察、测量和分析这一现象，并检视这场工业革命会如何重新定义当前的组织管理模式。虽然我们可能都听说过工业 4.0，但并不是每个人都对它有一个清晰明确的概念。因此，本章将对"工业 4.0"一词的起源和含义进行全面分析。

一、工业 4.0 的起源

2011 年，在一年一度的汉诺威工业博览会（当今最大的工业展会）上，"工业 4.0"（Industrie 4.0）一词被首次公开提出。这一概念的使用与德国商界、政界和科学界的一些代表所提出的倡议直接相关，其主要目的是提升德国工业在面对中国竞争对手时的竞争力。[1] 这个概念对德国政府代表非常有吸引力，因此他们决定将工业 4.0 列入德国最新研究和技术创新政策的关键要素。随后，德国联邦教育和研究部发布了一份题为《德国 2020 年高科技战略》的文件，其中详细介绍了德国工业 4.0 的发展，包括德国作为全球技术创新领导者的发展历程。[2] 在描述与第四次工业革命发展相关的现象时，除使用"工业 4.0"一词外，文件中还使用了其他同义词，包括"未来工业"

---

[1] 中国目前财力雄厚，多年来一直在收购欧美高科技公司。值得一提的是中国最大的私营汽车公司吉利（Geely），该公司早在 2010 年就以 18 亿美元的价格从福特汽车公司购买了瑞典沃尔沃（Volvo）汽车的生产权。令这一汽车品牌爱好者惊讶的是，吉利公司的代表宣布，从 2016 年起，最新版的 S90 沃尔沃汽车将只在中国生产，并从中国向全球分销。此外，利用沃尔沃技术，到 2018 年，吉利公司开始生产自有品牌领克（Lynk&Co）汽车，并在全球销售，作为沃尔沃汽车的廉价替代品。目前吉利公司被市场专家视为世界上发展最快的汽车制造商。

[2] 如需了解更多信息，请浏览 https://www.bmbf.de/en/index.html。

（industry of the future）、"信息物理系统时代"（CPSs era）、"未来生产""智能制造系统"（IMSs）、第四次工业革命（fourth industrial revolution，4IR），以及我们经常见到的"智能工厂"（smart factory）这个词。不过，在美国等英语国家，以下术语更常用于工业 4.0："物联网"（IoT）、"万物互联"（IoE）或"工业物联网"（IIoT）。查看学科文献中描述当前工业革命的大量术语可以发现，无论是在文献计量数据库，还是在一般情况下，常见的术语是"工业 4.0"。

二、工业 4.0 的含义

（一）广义视角

广义上，"工业 4.0"被定义为制造业组织和价值链管理的下一个发展阶段。Hermann、Pentek 和 Otto（2016）以类似的方式对工业 4.0 进行了定义，他们将其简要概括为"价值链组织技术和概念的统称"。[①] 西门子（Siemens）的专家提出了一个有趣的定义，他们认为工业 4.0 就是在所谓的信息物理系统内，利用技术先进的工具实现大量数据的自动化、处理和交换。在实践中，这一点体现在生产的数字化上，在此过程中技术设备和系统实现了在线通信，从而确保了获得和分析大量生产数据的可能性（西门子，2017）。Liffler 和 Tschiesner（2013）提出了一个与西门子（2017）专家类似的主张，不过他们注意到，在数字化的生产环境中，互联的机器、设备或系统不仅会分析数据，还会相互控制数据。这样在设备运行出现异常变化时，就有可能预测设备故障，自动启动维修程序，或者独立组织必要的后勤工作。Wong、Wan、Li 和 Zhang 等人（2016）也对"工业 4.0"一词进行了有趣且清晰的描述，他们认为其主要思想是利用不断涌现的信息技术来实现物联网相关概念的落地。在他们看来，随着当前业务和工程设计流程的深度整合，出现了一体化、高度定制化的制造方式，这种方式

[①] 工业 4.0 的概念可以简洁地定义为物理世界与虚拟世界的结合和交互。

具有高灵活性、高效率、环境可持续性、高质量和低成本等诸多特点。因此，即便抛开现有的流程管理或控制方法不谈，我们也可以得出结论：工业 4.0 与工业制造业或服务业日益增长的灵活性，以及相较市场上同类产品所具有的更高竞争力直接相关。

（二）狭义视角

从狭义的角度来看，我们可以将工业 4.0 定义为制造业的数字化转型，利用大数据（大数据收集）、物联网、云计算或增强现实（AR）等现代技术（Fatorachian 和 Kazemi，2018；Luthra 等，2020），促进工厂和流程的一体化，从而实现高定制化和低成本的制造。Sharma 和 Kamble 等人（2021）认为第四次工业革命是多种技术、主体和管理信息的整合，可以通过整合以及数字技术的应用实现制造系统效率与响应能力的提升，从而改善生产过程。Kumar 和 Bhatia Manjot Singh（2021）也给出了类似的定义，即认为第四次工业革命可以应用突破性的技术实现流程的同步，从而对产品进行统一和定制化制造。在 Anderl（2014）所给出的定义中，还提到了这个概念在信息物理系统（Cyber-Physical Systems，CPS）中应用的可能性，他认为利用各个设备之间的技术通信能力可以创建出所谓的智能系统。

（三）与工业 4.0 相关的基本技术与概念

尽管"工业 4.0"一词从广义和狭义视角上来看侧重点略有不同，但毫无疑问，它们之间的共同点是两个系统和整个生产环境的数字化，这一点在定义中多有提及。通过这种方式，工业 4.0（见表 1-1）的所有组成部分和关键技术，不论位置和定位都可以实现通信并自主行动，这证明了它们的创新性。以上针对"工业 4.0"一词的定义，只是我们在专题文献中所能找到的一小部分。尽管术语丰富，但就像对现象以及与第四次工业革命相关流程的解读一样，定义也各不相同。目前为止，文献中尚未提出一个被普遍接受的定义。此外，在对通用定义进行论证的背后，通常并没有纳入任何实质性评估，也未考虑定义者在定义该概念时所采用的标准。

表 1-1 工业 4.0 的基本技术和概念

群组	技术和概念
智能工厂	信息物理系统（Cyber-Physical Systems，CPS）
	嵌入式系统（Embedded System，ES）
	射频识别（Radio Frequedcy Identification，RFID）
	物联网（Internet of Things，IoT）
	工业互联网（Industrial Internet）
	服务互联网（Internet of Service，IoS）
	自动化（Automation）
	模块化（Modularization）
	添加剂制造（Additive Manufacturing，AM）
	产品生命周期管理（Product Life-Cycle Management，PLM）
	机器人技术（Robotics）
	人机交互（Human–Computer Interaction，HCI）
仿真和建模	仿真工具和模型（Simulation tools and Models）
	增强现实（Augmented Reality，AR）
	虚拟现实（Virtual Reality，VR）
	混合现实（Mixed Reality，MR）
数字化和虚拟化	云计算（Cloud Computing）
	大数据（Big Data）
	移动计算（Mobile Computing）
	社会化媒体（Social Media）
	数字化（Digitalization）

资料来源：根据 Oesterreich 和 Teuteberg 2016 年的研究整理而成。

工业革命的发展史，就是控制技术不断演进、升级、迭代的发展史，因而理解控制技术的演进，既是理解工业革命演进规律的必然要求，也是观察和理解当下数字时代纷繁复杂技术发展逻辑的一把钥匙。其中，工业互联网是工业 4.0 的重要组成部分，其本质是基于"云、边、端"等新一代技术体系，重构物理世界的动力、执行、控制体系，以及构建世界的运行规则。GE（通用电气公司）在 2012 年提出工业互联网的概念时，在其发布的白皮书《工业互联网：打破智慧与机器的边界》中指出，工业互联网作为人类生产工具的机器设备，试图解决的核心问题是在新一代数字技术驱动下，如何进行控制和优化，如何在更大范围、更广空间、更高精度用更低成本来对机器设备进行优化和控制。近年来，我国工业互联网创新发展战略扎实推进，网络、平台、安全等体系建设不断完善，多层次、系统化的平台体系基本形成，为承接产业转移、加快企业数字化转型提供了有力支撑，已成为我国加快制造业产业数字化转型和支撑经济高质量发展的重要力量。

（四）工业 4.0 的运作环境

从整体且科学的角度来看，除了前面给出的定义，对工业 4.0 至关重要的是构成这一概念的组件技术和解决方案（见表 1-1）。所有这些相互作用又各自独立，构成了某种相互联系、相互依存的系统，为工业 4.0 的运作创造了环境（见图 1-1）。重要的是，这一环境条件的核心是采用模块化设计且基于信息物理系统的未来智能工厂。在各自软件的作用下，智能工厂的组成要素之间以及智能工厂和周围环境之间不断发生着智能通信（包括自动协调）。这种环境的一个重要组成部分是智能基础设施，包括智能出行、智能传输网络、智能交通、智能楼宇等（见图 1-3）。商业网络与各类全球社交媒体门户

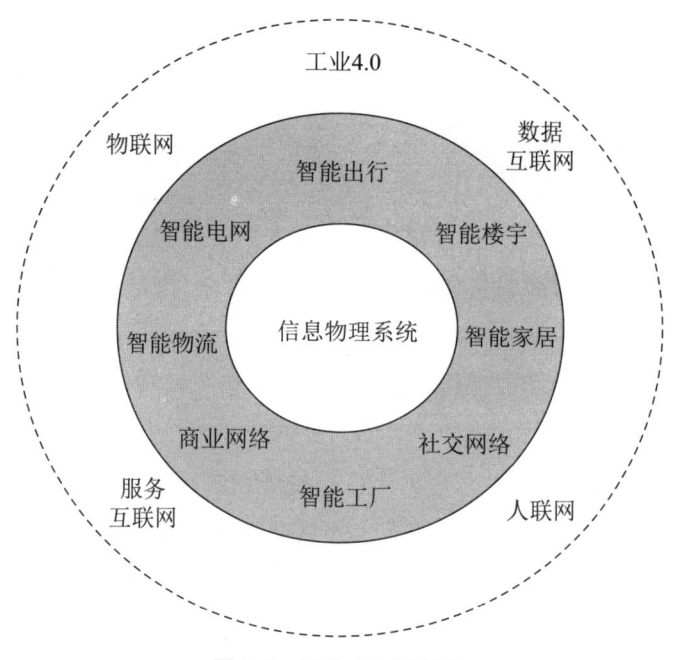

图 1-3 工业 4.0 的环境

资料来源：基于德勤（Deloitte AG）2015 年的研究。

网站（如 Facebook[①]、YouTube、Instagram、Pinterest、微博、Twitter）的联动也发挥了重要作用，这些门户网站在社会向工业 4.0 的数字化转型中日益占据主导地位。因此，这一领域的变化已经不可避免，且趋势无法阻挡。最后，这一过程不仅受物联网和数据发展的强力推动，还受万物互联网发展的强力推动（包括人员、流程、数据和事物）。[②]

案例 1.2 智能工厂——宁德时代的智能制造战略转型

宁德时代新能源科技股份有限公司专注于新能源汽车动力电池系统、储能系统的研发、生产和销售，致力于为全球新能源应用提供一流解决方案。工业 4.0 背景下，宁德时代不断推动智能制造战略转型，现已完成三个阶段的升级跃迁，其发展历程如图 1-4 所示。

2011—2013 年 自动化	2014—2017 年 自动化+系统化	2017 年至今 数字化+智能化
• 在这一阶段，宁德时代主要在自动化水平，包括设备自动化、生产线自动化、物流自动化、仓储自动化等方面进行快速提升，逐渐建立起工程设计、测试验证、工艺制造等制造流程体系。在积累专业知识、丰富实践经验的同时，宁德时代培育了一批拥有先进制造潜力的自动化装备供应商，与之共同成长	• 2014 年被称为"SAP 应用元年"，动力电池规模化制造需求提升。宁德时代开始陆续导入软件巨头 SAP 的企业管理系统（ERP）、供应商关系管理（SRM）和客户关系管理（CRM）系统。 • 2015 年，"物联网应用元年"开启，大量产品生命周期管理（PLM）应用软件被动力电池企业导入应用，设备端的大量数据开始逐渐上线。同年，宁德时代开启了 PS（CATL Production System）体系建设，着手建立大数据平台，搭建物联网体系，并部署私有云和公有云平台，为后面的大数据分析和智能化导入奠定了良好的系统基础	• 2017—2018 年，宁德时代启动数据管理分析相关工作，包括数据管理、数据应用、数据分析，以及在实际的生产线和工艺优化上，同时开始尝试使用 AI 来解决锂电池制造难题，并在 2019 年取得了成功，AI 应用开始渗透到动力电池制造方面。 • 宁德时代开始关注如何基于导入的制造大数据，利用先进算法对设备进行智能维护，对生产线进行智能排程，以及对质量进行智能管控。 • 2019 年以来，宁德时代已经尝试在生产线上推广 5G 技术、AI 技术、自学习技术、图像识别、视频流智能监控技术等

图 1-4 工业 4.0 背景下宁德时代升级跃迁三阶段

[①] 据门户网站 dreamgrow.com 估计，2018 年 Facebook 活跃用户每月超过 22 亿人。
[②] 2015 年，总部位于斯坦福德的美国分析研究公司高德纳（Gartner）将物联网视为全球最重要的趋势之一。

在此过程中，宁德时代非常重视数据的应用，并把数字化建设独立于系统建设，成立了专门的大数据团队进行数据治理和价值变现工作，保证生产全过程的质量溯源，并通过关键工艺环节的数字化集成来实现动力电池制造的智能化改造，取得了一系列成效（如表1-2所示），为行业、社会提供了有价值的参考。

表1-2 宁德时代数字化建设系列成效

探索实践	整体成效	
以制造为核心，有效驱动了研发制造一体化、制造供应链一体化、制造服务一体化	生产效率	提升56%
	产品研制周期	缩短50%
	运营成本	降低21%
	产品不良品率	降低75%
	资源综合利用率	降低24%
	设备国产化率	实现90%以上

资料来源：节选自"案例9：宁德时代新能源科技股份有限公司——专'芯'致'智'，宁德时代智能工厂实践与创新"，收录于《智能工厂案例集（一）》，工业和信息化部装备工业一司于2021年4月发布。

三、工业4.0的典型特征

在了解了什么是工业4.0，以及工业4.0环境构成的关键技术和概念之后，我们还要再问一个问题：工业4.0的主要典型特征有哪些？具体包括工厂或系统的特征。我们希望借此来明确与第四次工业革命有关的技术和概念的共同属性。在这一方面，学界已达成共识——这种情况不常见。绝大多数学者（Buttermilk等，2016；Smit等，2016；张其仔和贺俊，2021）认为工业4.0的主要特征集中在以下几点。

- 互操作性（interoperability）[①]。一般指的是各种不同且往往独立的"要素"能够进行全面合作，以达到既定的目标，并使合作双方获益。在工业4.0的背景下，网络整合成为主要目标，以确保智能工厂或人员能够通过物联网和服务互联网实现通信。在实践中，设施、机器、设

[①] 更高级别的兼容性。

备和人员通过网络与信息物理系统进行的集体通信决定了工业4.0的背景下我们是在与智能工厂打交道，还是只与工厂打交道。

- 虚拟化（virtualization）。实际上是使用特定软件来实现所拥有资源的抽象化处理。在工业4.0领域，虚拟化可理解为将信息物理系统与虚拟模型和仿真进行结合的可能性。因此，信息物理系统必须具备模拟和创建真实世界"副本"的"能力"。在虚拟化的基础上，将来自传感器的数据与各种事物的虚拟模型结合起来，才有可能创建出智能工厂的虚拟"副本"。

- 去中心化（decentralization）。本质上是各个子系统独立运作且同时进行决策和管理的方法。简单而言，去中心化和信息物理系统的独立工作能力有关。这种方法为非标准产品的生产以及解决"不寻常"问题创造了条件，使制造环境更加灵活和高效。再者，在实现共同目标的过程中如果出现任何冲突，问题都会被上升到系统的更高层级。

- 实时能力（real-time capability）。指设备或系统对其他机器自动收集的关键信息即时做出反应的能力。根据实时需求做出适应性调整是现实世界中进行沟通、决策或系统管理的基础。从未来制造业的角度来看，智能工厂必须具备实时收集和分析数据的能力。事实上，决策就是在这个基础上做出的，而且决策必须与组织追求的目标保持一致。同样的情况还有缺陷或危险的识别，其应在系统或设备中被快速"捕获"，并转移到其他操作对象，以便进行修复或消除。这种生产管理方法可能有助于提升系统或设备的灵活性和优化性。

- 服务导向（service orientation）。与客户导向型生产直接相关。从未来工业的角度来看，互联网将人与智能设施和合作伙伴网络连接起来，从而识别出客户的品位和偏好，从而生产出合适的产品。在这种情况下，可以得出结论的是通过服务互联网，一个"全球消费者偏好中心"由此建立。

- 模块化（modularity）。连接未来行业的系统应尽可能模块化，包括将设计、生产、营销等各个环节模块化（张其仔和贺俊，2021），以确保在需要时能够快速重建。在实践中，模块化是为了确保智能工厂能够灵活适应动态变化的市场需求、趋势或运营环境，如更换或扩展所选模块。过去许多组织"天生"缺乏灵活性，这使得它们的适应过程长达数月，甚至数年，不仅产生了额外成本，还降低了它们的市场竞争力。

对于许多管理者和企业主来说，上述工业4.0的特点可作为他们设计未来智能工厂的指导原则。虽然这些都是前提条件，但遗憾的是，在信息物理系统时代，这些条件还不足以让组织有效运转。管理者还需在系统、平台标准化、工作组织、现代商业模式设计、技术知识竞争以及与人力资源、研发和知识产权相关的领域采取一系列行动。

概括来说，从上述诸多定义可以看出，工业4.0的概念与制造和服务领域延续至今的传统技术形式有着显著的差异。这些差异尤其体现在以下方面（Buttermilk，Nikoli，Mirčetić，2016）。

- 产品。更加个性化，生产优化且成本低。
- 流程。基于网络解决方案，消除了知识和投资以及服务中小企业优化发展方面的障碍。
- 商业模式。目前已不再将小公司排除在全球市场争夺战之外（小并不意味着弱小）。
- 竞争对手。可以进入全球每一个客户市场。
- 技能。已向未来胜任力进化，即元技能[①]（本书稍后会做进一步讨论）。
- 全球化进程。为"万物"的全球化创造了前所未有的机会。

考虑到技术、最先进的概念和解决方案、网络物理系统（或互联网），所有这些都直接决定了第四次工业革命的驱动力，同时也提出了关于工业4.0经济潜力的问题。这个问题的答案既不简单也不明显，需要我们费一番功夫去寻找。

[①] 一般来说，元技能是某些能力，能够使一个人在快速变化的现实或环境中有效施展才能。

第三节　工业 4.0——第四次工业革命的经济潜力

有关经济过程的预测极其困难，而且具有高度的不确定性。这主要是因为预测过程由大量的内部和外部因素组成，当这些因素随着时间的推移表现出高度的可变性时，会扰乱对结果的评估。考虑到这些困难，预估第四次工业革命的经济潜力似乎是一项有风险的任务，尤其是在工业 4.0 中，我们处理的不是一项技术创新，而是多项。Schröder（2017）准确指出，其中一些技术虽然处于开发的高级阶段，但仍需要时间才能以成熟的姿态进入市场。此外，不同的技术成熟期使人们很难确定这些设备进入市场所需的时间。也就是说，想要预测人类什么时候能够收获"果实"是不太现实的。不过，根据一些学者对第四次工业革命潜力所做的假设，我们可以试着进行大致的分析。

一、工业 4.0 的宏观经济潜力

首先应该指出每一次工业革命都有自身的经济潜力，第四次工业革命也不例外。毋庸置疑，在数字化和低成本制造的基础上第四次工业革命有潜力重塑全球经济。事实上，大多数有所接触和了解工业 4.0 的人都注意到了其积极潜力。在这种情况下，出现了一个问题：如何充分利用这一潜力为尽可能多的人造福？当然，这项任务需要广泛的国际合作和巨额的财政支出。这里值得提一下罗兰贝格管理咨询公司（Roland Berger）[①]2014 年在一篇题为《工业 4.0：新工业革命——欧洲如何取得成功》（Blanche，Rinn，Von Thaden，De Thieulloy，2014）的报告中所发表的研究结果。该研究认为，如果欧洲想在工业 4.0 中发挥主导作用，那么未来 15 年内必须每年专门拨款 900 亿欧元。也就是说，到 2030 年，欧洲需要投入总计 1.35 万亿欧元的资金才能充分发挥工业 4.0 的经济潜力。在这种情况下，考虑到一些欧洲经济

[①] 罗兰贝格管理咨询公司成立于 1967 年，是全球领先的咨询公司。该公司在 36 个国家经营业务，为大型国际企业提供咨询和战略管理服务。

体的宏观经济形势，欧洲可能最终无法维持在这一行业的过高预算支出，或者这一负担可能导致其陷入债务漩涡。这会导致欧洲国家的预算赤字增加，并可能面临欧盟（EU）当局的制裁，特别是通过过度赤字程序（excessive deficit procedure）①。

撇开黑色场景不谈，应该明确强调的是与工业 4.0 发展相关的技术创新将是最近 15 到 20 年内所有经济体增长的驱动力。在实践中，这一点会反映在经济发展速度和人均 GDP 上。此外，新的工业 4.0 时代将在所有部门和行业留下印记，会导致世界经济发生结构化转型，推动新产业、新业态、新商业模式的生成，在这种新形势的影响下，会形成新的分工模式，尤其影响发展中国家的经济。换句话说，从我们的工作方式到生活和合作方式，我们都将见证一场深刻的变革。张其仔和贺俊（2021）将第四次工业革命对经济增长的影响总结为以下几个方面。

- 劳动。第四次工业革命可以通过提升教育质量来提升劳动者的素质，从而对经济增长起到促进作用。
- 资本。与第四次工业革命相关的新产业、新业态、新模式的发展加大了对新型信息基础设施投资的需求，从而对经济增长起到投资拉动作用。
- 技术。第四次工业革命可以通过技术的进步提升劳动生产率。一方面，可以扩大市场规模、降低交易成本，优化社会分工；另一方面，可以推动企业组织和产业组织模块化发展，提升创新效率，加速全球技术的进步。

二、工业 4.0 的微观经济潜力

从微观经济的角度来看，工业 4.0 的经济潜力仍将主要用于提高生产过程的灵活性，提升数字化水平，促进组织的数字化转型，提产增效，并最终

---

① 如果一个欧盟成员国的预算赤字永久超过 GDP 的 3%，那么过度赤字程序（EDP）适用于该国。应该提到的是，2009 年，过度赤字程序覆盖了 28 个欧盟成员国中的 20 个。

支持低成本制造的设计。1994年1GB数据的年存储成本为10 000美元，而2016年仅为0.03美元（Schwab，2016），这一事实是工业4.0提供的可能性的最好说明，尤其是从降低成本的角度来看。此外，据目前估计，作为智能工厂一部分的智能自动化已经使机器的总停机时间减少了30%~50%，平均降低了20%的成本。在这里，有必要补充一点，工厂停工是当今生产过程中最紧迫的挑战之一。据估计，目前停产一分钟可能让一家汽车制造商损失22 000美元，而放眼化工和石化等行业，计划外停机的平均成本每年估计高达200亿美元（Flex International Ltd，2019）。

三、信息物理系统蕴藏巨大价值

从技术角度来看，在智能自动化的背景下，最重要的角色可能是处于工业4.0环境核心的信息物理系统（cyber-physical systems，CPS），其优势在于对所有规模和等级的各类系统的严格集成。CPS是计算和物理过程的集成。此外，通过内置系统和计算机网络，CPS能够与其他设备进行通信，并通过这种方式控制其操作。除此之外，CPS还具有反馈传输能力，如反馈物理过程对计算的影响以及计算对物理过程的影响。在实践中，整合这些组件可以有效管理和监控以前设计的系统，并提升系统的实践适用性、应用弹性、可扩展性和安全性（Duan et al.，2021；Mitra，2021；Xu et al.，2019）。不过，对计算机系统中存在的潜力必须进一步分析，最重要的是，必须加以开发。科学会在这一过程中发挥关键作用，它可以促进技术创新的进一步发展，进而有效支持CPS扩展的愿景。不久的将来，在全球产品和服务市场上，科学将成为经济竞争力的决定因素。因此，从国家的角度来看，为CPS的发展创造科技基础至关重要，且有望带来巨大的利好，包括科学和工程设计领域实现前所未有的突破。考虑到技术的无所不在，CPS的出现只是时间问题，未来势必对世界经济产生一定的影响。因此，从经济发展的角度来讲，CPS作为一种技术，不仅为各国提供了很多机会，也需要各国解决一些挑战，具体包括以下挑战内容（Rajkumar，Lee，Sha，Stankovic，2010）。

- 全球电力的不间断发电和配电。①
- 农业价值链的所有阶段实现效率的进一步提升和可持续发展（欧盟委员会，2016）。
- 应对自然灾害或人类活动造成的灾害，安全快速地疏散人员。
- 不论居住在何处，均可获得世界一流的药物，包括最先进的治疗方法和技术。
- 消除致命事故，改善道路交通堵塞和延误。
- 设计更节能的建筑和城市。
- 为物理关键基础设施创建更现代的预防性维护方法。②
- 开发出使用一个应用程序即可完成自我修复的CPS系统。

这里并未列完CPS技术遇到的所有挑战。不过，可以肯定的是，其中大多数会专注于提高现代系统、流程和设备运行的可靠性和安全性。同时，在限制资源消耗，特别是有限资源消耗方面将发挥重要作用。特定流程的效率提升也是如此，任何无法增加价值的元素都将被自动消除或修正。

在实践中，正如我们所看到的，未来将着力建造自动驾驶汽车，包括完全由自动驾驶系统操控的飞机和火车。这意味着在拥有智能汽车的情况下，开车将不会发生碰撞，驾驶员无须持有驾驶执照，而且驾驶时还能够读书、参加电话会议、回复电子邮件，或者小睡一会儿。在这一点上，谷歌（Google）、苹果（Apple）和优步（Uber）等公司过去两年来一直在测试自动驾驶汽车，主要是在美国。谷歌的自动驾驶汽车已经行驶了150多万公里，没有造成任何事故，甚至剐蹭。此前谷歌等主要在美国高速公路上进行测试，最近谷歌决定转移到城市，包括加利福尼亚州的山景城。经过不断测试和改进，这些汽车已经能够检测到行人和其他车辆，包括从无灯或能见

---

① 适用于电力行业以下领域的数字支持：网络可靠性、对需求的智能反应、可再生能源的整合，或对混合动力车辆实施智能充电。
② 关键基础设施是确保经济和国家最低限度运行所需的实际和控制设施、设备（或安装系统）。关键基础设施通常包括供电系统、能源和燃料、通信系统、数据通信网络、金融系统、供水和食品供应系统、健康保护系统和一般生命保护系统、运输系统等。

度低的街道驶出的车辆。此外，通过实时道路扫描，谷歌工程师开发的自动驾驶汽车能够检测与道路施工相关的交通问题，独立识别临时停车的紧急车道，绕过停在路上的车辆，信号灯打开和关闭的情况下在正确的时间从交叉口驶出，识别自行车车手的左转或右转手势信号，或在交通堵塞的车辆前停车。因此，可以预见的是，无人驾驶汽车将成为智能交通的一个重要环节，未来有助于最小化甚至完全消除交通拥堵问题。

毫无疑问，智慧城市的建设将受到高度重视[1]，智能交通（包括智能汽车）则会成为智慧城市的重要组成部分。目前在全球许多城市，除其他问题外，公共安全问题通过智能闭路电视摄像头得到了解决[2]。利用市政广场、街道或住宅小区的闭路电视摄像机所记录的内容，城市应急服务部门可以对不符合现有社会共存标准的偏差行为做出快速反应。在CPS技术中，对实施蓄意破坏行为的人员进行身份识别是一个需要解决的问题，这些人往往遮挡面部，给检察机关的身份识别带来了困难。这个问题在中国得到了一定程度的解决。在人脸识别领域，两家中国公司——旷视科技（Megvia）和商汤科技（SenseTime Group）提供了一种技术解决方案，通过使用智能摄像头、人工智能以及一个包含7亿张中国公民照片的数据库[3]，可对任何在公共场所违法或行为不符合中国社会共存原则的人员进行面部识别。因此，这种解决方案正被中国警方在全国范围内推广使用。关于智能城市，这里也有必要强调一个与设计低耗能、低耗热和低耗水的未来建筑有关的问题[4]。

就水资源而言，主要关注的是智能水系统，即整个城市的净水和废水处理设施。如果设计和管理得当，可以保证像水这样的宝贵资源在城市中

---

[1] 根据欧洲电信标准协会（European Telecommunications Standards Institute）2015年（标准：ETSI TR 103 290 v1.1.12015-04）提出的定义，如果对人力和社会资本以及传统交通和现代通信基础设施的投资是可持续经济发展和高质量生活的驱动力，那么一个城市可能被认为是智慧的。
[2] 目前中国被认为是全球闭路电视摄像头数量最多的国家。2017年，中国运营了超过1.7亿台闭路电视，另有4亿台将于2020年底完成安装。
[3] 16岁之后，每个中国公民都有义务向当局提交身份证件，作为建设中国安全监管网络"天网"的一部分。
[4] 例如，在智能雨水管理系统内使水消耗更低。

得到最有效的利用。因此，智能城市的水系统必须设计合理，因为从长远来看设计合理的水系统能够很好地节省成本。此外，智能水系统应该能够与其他系统进行连接并监测，从收益的角度来看，这一点很关键，如与气象站进行连接。因此，在这种情况下，开发和增加目前供水和污水管网的模型功能，特别是数字模型功能，是非常重要的。如果设计得当，将有助于提高城市智能水务管理的潜力，进一步优化整个水务和污水基础设施的参数，降低整个智能水系统正常运行所需的能耗，快速识别任何报警情况（包括系统漏水）。

案例1.3　福田长沙超级卡车工厂数字化转型与建设

基于工业互联网，长沙构建了多层次、多领域的平台体系，为打造全国重要的先进制造业中心赋能。其中，福田汽车长沙超级卡车工厂通过智能工厂、智能供应链、工业大脑三位一体，打造高度自动化、网络化的智能制造标杆工厂，并成功入选2023年湖南省"数字新基建"标志性项目。

长沙超级卡车工厂的工业互联网平台由ERP、MES、MEDS、LES、WMS、F-BOM、物联网、数字孪生和云计算基础组成，平台采集生产过程中的各类自动化设备、RFID、二维码、工装拣选等数据，通过平台模型和算法，围绕生产线制造过程虚拟化、生产过程自动化、设备预测性维护、产品质量控制和仓储物流可视化五个方面的应用，对生产过程进行优化。在福田汽车长沙超级卡车工厂的装配车间，通过MES系统可以看到，工业互联网平台将订单自动拆解成数百道工序，各种个性化零部件通过统一调度精准分配到不同工位，与各类车型的车身底盘、上装部件的定位抓取无缝对接，并自动随意切换。此系统可满足中轻卡和普通家用轿车的混合通用生产，以最小的空间实现最大的生产效率，充分体现了长沙超级卡车工厂工业互联网平台的先进性和创新能力。

四、直面挑战，深挖价值

尽管工业4.0有巨大的潜力，尤其是CPS技术，但应该承认的是，我们还有很多工作要做。或许前面提到的与信息物理系统相关的部分挑战可以很快地解决，但是想要找到其他挑战的解决方案，可能我们不得不等上十年或更长时间。事实上，在智能系统的设计和建设中，一切都取决于能否有效利用工程设计和科学之间的强关联，尤其是信息物理系统，它由大量互联的传感器和设备组成，彼此之间相互影响且影响着周围的环境。因此，复合型复杂系统的存在产生了一些不易解决的科学和技术问题，但从构建未来无所不在的 CPS 系统的角度来看，这些问题又至关重要。这就是为什么工业 4.0 未来发展的一个关键问题是组织如何利用其在知识领域的潜力。此外，由于信息的敏感性，客户数据等信息还必须安全地进行采集和存储。这些知识将伴随着工业 4.0 的进一步发展，改变着我们所认知的世界。毕竟制造业将在很大程度上建立在被广泛理解的数字化的基础上，组织则需要调整当前的流程、程序、组织文化和管理风格，以满足客户快速变化的需求。未来工业将需要调动大量的资金和人力资源，而其潜力的发挥——不只是经济潜力——将取决于以下几个方面。

- 人和机器在数字化时代的角色。
- 员工对第四次工业革命的态度、准备和期望。
- 利用现有和新知识促进世界可持续发展。
- 工业 4.0 对工作、组织和社会的影响。
- 与数字转型相关的负面后果，包括新产生的生活方式与疾病。
- 工业 4.0 对医药发展和人们健康的影响。
- 管理领域现有范式的变化。
- 现有生活方式的根本改变。
- 全球（网络）安全。
- 虚拟世界对现实世界的影响。

在结束本节前，我们还想提一下这里所讨论的潜力——不仅是经济和社会潜力，还有工业 4.0 中所蕴含的科学潜力。发生在我们眼前的工业革命以及相关的智能制造、智能基础设施或智能管理[1]形成了一个较新的研究

---

[1] 智能管理是一个术语，主要适用于工业 4.0 中的所有行动、过程或决策。环境由一系列高度先进的技术和概念组成，将其应用于所持有的资源，包括数字技术，将确保组织实现假定的目标。

领域，不可避免地为科学带来了新的问题和挑战。由于某些研究问题的开创性和创新性，科学可能需要比以前多得多的财政支出，尤其是要求政府重视科研和创新，促进成果以专利、技术、产品或服务的形式尽快商业化。在工业4.0背景下，增强科学潜力不仅在于高校或国家研究机构，还在于企业。一些国家，尤其是发达国家已经开始运营创新能力中心，目的就是通过研发提高中小型企业的创新水平。此外，在国家和国际层面上，将打造更广阔的科研平台，旨在促进科学、商业和政治领域的合作与整合。以这种方式建立起来的工作团队正在合作研究可以在21世纪成功实施的新解决方案和新发明。因此，可以预见的是，随着第四次工业革命的发展，开展科学研究的范式将发生变化，因为从某种意义上说，任何知识都必须服务于产品、技术和服务的生产。然而，事实上，到目前为止，在大多数高等教育机构，这种做法只是作为学术讨论的主题，远未落实到行动。因此，高等教育机构与商业界之间的合作还只局限于学生实习项目（大部分是无偿的）或公共学习课程而已。

案例1.4　国家支撑——建立健全数据基础制度

为了发挥工业4.0的经济潜力，作为基础的数字要素得到重视，中国政府围绕其出台了一系列支持性政策。2022年6月22日，中央全面深化改革委员会第二十六次会议审议通过了《关于构建数据基础制度更好发挥数据要素作用的意见》，会议指出要建立数据产权制度，推进公共数据、企业数据、个人数据分类分级确权授权使用，建立数据资源持有权、数据加工使用权、数据产品经营权等分置的产权运行机制，健全数据要素权益保护制度。近年来，国家发展改革委大力推进数字化转型，取得了一系列成效（如图1-5所示）。下一步国家将继续深入推进数字经济高质量发展，抓紧制定数字化转型指导意见，推动数字化转型行动，并加快完善基础制度保障。

制造业数字化转型持续深化	2021年，我国工业互联网融合应用拓展至45个国民经济大类，产业规模超过1万亿元。企业"上云用数赋智"水平不断提升，推动相关制造业企业成本降低17.6%、营收增加22.6%
服务业数字化水平显著提升	我国电子商务、移动支付规模全球领先，网约车、网上外卖、远程医疗等市场规模不断扩大，2021年，电子商务从业人员规模已超过6000万人
农业数字化转型稳步推进	2021年，农业生产智能化水平显著提升，农作物耕种收综合机械化率超72%，农村网络零售额达到2.1万亿元，同比增长11.3%，"定制农业""云农场"等新业态、新模式方兴未艾

图 1-5　我国数字化转型系列成效

资料来源：张晓.夯实数据基础制度更好发挥数据要素作用，光明网；国家发改委.关于构建数据基础制度更好发挥数据要素作用的意见.

第四节　工业 4.0——实施障碍与支持条件

一、工业 4.0 带来系统性变革

将技术进步成果引入组织中往往会涉及很多具体的问题，因为新技术带来的变化通常不仅影响组织，还会影响整个行业和部门。因此，变化往往是激进的，它会压制当前的生产过程、处理信息的方法和技术，甚至是管理模式和风格。所有这些因素，无论是共同作用还是单独作用，都会影响人类活动的各个领域，进而在其构成要素之间建立起无限的联系和相互依赖网络。这一过程的最终"产物"是一种以变化速度、高竞争度、广泛的数据通信网络以及大规模定制为特点的交叉联系的经济体，它改变了当代文化、商业或消费模式。由于技术变革无法阻挡，且不可忽视，因此我们应该主动去调整适应。

在实践中，组织无论大小，都要对动态变化的经济形势做出适时的反应。事实上，对变化过程的任何低估都可能成为组织崩溃的开始。摄影市场曾经的传奇柯达公司（Kodak Company）就是这种情况。该公司高管一直对数字摄影领域的技术革命置若罔闻[1]，颇具讽刺意味的是，柯达本身对这一技术贡献卓著[2]，这也导致柯达在进入市场131年后，于2012年宣布破产。目前像柯达这样不尊重技术和市场变化的组织相当少。事实上，在管理人员中，"落后"的意识反而强化了他们对创新的态度，深化了对市场及其特定性质的探索，提高了对客户情绪的感知。因此，他们也越来越多地受益于工业4.0在这一领域所提供的解决方案。不过，想要完全掌握这些技术并不容易，通常需要在组织、技术和财务层面做出很多"牺牲"。

二、工业4.0在企业中落地面临的障碍

组织如何克服现有障碍，以及如何实施工业4.0解决方案，要取决于许多因素。其中一个因素是公司规模。在大型企业中，由于规模大，制造往往已经自动化，流程也得到了优化，第四次工业革命成果应用的适应性似乎要大得多，在成本和技术解决方案方面都更容易。此外，完全数字化的决策、监督或档案流通管理流程几乎成了大公司的"标配"。而对于中小企业来说，情况似乎大不相同。在许多中小企业中，很大一部分操作、流程和工作仍然是在在线应用程序的支持下以手动或混合方式完成的。这意味着一旦工业4.0所提供的解决方案在企业落地，其效率将猛增，而现代技术应用给其带来的效益将超过大型企业数倍之多。在适应工业4.0技术的过程中，中小企业的角色极其重要。首先，通过这种方式，中小企业有机会在全球交叉联系的经济环境中主动求发展。其次，中小企业在国际市场上的竞争力增强。第三，考虑到中小企业在所有国家的GDP中都占很大一部分，国家未来的经济状况将取决于中小企业的数字化程度。撇开公司规模不谈，有必要注意

---

[1] 柯达忽视摄影市场数字革命的根本原因是利润率：在传统摄影中，柯达从中受益数十亿美元，利润率为60%，而数字摄影仅为15%。
[2] 在20世纪的美国，柯达公司的工程师获得了近2万项专利。

到，与工业 4.0 解决方案的落地相关的障碍对于这两个群体基本上是相似的，尽管也存在某些重要的障碍。由于障碍的数量不少，而且全部出现的可能性不大，因此笔者决定重点探讨常被提到的障碍。

（一）管理人员的领导力

阻碍工业 4.0 落地的一个重要因素是管理人员和企业主缺乏进行深度变革的勇气。事实上，数字转型的过程需要执行者的远见、动机和参与，管理者的短视行为对企业数字化转型具有显著的抑制作用（王新光，2022）。因此，没有领导力 4.0（Leadership 4.0），工业 4.0 的概念就无法落地。领导力4.0 主要与以下几点有关（Lewin，2017）。

- 增强决策过程的灵活性，最大限度开发利用组织中的新机会，同时确保沟通透明。
- 在事件发生前未雨绸缪，主动规划。①
- 管理层能够快速识别新出现的竞争对手并做出反应。
- 对能够发现、利用和最大化技术成果的人才做到知人善用。
- 鼓励组织充分利用数字化全球经济带来的机遇。

案例 1.5 **工业 4.0 背景下的数智领导力——首席数据官（CDO）**

在工业 4.0 背景下，数据贯穿企业生产、规划、创新、管理、安全等各领域，并成为现代企业管理中至关重要的影响因素，也成为 CDO（Chief Data Officer）进入企业高管团队的重要原因。随着 IT 建设的不断升级，以及数字化带来用户改变，越来越多的企业需要完整且体系化的数据管理架构，从数据治理、数据管理和数据分析赋能等方面优化企业运营管理和业务模式，CDO 将成为完成这项使命的关键角色，为提升领导力 4.0 助力。CDO核心数字领导力如表 1-3 所示。

---

① 主动规划侧重于采取主动并寻找新的解决方案。被动规划侧重于满足他人的要求和命令，以及解决他人而非自己的问题。

表 1-3　CDO 核心数字领导力

CDO 核心能力	管理大师（注重风险）	数字化变革者（注重规模化变革）	运营优化（注重运营）	数据分析领袖（注重收益、生产效率、成果）
优先事项	数据顾问、监控和管理企业数据	企业数据管理创新、降低成本、创收	实现数据有效性、可用性和效率	产品、客户、运营和市场的分析和汇报
侧重点	数据隐私、安全、保护、错误预警	自动化、文化、学习、知识管理	低效率、成本	数据透视和可视化、数据质量、准确性、可预测性、业务一致性
方式	建立数据框架、制定数据规范与规则、系统检测报告和问题响应	创造性地使用运营杠杆，如数据、分析工具、IT 和组织变革，来创造业务价值	构建或部署基础设施、工具、技术、流程和系统，以支持数据运营	在企业平台之上开发或部署分析模型，以支持或者实现业务单元自动化决策

资料来源：《2021 中国首席数据官白皮书》。

同时，《全球数字人才与数字技能发展趋势》报告显示，随着数字领域技术创新步伐的加快，经济社会各领域对数字人才的需求急剧增长，针对人才和技能的培养不再局限于高技能人才，而是扩展到所有公民。对我国来说，加强数字人才和数字技能的培养尤为重要，随着劳动人口红利逐步消失，劳动力质量的重要性日益凸显，提升劳动力技能，使之与经济数字化转型需求相匹配，既是数字经济发展的内在要求，也是经济高质量发展的重要保证。

（二）数据与网络安全

我们认为，组织"通过"数字化转型过程时缺乏正确的领导方法是管理人员不作为的原因之一。另一个障碍是与网络安全相关的危险。在实施与未来工业相关的项目时，与其他实体的合作往往涉及敏感数据的共享，事实上，这会引发对自主技术和知识安全的担忧（Sharma 等，2021；Kayikci 等，2020）。例如，当所有者远程共享数据仓库中收集的与组织的整个生产过程有关的任何信息时，他们也会产生同样的担忧。因此，考虑到上述情况，企业主必须自问，组织是否做好了将数据暴露于外部数字世界的准备，毕竟数据暴露存在以下形式的危险。

- 利用恶意软件发起攻击。
- 对收集的数据进行破坏攻击。
- 通过诱骗受信任的人或机构来盗取机密信息（网络钓鱼）。[1]
- 导致拒绝访问应用程序，从而利用在线提供的服务和产品进行攻击。

数据安全不仅关乎组织安全，也关乎国家安全和公共利益，是非传统安全的重要方面。2021年10月31日，国家安全机关发布三起危害重要数据安全的案件，分别为"某航空公司数据被境外间谍情报机关网络攻击窃取案""某境外咨询调查公司秘密搜集窃取航运数据案""李某等人私自架设气象观测设备，采集并向境外传送敏感气象数据案"，旨在进一步提高全社会对非传统安全的重视，共同维护国家安全。因此，考虑到此类危险，预防和安全措施对每个组织都至关重要，因为在适当时它们可以快速识别、分类和消除特定的危险。同时，它们可以建立适当的防御系统，以防类似攻击。

（三）投资决策

从工业4.0解决方案在组织中的落地来看，正在实施的投资项目缺少商业理由也是一个很大的障碍。对于管理者来说，想要为工业4.0中的某一项投资找到明确的理由，真的很难，因为这并非普通的投资。

- 涉及对以往组织管理和人事管理方法的变革。
- 通常需要高额的财政支出。
- 很难规划落地所需的资金。
- 很难判定投资回报时间或落地成本的收回时间。
- 无法与其他类似投资进行对比，特定行业或部门中缺少优秀的商业案例。
- 现代技术投资天生具有更高的风险。

---

[1] 2019年3月12日，全球最大的网络安全企业之一卡巴斯基公司（Kaspersky Company）在其网站上公布了数据，2018年全球网络钓鱼攻击估计为5亿次，这意味着在现实中比2017年的攻击次数增加了2倍多。

32　管理、组织和人工智能

- 缺少国家和私人投资者的支持，尤其是法律和财务上的支持。

因此，我们看到与工业 4.0 相关的投资项目非常复杂，需要采用非常规的实施方法。从经济的角度来看，我们可以问这样的投资是要满足什么样的需求、预估的规模有多大。当然，回答这个问题并不容易，答案也不明确，肯定需要广泛的讨论。

（四）数据整合与处理

谈到阻碍工业 4.0 落地的因素时，必须特别注意数据整合方面的挑战（见图 1-6）。例如，在实践中有这样一种情况，使用各种通信渠道、设备和屏幕的消费者在系统中留下大量数据，然后每个企业都必须处理这些数据，以确保未来在市场上继续生存。这就需要有合适的系统，帮助企业快速整合来自不同用户、设备或不同数字和网络渠道的数据。不过，想要通过不同系统之间高效的信息交换来优化业务流程，需要在数据通信基础设施和顶级专家方面投入大量资金，二者会在分析客户需求等方面发挥很大作用。此外，

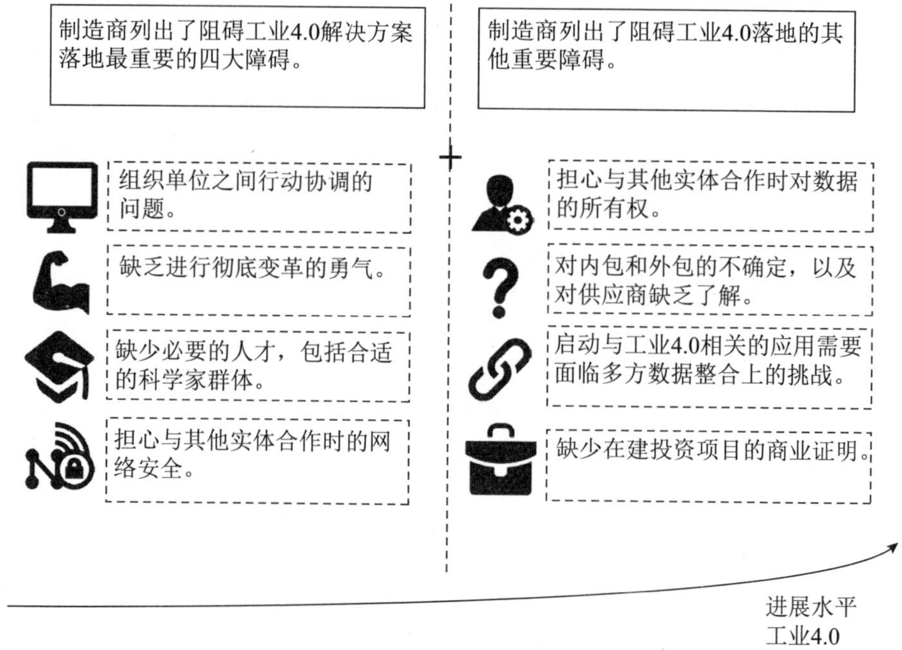

制造商列出了阻碍工业4.0解决方案落地最重要的四大障碍。	制造商列出了阻碍工业4.0落地的其他重要障碍。
组织单位之间行动协调的问题。	担心与其他实体合作时对数据的所有权。
缺乏进行彻底变革的勇气。	对内包和外包的不确定，以及对供应商缺乏了解。
缺少必要的人才，包括合适的科学家群体。	启动与工业4.0相关的应用需要面临多方数据整合上的挑战。
担心与其他实体合作时的网络安全。	缺少在建投资项目的商业证明。

进展水平
工业4.0

图 1-6　从制造商的角度看工业 4.0 的落地障碍

资料来源：McKinsey 和 Company，2016。

从宏观视角来看，建立数据要素市场，并明确数据确权、开放、流通及信息保护、信息安全防护等环节的相关制度可以极大推动企业数据整合与利用，但当前数据要素的使用仍以企业内部数据为主，企业间的数据共享与再利用较少，且在操作层面上意识不强、规制措施乏力等问题导致了较高的数据流动和交易安全风险，从而阻碍了数据交易范围和规模的扩张，制约了数据要素市场的建立以及企业数据整合能力的提升（康芸，2022）。

（五）总结：法律与立法、组织管理、人力资源

上述企业发展工业 4.0 的障碍只是我们目前在专业文献中所搜集到的一小部分。表 1-4 列举了我们在探索有关工业 4.0 知识时可能遇到的其他障碍。按照本质和性质，这些障碍被分为了三类，具体如下。

- 涉及法律和立法问题的障碍。
- 与组织管理相关的障碍。
- 与人力资源管理相关的障碍。

表 1-4 工业 4.0 组织中的发展障碍

障碍	类别	作者 / 来源
法律相关	缺少标准	Schröder，2017
	缺少关于技术创新的详细规定，尤其是在知识产权、数据保护和责任范围方面	Oesterreich 和 Teuteberg，2016
	专有技术缺少法律安全保障	西门子，2017
	缺少关于数字工作环境中工作组织的指导方针	本书作者
	缺少顶层战略设计和布局	康芸，2022
管理相关	管理层缺乏主动性	西门子，2017
	缺少数字战略	Schröder，2017
	缺少精心设计的 IT 部门	Winberg 和 Ahrén，2018
	生产部门和 IT 部门之间缺少适当的沟通	西门子，2017
	不需要改变以前的商业模式	Glass 等，2018
	组织内部对工业 4.0 的发展缺少技术支持	Yao 等，2017
	缺乏数据安全	Schröder，2017
	信息和生产系统缺乏透明度	Winberg 和 Ahrén，2018
	缺少合作伙伴和项目融资计划	Glass 等，2018

续表

障碍	类别	作者/来源
管理相关	对工业4.0的组织影响缺少预测和评估	Seseña Gaitán 和 López Martínez，2017
	建立了数据筒仓	Yao 等，2017 Pai 等，2018
	错误投资的风险高	Glass 等，2018
	缺少足够有关于工业4.0落地项目成功商业案例的出版物	Siemens，2017
	课题的复杂性高	Glass 等，2018
	缺少解决问题的行动或实施计划	Seseña Gaitán 和 López Martínez，2017
人力资源相关	缺少合格的劳动力（包括技能、知识、发展意愿）	Kagermann 等，2013 Glass 等，2018
	缺少对人机交互中依赖关系的可视化或理解	Winberg 和 Ahrén，2018
	缺少强大的领导力和变革的领导者	Fonseca，2018
	缺少专家	Siemens，2017
	缺少增加劳动力灵活性的压力	Glass 等，2018
	世界高度发达国家的负面人口趋势	本书作者
	缺少高等工程类人才	皮江红和廖依帆，2022

资料来源：笔者根据研究资料整理。

  由于描述所有障碍会超出本书框架，因此笔者决定只描述选定的、未被探讨过的障碍。法律方面的障碍主要是与新技术落地的安全性和可能性相关的法律法规问题。技术进步的几何增速使得任何立法改革都无法跟上节奏。因此，眼下迫切需要消除不利于工业4.0发展的法律障碍，并且建立能够促进工业4.0发展的法律框架。例如，与无人驾驶飞机（通常称为无人机）有关的法律法规就存在迟滞性。目前还没有相关法律法规阻止这项技术在物流、金融或营销等经济领域被推广使用。管理方面的障碍似乎最多（见表1-4），许多组织都存在的一个问题是组织结构中有建立大型数据筒仓的趋势。所谓筒仓，就是营销、销售、客户服务、培训、项目等部门各自收集和分析自己领域的数据，而不与其他部门共享。也就是说，销售部门只分析销售数据，而营销部门只分析营销数据。最后，由于缺少信息的自由流通，数据无法实现交换,组织难以很好地适应市场环境的变化,导致逐渐丧失竞争优势。讨论的最后一个障碍与工业 4.0 中专门人才的短缺有关。事实上,鉴于这方面存在胜任力差距,有必要采取行动改变目前的教育体系,以确保更好地满足未来工业在人力资源领域的需求。不过,在期待这些变化的同时,雇主将不得不承担高昂的员工再培养成本(通常情况下)。此外,劳动力市场的性质也将发生改变,具有认知能力和所谓元技能(Meta-skills)的人员将增多。

三、工业 4.0 在企业中落地所需的支持条件

综合上述关于工业 4.0 落地障碍的讨论,我们应该意识到,通过创造某些新的支持条件,其中一些障碍是可以被消除或被大大限制的。这里重点提供一些有助于未来技术开发和落地的支持工具,帮助组织营造良好的财务环境,培养高素质员工,充分利用高速和宽带网络,获得国家支持。财务环境方面,应推出这样一种解决方案,即工业 4.0 的短期研究主要由企业自行解决资金问题,长期研究则由国家、欧盟或其他国际组织的运营项目和拨款来提供资金支持。作为这种方法的补充,创新项目的融资可以寻求外部资本的支持,争取为企业提供信贷、贷款或债务证券方面的优惠。正如所讨论的,未来工业成功融资的一个重要因素会是技术信贷概念的普及,除了提供具有竞争力的利息,借款人还能够在完成技术投资项目的情况下偿还部分贷款。[①]

虽然为工业 4.0 的发展营造良好的金融环境不是一个大问题,但打造一支合格的工作团队肯定是一个大问题。这是因为在信息技术、机电、自动化、机电一体化以及网络技术等对工业 4.0 非常关键的专业方面,目前还存在巨大的人才缺口。这一领域的短缺主要是职业学校[②]的关闭造成的(尤其

---

① 这种创新融资方式被定义为技术奖金。
② 中欧和东欧职业学校倒闭主要是因为直到 20 世纪 90 年代末,这些学校一直被视为向失业者"提供教育"的地方。这一点很重要,因为当时该地区的绝大多数国家都在与高失业率做斗争。

是在中欧和东欧国家），而这些学校非常重视科学教育，包括数学、力学或自动化。除此之外，西欧重人文（服务）轻科学（生产）的教育趋势也是造成人才短缺的原因之一。因此，在仍然需要考虑人口变化的情况下，各国至少需要几年时间才能弥合这一缺口。这为各类学校和大专院校的教育发展创造了条件，未来学校主修和辅修专业课程的设置应与动态变化的市场需求相匹配。与此同时，学校必须加大对工程师、计算机科学家或技术专家的培养力度，并且注重跨学科和多元教学。皮江红和廖依帆（2022）基于 Erpenbeck 及其团队（2017）提出的能力分类（个人、社会、执行和领域），结合工业 4.0 阶段工程人才能力需求，构建"四维"能力模型，指出面向工业 4.0 的高等工程人才应具备以下四个方面的素质能力，为未来高等工程人才的培养指明了方向。

一般性能力：

- **个人能力**：工作态度、创造力、创新思维、灵活度、歧义容忍度、学习内驱力、抗压能力、心态、服从性。
- **社交能力**：团队协作能力、发现能力、角色扮演与塑造能力、社交能力、跨文化能力、语言能力、沟通能力、网络能力、领导能力。

具体性能力：

- **执行能力**：问题分析能力、问题解决能力、数据分析与解释能力、方法及工具的选择和使用能力。
- **领域能力**：作业能力、模型构建能力、多媒体和计算机技术应用能力、数字技术应用能力。

除人力资源领域的支持外，高速宽带互联网的辅助对于组织而言也必不可少，尤其是位于乡村地区或远离大城市中心的企业。从工业 4.0 的总体发展，尤其是智能工厂的发展来看，接入适当的光纤网络至关重要。这种情况下，国家可以甚至应该发挥重要作用，国家应利用其预算资金，为企业家提供广泛的高速网络连接。此外，为了促进工业 4.0 的发展，国家还应该为不久的将来将决定国家新经济实力的项目提供充足的资金支持。

第五节 工业 4.0——组织和全球经济的挑战与机遇

一、工业 4.0 背景下的挑战

本章第三节介绍了第四次工业革命所"内嵌"的经济潜力。认识到这一点非常重要，因为它间接产生了企业和国家在迈向数字经济的道路上必须面对的一系列挑战。以下是微观经济（企业）层面上的一些重要挑战。

- 消除阻碍现代技术发展的障碍。
- 激励管理者进行变革。
- 需要重新定义当前的商业模式。
- 数据和通信安全。
- 接入快速宽带互联网。
- 创建数据库以及必要的分析方法。
- 维护制造过程的完整性。
- 构建可靠的机器之间的通信。
- 保护专业技术和行业知识不被竞争对手获取。
- 获得合格劳动力。
- 获取与工业 4.0 相关的知识。

从宏观经济（国家）层面而言，有以下几个重要挑战。

- 需要考虑国际法律法规中的"工业 4.0"概念。
- 详细列举伦理、安全和知识产权领域与工业 4.0 相关的法律法规。
- 从国家层面针对工业 4.0 的发展制定政府战略。
- 创建运营计划，为工业 4.0 项目的开发提供资金。
- 弥补数据通信基础设施中存在的不足。
- 消除与全球劳动力市场大量专业人才短缺相关的问题。
- 改变现有高中和大学的教育模式。
- 进行前景规划，考虑工业 4.0 的发展可能造成的社会排斥和文明威胁。

Petrillo、De Felice、Cioffi 和 Zomparelli（2018）认为，虽然对于大多数国家来说，与未来工业发展相关的挑战是相同的，但这些挑战可能存在细微的差异，尤其是区分发达国家和发展中国家时。按照他们的观点（Petrillo 等，2018），对于发达国家而言，工业 4.0 解决方案的落地还涉及以下挑战。

- 需要经常进行实验并不断改进，以确保通过这种方式获得的知识和经验可以帮助其他公司强化运营。
- 需要"释放"数据，以便更快地大量发送信息。
- 劳动力的转型，包括整合具有新技能的系统操作员，从而利用 CPS 系统实现数字化工作管理。

发展中国家面临的挑战则集中在以下几项。

- 建立整体培训体系，使设备操作员能够掌握数字制造和管理领域的特定技能。
- 提升工业 4.0 领先技术的落地规模。
- 识别数字经济发展的外部资金来源。

二、工业 4.0 背景下的发展领先者

综上所述，我们应当注意到，在第四次工业革命的背景下，摆在发展中国家面前的许多挑战都尚未得到解决。不过，关于未来工业的热烈讨论正在许多领域展开，相关的概念性工作还多处于初期发展阶段。与此同时，在被视为工业 4.0 技术落地领先者的发达国家（见表 1-5），所列的一些挑战要么已经得到充分解决，要么已经达到一个非常高的落地阶段。例如，各个实体针对工业 4.0 所进行的知识和经验的交流，目的是通过这类信息帮助其他公司加强其在该领域的业务。很多国家已经完成了这项任务，并且产生了工业 4.0 平台，促进了工业 4.0 相关任务和项目的公私协同[①]。

目前很多欧盟成员国以及其他国家都在运作这样的平台，包括德国（工

[①] 公私协同指的是政府和私营部门在工业 4.0 平台的建设和任务推进过程中的合作和协同努力。

业 4.0 平台）、奥地利（奥地利工业 4.0—智能生产平台）、瑞士（"工业 2025"计划）、法国（未来工业联盟）、西班牙（互联工业 4.0）、意大利（工业 4.0 计划）、波兰（未来工业平台）、捷克共和国（国家工业中心 4.0，NCP4.0）、芬兰（物联网工厂重启计划）和中国（中国制造 2025）。同时，这些例子也让我们意识到，在工业 4.0 技术落地的准备程度上，发达国家和发展中国家的差距逐渐扩大。也就是说，这两类国家群体之间的发展差距进一步拉大，发展中国家的竞争水平下降，可能会引发显著的焦虑。因此，在这一点上，我们应该提出这样一个问题：第四次工业革命是会缩小，还是会扩大发达国家与发展中国家之间的经济差距？

表 1-5 第四次工业革命领先国家

序号	国家	工业 4.0 准备程度描述
1	加拿大	多年来，加拿大一直被视为世界创新技术中心，主要与人工智能、分散式寄存器技术或增材制造技术有关。此外，除德国和日本外，对数字经济发展所引发的变革浪潮，加拿大的适应程度最高。重要的是，为促进工业 4.0 的发展，加拿大政府出台了对创新商业项目的资金扶持政策
2	日本	日本是世界上产量领先的国家之一。不过，目前日本面临着许多社会挑战，如社会老龄化。该国当局确信，在工业 4.0 的帮助下他们将克服这些问题。因此，"社会 5.0"理念已经在该国普及了一段时间，目的是利用工业 4.0 技术解决社会问题。日本也是世界上机器人化程度最高的国家之一
3	德国	德国是欧洲第一也是全球工业产量领先的国家之一。自 2016 年以来，政府为德国制定了最新的高科技发展战略。在各种扶持计划的激励下，德国企业积极将人工智能等领域的创新技术应用到企业产品和服务中。"工业 4.0 平台"的建立实现了商界与教育界的合作，以及对创新型初创公司的援助，并且促进了经济、政治、社会组织、商业之间的对话。德国还决定将工业 4.0 领域的尖端技术落实到六大主要经济部门（机械、电工、汽车、化学工业以及农业和数据通信行业）
4	澳大利亚	在生产过程自动化方面，澳大利亚是世界领先的国家之一。最近，该国最大的工业集团的领导人决定对有兴趣从事制造业自动化和数字化的公司增加激励措施。此外，2017 年，澳大利亚总理牵头组建的一个工作小组与德国"工业 4.0 平台"公司签署了一项合作协议，目的是促进两国在工业 4.0 技术发展方面的合作和经验交流。澳大利亚是与德国签订此类合作协议的五个国家之一

续表

序号	国家	工业 4.0 准备程度描述
5	奥地利	奥地利具有高度工业化的特点,因此工业 4.0 是该国工业流程进一步发展的必要因素。除德国外,奥地利在智能制造工艺和自动化的实施方面拥有最大的行业潜力。2014 年,为了促进各界和各方交流工业 4.0 技术和概念方面的想法和经验,该国仿效德国创建了"奥地利工业 4.0"平台
6	瑞士	瑞士工业被公认为是工业 4.0 概念有效落地的最佳环境之一。目前瑞士正在积极参与"工业 2025"倡议,目的是发展瑞士的工业 4.0 领域,并促进瑞士工业的可持续数字转型

资料来源:笔者研究总结。

由于这个问题并没有确切的答案,而且涉及很多层面,因此笔者决定留给读者来思考。

三、工业 4.0 背景下的发展新机遇

诚然,在建设数字经济的过程中,国家当局、企业主、管理人员或员工所面临的挑战需要每个人都付出努力,除此之外,这些挑战也创造了某些机会。就工业 4.0 而言,机会包括以下几方面(联合国工业发展组织,2017 年)。

- 改善企业财务业绩,主要是交易和运输成本的降低带来的收入增长。
- 提高产品和服务的质量和效率。
- 向大规模定制过渡,中小企业部门参与度增加。
- 应用领域的后续创新发展,对经济增长产生更大影响。
- 节能环保型制造业。
- 更有效地利用人力、财产、自然资源。
- 改善世界不同地区的食品安全。
- 加强个人安全。
- 改善员工的健康和安全状况。
- 教育和培训体系的变化。
- 更容易获得创新技术(见图 1-7)。

- 工作组织的变化,从办公室到远程办公的过渡。
- 解决人口问题。

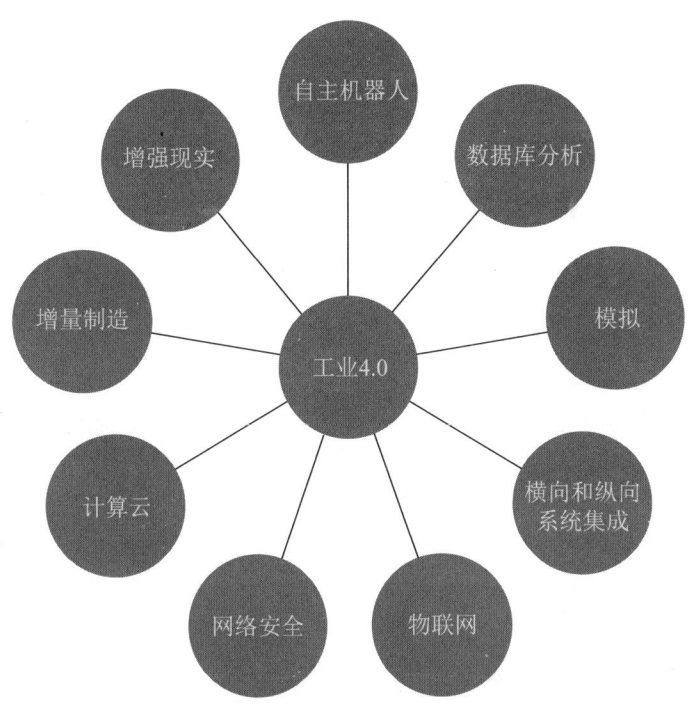

图 1-7 工业 4.0——未来的技术

资料来源:波士顿咨询集团,2015 年。

除联合国工业发展组织(简称工发组织)专家所列举的第四次工业革命的发展机会外,Xu、David 和 Hi Kim(2018)还指出了其他机会,主要包括以下几种。

- 降低发明者和市场之间的壁垒。
- 扩大人工智能的作用和范围。
- 促进多元技术和业态的整合(技术融合)[①]。
- 提高生活质量(生活机器人化)。
- 增强生活的完整性(互联网)。

---

① 技术融合的概念应理解为一系列不同技术的组合和转化,从而创造新的产品和市场。技术融合是来自不同行业、具有不同能力的公司共同支持、研发的结果。

Xu 等人（2018）对未来工业创造的所有上述机会进行了评估。第一，关于发明者和市场之间现有的壁垒，作者预计现代技术的发展（见图 1-7）可能显著限制这些壁垒。为了证实这一说法，他们以 3D 打印为例进行说明。由于打破了在制造原型方面的时间或成本限制，3D 打印为企业家提供了更快将新产品引入市场的可能性。第二，与人工智能及其应用前景相比，作者声称，人工系统将为许多国家的经济增长创造新的机会。事实上，生产和业务流程的自动化正在以几何级数的速度发展，已经让企业节省了数十亿美元成本并创造了新的就业机会。自动驾驶汽车会在一定程度上取代司机（如优步），而自动驾驶卡车会彻底改变快递市场，导致卡车司机的工作岗位大幅减少。第三，技术融合发展的概念具有巨大的潜力，因为它们模糊了物理、数字和生物领域之间的界限（Dombrowski 和 Wagner，2014）。技术的这种结合远远超出了"整合""巩固"或"统一"等词的含义界限。技术融合不只是一种互补性技术，因为它为每位创新者创造了新的产品市场和新的机会。通过技术融合，可利用过去的单个元素打造出新的产品和服务。第四，生活的机器人化将带来前所未有的机遇。技术机器人不仅会为我们做饭或创作音乐，还会为我们开车，或取代手术室中的外科医生。有了无处不在的机器人，无论是在家里还是公司，我们的生活质量将得到改善。Xu 等人（2018）认为，机器人将改善现有工作场所的质量，让人们有更多的时间关注自己感兴趣以及喜欢做的事情。第五，通过物联网，人类将能够利用设备、系统或服务之间的高级通信所带来的大量机会。这种通信将超越目前机器对机器的通信范式，且涵盖各种协议、领域和应用（Xu 等，2018）。

案例 1.6 工业 4.0 助力绿色发展——工业互联网在实现产业链、供应链碳达峰与碳中和目标中的应用

工业 4.0 为世界发展带来的机遇还包括助力绿色发展，通过数字化、智能化打造可持续的绿色产业链和供应链，已经成为实现产业升级的必由之路。工业互联网平台在实现产业链、供应链的碳达峰与碳中和目标中发挥着关键作用，其主要应用场景如图 1-8 所示。

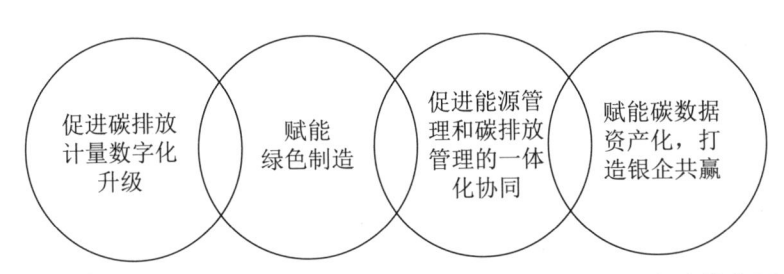

促进碳排放计量数字化升级　　赋能绿色制造　　促进能源管理和碳排放管理的一体化协同　　赋能碳数据资产化，打造银企共赢

图 1-8　工业互联网平台在实现产业链、供应链碳达峰与碳中和目标中的应用场景

华为是绿色可持续发展的忠实践行者，致力于减少生产、运营等过程对环境的影响，持续牵引产业链各方共建低碳社会。华为供应链通过集成上下游环节的碳排放数据、设立相关计算模型，实现供应链各环节的排放要素和数据共享，形成基于华为供应链业务主体的碳足迹数据库，并通过实际数据进行数据挖掘、大数据分析，支撑更加精准的碳排放测算和运营管理。

资料来源：《工业互联网平台赋能产业链供应链白皮书》，工业互联网产业联盟（AII）。

总结第四次工业革命的发展所涉及的挑战和机遇，我们可以得出结论：大多数情况下，这些挑战和机遇将取决于企业和国家的发展规划。不过，在这一过程中，企业应该发挥主导作用，抓住参与全球数字经济发展的机会，抢先竞争对手一步，"先发制人"。国家则必须围绕工业 4.0 着力构建整个"组织—法律—金融"框架结构，其质量将最终决定国内企业吸收创新技术的速度和规模。因此，许多国家都在开发与未来工业相关的平台，作为思想和知识交流的场所，以及发明者与制造商或制造商与消费者沟通的渠道。这些平台应被视为迈向正确方向的一步。此外，考虑工业 4.0 的发展速度时，发展中国家和发达国家都应该特别警惕。从全球角度来看，挑战在于如何避免发达国家与发展中国家在企业技术创新方面的发展差距（包括金融和知识产权）进一步拉大。事实上，这种二元格局会导致很多发展中国家无法充分享受工业 4.0 所带来的利益，反而会增加失去相当一部分利益的风险。因此，出现了一个问题，即是否应该在全球层面设立一个管理机构，或在世界银行或联合国的主持下组建一个工作团队，以协调和监督与特定地区第四次工业革命发展动态有关的活动。似乎只有这种解决办法才能保证这一概念在全球范围内的长久和可持续发展。

[章末案例] 曲美家居并购 Ekornes ASA：是否是桩好生意？

  曲美家居是中国国内一家大型家具集团，技术成熟、产品设计新颖、营销渠道多样，产品的设计、生产、销售在国内家具行业中处于领先地位。2018年5月至9月，曲美家居进行了一次规模庞大的海外并购，并购对象是从事高端摇椅生产、资本规模约为曲美家居两倍的挪威国宝级企业 Ekornes ASA。这次收购的动机如何？又为曲美家居带来了怎样的影响？

  在国内制造业创新驱动发展的背景下，家具行业转型升级成为发展趋势。当前国内家具市场竞争激烈，人们对家具产品的个性化需求越来越重视，部分家居企业为求市场份额、制造技术、营销手段等更上一层楼，先后瞄准了海外市场，借助并购海外企业实现全方位的转型升级。在这一背景下，曲美家居将目光对准了 Ekornes ASA。Ekornes ASA 是挪威家具制造行业中的龙头企业，具有悠久的生产历史、精湛的制造工艺和享誉全球的知名品牌，其借助"工业4.0"的全自动化生产流程备受曲美家居的青睐。

  Ekornes ASA 的生产早已实现高度的自动化，生产效率大幅度提高，生产成本远低于同行业的其他企业，这为其提供了巨大的竞争优势。Ekornes ASA 在全世界有9家生产工厂，同时，它是挪威境内最大的家具制造企业。Ekornes ASA 公司拥有极为先进的数字化生产设备和管理系统，采用订单生产和批量生产相结合的生产模式，主要生产环节依靠数控机器人实现了自动化，机器人的自动生产系统和信息化智能柔性加工系统大幅度提升了产品制造效率。与国内家居企业依靠手工操作来进行家具的打磨、喷漆等相比，国外的家居企业在这些基础环节已经完全实现自动化。

  通过一系列的尽职调查、市场评估、融资及实施并购计划后，曲美家居于2018年8月29日完成了对 Ekornes ASA 全部股份的收购，从而完成了此次并购。对享誉世界的高端家具制造企业的收购，为曲美家居品牌影响力的提升、资源整合与规模经济的实现，以及全球化战略布局开辟了道路，更大大加速了曲美家居数字化转型的进程。曲美家居是家具制造行业内，极为少数的同时拥有成品家具订单式生产能力以及定制家具柔性生产能力的企业，公司依据智能化、专业化和信息化的制造体系，实现了"在线接单—在线交单—送货上门"的全智能流程,下属的八大工厂按照总部的分工要求进行不同原材料的加工和产品的生产、包装。与此同时,Ekornes ASA 公司拥有高度自动化的家具产品生产线,并借助智能机器人自动生产系统和全信息化柔性加工系统,大幅提升了家具产品的制造效率和销售速度。通过此次并购整合,将订单化生产和全自动化生产相结合,充分发挥了双方的优势并弥补了各自的弱项,不断提高产品研发、生产的效率。

资料来源:《曲美家居并购 Ekornes ASA:是否是桩好生意?》,王洪生,魏超,陈万思,吕采霏,田冉,中国管理案例共享中心。

思考题

1. 结合曲美家居并购 Ekornes ASA 的案例,谈谈你对工业 4.0 定义,以及工业 4.0 和数字化转型关系的理解。

2. 在国内制造业创新驱动发展的背景下,试分析曲美家居选择并购 Ekornes ASA 的动机。

3. 并购 Ekornes ASA 为曲美家居在生产、制造方面解决了什么问题?带来了哪些改变?

4. 在数智驱动的新发展阶段,你认为该如何继续推动组织的变革与转型?

第二章

人工智能——后现代的新技术

第二章 人工智能——后现代的新技术

[章前案例]　　　　悦管家——打造智能管家式服务

悦管家在成立之初（2012年）就是一家"互联网+"企业，经过三年的发展，悦管家建立了钟点制共享服务数据供应链平台，专注于为家庭和企业提供清洁与做餐等生活以及后勤服务。自2015年悦管家应用软件（App）上线，正式开启"互联网+"的服务预定业务之后，悦管家经过几年的发展，其业务有所转变，由早期的提供精致化单品，到搭建数字化平台，最后发展到打造卓越智能化管家。

一直以来，悦管家秉承着"科技提升服务，管家优化生活"的核心理念，始终坚持自主研发，广泛应用大数据、人工智能、云计算、区块链和物联网等创新技术，并首创了"云店"模式，致力于提供智慧化服务供应链解决方案，构建数据驱动的开放式城市服务资源共享平台。为了实现高效的科技赋能管家式服务，悦管家采取了一系列措施。例如，用户可以通过互联网预约各种生活服务，享受便捷的服务体验；公司服务者也可以通过互联网获取各种用户需求，提高服务匹配度。悦管家注重提升人员效率，通过培训和考核每位服务者的服务技能，智能优化服务者与用户的匹配，提升社会效能，这样不仅能够提高服务质量，还能降低用户在享受优质服务时所需支付的费用。

资料来源：陈万思，闫海涛，陈正一，悦享品质生活打造最优管家——"悦管家"颠覆家政行业的效率革命，第十一届"全国百篇优秀管理案例"。http://www.cmcc-dlut.cn/Cases/Detail/4776.

人工智能技术的蓬勃发展引领了悦管家从提供精致化、单一化服务向智能化、细节化、品质化服务的快速转变。以悦管家打造智能管家式服务为例，本章将介绍人工智能的发展阶段以及人工智能对经济和现实生活的影响。

第一节　人工智能——基于解释的视角

一、人工智能的起源

人工智能（artificial intelligence，AI）是一门科学学科，也是一种专注于探索系统化信息及其实践应用可能性的研究活动。人工智能的起源可以追溯到 20 世纪 50 年代初,当时科学家们注意到,如果一台计算机可以通过编程来解决简单的数学任务,那么在有足够信息的情况下,其他机器同样可以展示出广泛的类人智能（Browser 等,2017）。"人工智能"一词于 1955 年首次被杰出的数学家和计算机科学家约翰·麦卡锡（John McCarthy）[①] 使用。一年后,在著名的达特茅斯会议上（正式名称为"达特茅斯夏季人工智能研究项目"）,麦卡锡让人工智能的概念在全球流传开来,此后,人工智能领域进入了重要的工作和研究阶段,直至今天。

二、人工智能研究的发展

人工智能研究的第一阶段发生在 20 世纪 50 年代。最初这一领域的主要成就与启发式搜索和机器学习有关,利用开发的启发式搜索（Heuristic Methods）[②] 方法可创建初始的新算法来解决定义的问题,或者限制与计算复杂性相关的高成本。机器学习方面的研究为其目前的架构奠定了基础（主要与深度学习有关）。不过,这些领域的成就还不足以成为图像识别技术、自然语言处理技术或机器人技术构建的基础。20 世纪 60 年代,很多院校成立了以人工智能为主要方向的专业研究中心,首批中心包括了剑桥的麻省理工学院、匹兹堡的卡内基梅隆大学和斯坦福大学。然而,由于当时投资者和私营部门对人工智能解决方案施加了商业化压力,美国政府很快决定在政府国防高级研究计划局（DARPA）的参与和支持下资助人工智能的开发研究,主要目的是加速人工智能理论的实践应用。此举对美国的国防和安全的意义要超过对经济增长的意义。事实上,人工智能领域的第一批技术解决方

[①] 约翰·麦卡锡（John McCarthy）,1927 年生于波士顿,2011 年在斯坦福大学去世。麦卡锡是普林斯顿大学、斯坦福大学和达特茅斯大学的教授。1971 年,因其对人工智能领域发展的贡献,被授予图灵奖［由国际计算机学会（ACM）颁发的年度信息技术杰出成就奖］。1988 年,麦卡锡获得了先进技术方面的京都奖（由日本亿万富翁、慈善家和佛教僧侣 Dr. Kazuo Inamori 资助）。

[②] 启发式方法是重要的人工智能工具。

案首先服务的就是美国军方。20世纪70年代，美国数学家理查德·贝尔曼（Richard Bellman）[①]对人工智能研究的发展做出了重要贡献。作为动态规划的创始人，贝尔曼开发了一种被广泛应用于解决优化问题的算法设计技术。也因此，他的思想主要被用于解决与计算机决策有关的困境（Bellman，1978）。

与前几十年相反，20世纪80年代初人工智能相关概念的发展开始放缓。科学界在这方面的失望之情足以让这一时期在文献中被称为"人工智能的寒冬"（Browser等，2017）。当时人工智能发展的主要障碍是计算机内存小，在处理复杂的人工智能算法和模型时计算能力不足。因此，在那个时代，算法领域[②]开发创新解决方案（如与神经网络相关的解决方案）的速度不能令人满意。不过，20世纪90年代，随着复杂集成电路的生产改进和计算能力的逐渐增强，软件不断发展，产生了第一批高效且广泛可用的人工智能算法，人工智能迎来转机，相关研究工作再次风靡。此外，微型计算机和计算机系统的快速发展，及其在日常生活中的逐渐普及，为在人工视觉感知、人工感知、先进控制技术或语音信号处理方面开发新技术解决方案铺平了道路。

20世纪末人工智能的发展带来了21世纪初生产过程自动化的普及，加之机器人学和控制学的迅速发展，人工智能开始在生活的各个领域发挥作用。显然，如果没有互联网、蜂窝电话或其他移动技术在2000年后的蓬勃发展，人工智能就无法发展到如今的无所不在。人工智能在科学领域受欢迎的程度也显而易见，与2000年相比，关于人工智能的出版物增加了近十倍。近年来，关于这一主题的文章大部分出自中国、美国和欧洲国家。自2010年以来，在全球最大的科技公司，包括微软、谷歌、苹果、亚马逊、字母表公司（Alphabet）、阿里巴巴、网飞和腾讯，我们观察到了一种趋势，即这些公司通过并购初创科技公司的方式来搭建自己在人工智能领域的知识数据库。[③]最先被"吸收"的是在语音、声音、图像处理以及商业服务方面拥有

[①] 理查德·贝尔曼因其为决策过程控制理论的发展做出了贡献，包括推动了动态规划相关问题领域的发展，在1979年获得了电气与电子工程师协会（IEEE）颁发的荣誉勋章。
[②] 算法学属于计算机技术和控制论领域，侧重算法科学。
[③] 值得一提的是科技巨头阿里巴巴在2019年以1.03亿美元收购了柏林初创企业Data Artisans，后者为企业提供分布式系统和大规模数据流服务。值得强调的是，Data Artisans成立于2014年。

实用解决方案的公司。过去几年，许多国家也将人工智能领域的科学进步、研究商业化和社会反应中的这一问题放到了政治利益的核心位置，正在制定各自国家层面的人工智能研发战略。此外，安全、劳动力市场、社会经济发展、法律法规、道德与伦理等领域也正在讨论人工智能可能带来的有形和无形的影响。因此，随着人工智能成为全球政治和经济讨论中的主导话题，探索各种问题的答案变得越来越重要，例如，未来会有哪些相关利益和威胁？人工智能是否有助于解决人类的问题（如饥饿、生活方式和流行病、全球变暖、无家可归或恐怖主义等）？人工智能会超过人类的智力吗？

当前人工智能领域的研究主要集中在如何通过跨领域研究来推动可解释人工智能的发展，可信人工智能中的稳健性、隐私性、泛化性及其之间的联系，以及决策算法中的因果公平（CMC 资本，2022）。此外，近年来，随着人工智能研究范围的不断拓展，以及人工智能领域与其他领域的交叉融合，计算机视觉与机器学习领域之外的人工智能论文发表量的增速与往年相比有明显提高。这标志着人工智能仍是一个年轻的领域，不断有新的研究方向涌现。

三、人工智能的定义

了解了人工智能一词的由来，以及这门科学学科过去 60 年的发展历程后，接下来我们将深入研究它在文献中的定义。与许多其他定义一样，这个概念在科学界也有大量的解释，人工智能的定义可以分为狭义和广义两种。

狭义上的人工智能（狭义 AI）是指机器和系统收集和使用知识并展示智能行为的能力。在实践中，人工智能主要与一些认知任务有关，包括检测、口语语言处理、推理、学习和决策。此外，人工智能还具有控制和移动各种物体的能力。同时，智能系统利用海量数据收集、计算云、机对机通信和物联网相连接，用于工作和科学（OECD，2016；UNCTAD，2017）。Manyika 和 Bughin（2018）则提出了一个不同且简洁的狭义定义，他们认为人工智能是指使用机器学习技术解决特定的问题，例如，与自然语言处理相关的问题。这里有必要补充的是，人工智能的工作原理是将大量输入和输出数据与快速迭代处理和智能算法相结合。因此，程序会通过识别某些数据模式进行自主学习（Latentview，2018）。

广义上的人工智能（通用 AI）通常被定义为一种特定类型的系统，它能够理性解决多维问题，或者采取行动来达到先前设定的目标。贝尔曼（Bellman，1978）对这一定义进行了重要补充，他认为所有与人工智能相关的动作都以自动方式发生，且利用了人类思维过程，包括决策、问题解决或学习。这个概念的创造者约翰·麦卡锡（John McCarthy）也提出了一个有趣的定义，他认为人工智能是创造智能机器的科学和工程。他的提议似乎呼应了当代的定义，后者用最浅显的方式得出了这样的结论：人工智能就是做聪明事的科学。Kaplan 和 Haenlein（2018）也对广义上的人工智能进行了定义，即一个系统能够正确解释外部数据，并从这些数据中学习，然后通过灵活的适应和使用这些学习成果来实现特定的目标和任务。

虽然在学科文献中人工智能的概念有许多解释（包括一般和狭义的解释），但迄今为止，尚未形成一个能够被普遍接受的定义，作为人工智能本质讨论中的某种范式。不过在本书中我们暂且将人工智能定义为"一系列利用智能机器和设备，并通过其行动、交互、检测和学习过程，能够使人类能力在'数据—环境—人'三角中得到增强的革命性技术"。在上述背景下，应该指出，从狭义和广义的角度理解人工智能虽然是必要的，但不足以捕捉其本质和性质。

四、弱人工智能、强人工智能和超级人工智能

除此之外，还有必要掌握关于弱人工智能和强人工智能以及超级人工智能的知识。在科学界，一般认为人工智能分为两种类型，即弱人工智能（weak AI）[1] 和强人工智能（strong AI）[2]。弱人工智能是指通过模拟，计算机仅变得与人类智能相似。因此，弱人工智能是一种用于理解认知过程的工具。

---

[1] 也称轻人工智能（light artificial intelligence，LAI）。
[2] 也称全人工智能（full artificial intelligence，FAI）。

在日常生活中，弱人工智能主要用于生产有用的机器和设备，使工作能够更好、更快地完成，同时也适用于处理超出人类精神和身体能力的任务。埃森哲（Accenture）（2018）的专家认为，弱人工智能实际上是一种模拟思维[①]。因此，一个看似具有智能行为的系统实际上并不知道发生了什么。例如，他们提到了聊天机器人（linguabot）——一种使用自然语言与我们进行对话的计算机软件，它既没有自我意识，也不知道为什么与我们交谈。不过，它的智能程度会让对话者相信自己正在和一个活生生的人交谈。

第二类人工智能是强人工智能，其特点是计算机具有智力和自学习能力，也就是说，强人工智能具有人类思维的典型特征。因此，使用相关软件的计算机可以"理解"正在发生的事情，并且能够根据以前的动作和经验优化自己的行为。这是因为特定计算机单元可以自动连接人工智能系统网络以及系统内的其他机器。另外，在人工智能哲学中，软件是类似人脑操作的人工智能，与人类活动（包括与理解、意识或学习相关的活动）之间没有根本区别。与弱人工智能相反，强人工智能描述的是真实而非模拟的思维（埃森哲，2018）。它基于智能化的行为和理解能力，就像人一样——我们可以把这比作两个人之间的对话，多半知道自己是谁、在做什么、在哪里，以及为什么在这里。目前常在游戏领域使用强人工智能。

尽管强人工智能是人工智能相关革命的关键（战略）组成部分，但弱人工智能的应用更为广泛。然而，科学家们认为，强人工智能才真正代表了机器人工智能，因为通过强人工智能，机器以及其他设备可以独立思考并且仿效人类采取行动。而在弱人工智能下，机器没有这种可能性，它们所执行的任务在很大程度上需要人工干预。与弱人工智能不同，强人工智能还具有一种影响其"独立性"的复杂算法，而弱人工智能系统中的所有动作最初都是由人类编程的。在实践中，这意味着强人工智能驱动的机器可以处理并做出"自己的"决策，而基于弱人工智能的设备只能模拟人的行为。因此，弱人工智能系统和强人工智能系统各有优缺点（见图2-1）。

[①] 同时，在Sherry Turkle于2011年出版的《一起孤独》（*Alone Together*）一书中，我们可以读到：模拟思维可以是思维，但模拟感觉不是感觉，模拟爱不是爱。

	弱人工智能	强人工智能	超级人工智能
定义	弱人工智能基于这样一种假设：计算机设备（机器）可以模拟人类智能，但不需要展现意识或成为一台会思考的机器。对于弱人工智能，科学家以计算机为工具来研究思维，而非构建思维（具有相关认知状态）	强人工智能基于这样一种假设：计算机设备(机器)可以模拟人类的智能，更重要的是，可以展现意识。此外，它们是会思考的机器。对于强人工智能，科学家以计算机为工具来复制思维并反映人类的认知功能	超级人工智能基于这样一种假设：计算机设备（机器）的潜力将超越人。对于超级人工智能科学家相信计算机的认知能力将超过人类
潜力和解决方案的适用范围	逻辑思维； 不确定性条件下的决策； 规划的可能性； 学习的可能性； 自然语言交流； 通过编程让计算机思考的可能性	导航系统； 分析系统和专家系统； 创造"真实"世界的可能性； 语音识别； 字符识别； 语音识别； 修正错误的搜寻建议	数字智能； 直接提高执行任务和工作的速度

图 2-1　弱人工智能、强人工智能和超级人工智能的比较

资料来源：笔者基于 AiLab（2019）和 Paschek（2017）等人的研究整理而成。

人工智能的最后一个组成部分是超级人工智能（artificial super intelligence，ASI）。正如埃森哲的专家（2018）在专业文献中所提到的，这一术语通常用于指通用强人工智能超越人类智能后的发展阶段（如果可能发生的话）（见图2-1）。Bostrom（2014）将超级人工智能划分为三种类型：高速超级人工智能（SpeedASI），即比人类智能速度更快的人工智能；集合高级人工智能（CollectiveASI），即决策能力堪比一群人的人工智能；特征高级人工智能（QualityASI），即可完成人类无法胜任工作的人工智能（Boström，2014；Saghir 等，2022）。由上述定义可以看出，超级人工智能具有巨大的潜力，只不过目前科学或经济领域尚未对这种潜力进行明确的定义。其主要特征是能够以人类智能无法达到的速度开展任务和工作（数

字智能），同时它也适用于人类即便付出努力也无法完成的活动——虽然人类是一种会思考的动物。

在此背景下，一个真正的哲学问题出现了：生物智能和合成智能有多聪明呢？难道说合成产物永远会比生物，尤其是人聪明吗？这样的问题从来都不容易回答，在当今科学发展的时代也是如此。一切似乎都取决于人工智能（包括超级人工智能）在未来几年和几十年的发展速度。牛津大学和斯坦福大学的专家认为，在未来45年里，机器在完成的所有任务中超过人类的可能性为50%（Revell，2017）。也有一些杰出的人工智能研究人员提出了相反的观点，他们认为超级智能事实上永远不会实现（Etzioni，2016）。今天还很难说哪一组科学家的观点是正确的。不过，在许多专家看来，预计人工智能会更早地掌握很多活动。到2024年，机器在语言翻译方面将优于人类；到2026年，机器将具备论文和学校作文写作技能；到2027年，机器将可以驾驶卡车；到2031年，机器将可以从事零售业；到2049年，机器将具备写书（包括畅销书）的技能；到2053年，机器将取代手术室里的外科医生（Revell，2017）。考虑到提议这些日期以及这些活动可能对劳动力市场和整个人类产生影响，在这里我们可以引用英国天体物理学家和宇宙学家史蒂芬·霍金（Stephen Hawking）说过的一句话："恐怕人工智能会完全取代人。"在这位杰出的学者看来，人工智能将是一种新的、前所未知的、超越人类的生命形式。

案例2.1 "俺来也"智能取餐柜

"俺来也"积极推进数字化智慧餐厅，利用智能机器赋能校园餐饮配送业的发展。为了让学生告别冰冷的食物，减少丢失隐患，"俺来也"在校园宿舍楼下投放了一批智能取餐柜，骑手将餐品送至宿舍楼下的智能取餐柜时，在其端口App点击一键存餐，订餐同学会立即收到取餐通知。等待吃饭的同学下楼用手机扫描取餐柜上的二维码，就能取出热气腾腾的饭菜，全程耗时不到两分钟。智能取餐柜的投放不仅提升了学生云订餐的体验感，还大大提高了骑手的配送效率，缓解了"俺来也"的运营压力。

"俺来也"以人工智能技术赋能校园传统食堂，通过投放智能取餐柜，打造了"线上下单—配餐到柜—学生到柜—一键开柜取走餐食"的智慧云订餐服务，为学生提供了高效、个性化服务。

资料来源：一手资料。

第二节　人工智能的基本要素——分类

首先应该解释的是，我们把创造人工智能的任何项目都视为人工智能的要素。在实践中，人工智能的要素是一组不同类型的算法、系统、程序、模型和技术，这些要素相互组合，又各自发挥作用，将人工智能的概念变为现实。回顾人工智能的发展阶段（见表2-1），十年又十年，其构成要素在不断增多，技术水平也在同步提高。因此，可能出现的情况是，人们现在对来自日本的新一代仿人机器人非常着迷，而不久前还在学习操作第一台苹果电脑。

在学科文献中，对人工智能构成要素的描述非常分散且多样化，这可能是文献数量和多面性所致。因此，为了有序，本节将人工智能要素分成了三个板块。事实上，每一个板块都是一个时期，每一个时期都按人工智能要素的技术进步程度对其进行了细分，自然对应了人工智能的发展阶段（见表2-1）。以这种方式，我们辨别出以下人工智能时期和要素（Boucher，2019）。

表2-1　人工智能发展阶段

年份	事件
1940—1956	人工智能诞生
1950	图灵测试。测试的目的是判断机器是否掌握了自然语言，以及是否有可能像人类一样具有思维能力。在五分钟谈话时间内，如果有30%以上的对话者没有意识到他们不是在与人交谈，则视为通过测试
1950	艾萨克·阿西莫夫（Isaac Asimov）出版了《机器人三定律》（*Three Laws of Robotics*）一书。第一定律：机器人不得伤害人类，或坐视人类受到伤害。第二定律：机器人必须服从人类的命令，除非命令与第一定律相冲突。第三定律：在不违反第一定律和第二定律的情况下，机器人必须尽可能保护自己

续表

年份	事件
1951	根据艾伦·图灵的理论诞生了人工智能算法的第一个原型
1951	马文·明斯基（Marvin Lee Minsky）搭建了第一个随机神经网络 SNARC
1952	美国电脑游戏先驱、IBM 员工亚瑟·塞缪尔（Arthur Samuel）开发了第一个具有自学能力的跳棋游戏算法。
1955	约翰·麦卡锡（John McCarthy）首创"人工智能"一词
1956	第一次人工智能专题会议在达特茅斯学院举行
1956—1974	人工智能的"黄金时代"
1959	人机共生的基础得以确立。玛格丽特·马斯特曼（Margaret Masterman）的语义网络开始应用于理论和计算机语言学
1960	斯坦福大学和爱丁堡大学参与人工智能研究的科学团队开始研究视觉在机器人中的应用
1961	位于新泽西州特伦顿（Trenton, New Jersey）的通用汽车工厂安装了第一台串行机器人 Unimate。高级编程语言 Lisp 越来越流行
1961	IBM Shoebox 计算机能够执行数学函数并识别语音
1964	麻省理工学院人工智能实验室开发出了由约瑟夫·魏泽鲍姆（Joseph Weizenbaum）编写的 ELIZA——一个处理自然语言的早期计算机软件
1966	创造出第一个能够"意识到"自己动作的通用移动机器人 Shakey
1967	编写出第一款用于下棋的计算机软件 Mac Hack
1972	编写出用于处理自然语言的逻辑编程语言 Prolog
1974	创建了用于处理自然语言的人工智能计算机系统 SHRDLU。 创建了用于治疗血液感染的人工智能软件 MYCIN Medical。该程序可根据报告的症状和医学检测结果对患者进行诊断。 大卫·马尔（David Marr）开始研究基于机器的视觉感知。 马文·明斯基的理论框架形成
1974—1980	人工智能"停滞期"
1979	计算机软件在双陆棋战略游戏中击败了当时的世界冠军。该世界冠军首度承认人造物种的智力优势
1980—1987	人工智能"鼎盛时期"
1980	并行编程出现
1982	开发出旨在帮助销售人员避免错误的高级机器（包括 R1 和 /XCON）
1984	开发了神经网络，包括误差反向传播算法（error backpropagation algorithms）
1985	恩斯特·迪克曼斯（Ernst Dickmanns）开始测试一辆全自动驾驶汽车。首次在车辆上使用了图像处理技术，并应用了创新算法
1987	马文·明斯基设计了名为"智能代理"的人工智能系统

续表

年份	事件
1987—1994	人工智能"再度停滞期"
1988	搭建了 ALVINN 系统——一种通过观察驾驶人学习控制车辆的感知系统
1989	开发了初版跳棋软件 Chinook
1994 年至今	人工智能的"当代"
1996	国际象棋大师加里·卡斯帕罗夫（Garri Kasparov）输给了深蓝计算机系统
1997	国际象棋大师加里·卡斯帕罗夫（Garri Kasparov）输给了改进版深蓝计算机系统
1999	制造出首批索引机器人
1999	开发了语义网络
2000	制造出机器狗 Robopet
2000	编写出可检测无线本地网络的程序 Kismet
2002	制造出拖地机器人 IRobot Roomba
2004	世界首届自动驾驶汽车锦标赛（无人驾驶）——DARPA 大挑战赛
2005	本田汽车公司推出初代仿人机器人 ASIMO
2006	蓝脑计划启动——瑞士推动的一项大脑研究计划，旨在复刻数字化大脑
2010	自动无人驾驶汽车出现
2011	IBM Watson 超级计算机问世，并赢得了 Jeopardy 智力竞赛
2014	本田汽车公司推出仿人机器人 HRP-2 Promet
2015	谷歌 Alpha Go 第一次亮相
2017	谷歌推出 AutoML——一款基于结构化数据自动构建和部署的目前最先进的机器学习模型软件
2019	发明了德州扑克人工智能（选手）

资料来源：笔者根据文献综述汇编。

一、第一阶段：基于符号主义的人工智能

- **专家系统**（experts system）。根据爱德华·费根鲍姆（Edward Feigenbaum）[1]提出的定义，专家系统是利用知识和推理程序解决高复杂性问题的智能计算机程序，其强调了特定领域专家对问题解决的

---

[1] 爱德华·费根鲍姆，美国计算机科学家，斯坦福大学计算机科学荣誉教授，被视为"专家系统之父"。他于 1994 年获得图灵奖。

必要性。换句话说,这一系统需要从专家那里获取知识并将知识转移到计算机程序中。在专家系统中,问题是利用掌握的知识资源进行推理来解决的,而不是传统的程序代码。第一批专家系统搭建于20世纪70年代,并在80年代得到了大规模普及。

- **模糊逻辑**(fuzzy logic)。20世纪70年代Lotfi A. Zadeh提出的一种理论。[①]模糊逻辑是基于一项观察,即人们根据不精确的非数字信息做出决策。在实践中,我们经常使用不太精确的概念,如一点、一些、高于、显著等,它们无法被赋予任何特定的值,也无法被限定到特定的特征集或特征子集。模糊逻辑在基于工程的算法设计和实现中特别有用,可用于创建人工智能。目前家用设备元件(如家居用品)常有"内置模糊逻辑"字样,也就是说,这些设备内部的流程控制是通过使用模糊集理论的元素来完成的。
- **进化算法**(evolutionary algorithm)。这是一种基于达尔文进化论的算法,是利用自然界已知的进化机制来解决优化问题的一种尝试。进化算法的原理是利用一个筛选过程,使适应性差的个体从种群中被淘汰出去,适应性好的个体则有机会生存下来。实际上,进化算法是模拟生物过程,用于解决复杂问题的计算机应用程序。

二、第二阶段:基于数据集的人工智能

这是一种人工智能元素的集合,其可用性和创新操作是基于大型信息孤岛处理。换句话说,算法(如与机器学习相关的算法)是利用数据库的"训练"进行自我提升的过程。在这一阶段,我们可以将基本的人工智能元素分为以下几种。

- **人工神经网络和深度学习**(artificial neural networks and deep learning)。目前人工神经网络在许多科学领域有着广泛的应用。不过,人工神经网络常被等同于图像压缩、识别和再发射相关的技术。人工神经网络的运

[①] 1945年,Lotfi A. Zadeh在《信息控制》(*Information Control*)中发表了一篇关于模糊集和逻辑的文章,题为《模糊集合》(*Fuzzy Sets*)。

作是基于人类和动物大脑中电化学神经网络的功能。简单来说，其原理是通过人类或动物神经元的复杂网络传递和改变刺激信号。深度学习则是计算机模拟人脑学习如何执行任务的复杂过程，主要应用于语音识别、图像识别与预测技术。在深度学习中，计算机采集与数据有关的基本参数，并通过应用多个处理层识别范式进行学习。

- **误差反向传播算法**（error backpropagation algorithm）。这是一种利用梯度优化方法，确定多层网络中权重校正程序（即计算方式）的算法。[1] 误差反向传播算法是最有效的算法之一，可用于训练前馈多层神经网络。需要注意的是，网络中的信息流是单向流动的。这种算法在 20 世纪 80 年代后半段得到了普及，人们了解到这种算法在神经网络中的运行速度要比早期的学习过程方法快得多。[2] 因此，这使得神经网络可以用来解决以前被认为无法解决的问题。目前该算法被认为是神经网络学习过程中的"主力"。

- **语音识别**（speech recognition）。计算机或其他设备识别语音所使用的一种人工智能元素，属于口头形式的自然语言识别。通过语音识别，用户可使用语音命令来控制数字设备，取代键盘、鼠标或触摸板等传统工具。

- **声音识别**（voice recognition）。通过使用声音和语言建模算法的软件来实现声音的辨识。声学建模依赖语言单元和音频信号的组合，而语言建模是根据人所说出的单词顺序调整声音，以便区分那些听起来相似的单词。

- **图像识别**（image recognition）。一种人工智能元素，通过计算机技术，借助计算机算法和机器学习概念，可识别特定的人、动物或其他物体。图像识别与计算机的视觉有关，计算机不仅可以学习，还可以看到人和处理图像，因为计算机本质上是对特定对象数据的密集工

---

[1] 这个概念起源于数学优化领域。梯度优化方法（Gradient Optimization Methods）是一种利用数值算法的技术，是通过对数字进行运算来解决数学问题，目的是寻找目标函数的最小值。
[2] 随着 Rumelhart 等人发表文章《反向误差传播学习表征》（*Learning Representations by Back-propagating Errors*），这一领域在 1986 年取得了突破。

作。许多用于图像识别的技术都要使用感知器神经网络，通过多个人工神经元层对图像进行过滤。

- **数据挖掘**（data mining）。基于定量（数学、统计）方法和人工智能技术，发现数据库中所包含的泛化规则和知识的过程。
- **智能代理**（intelligent agent）。一种人工智能元素，指代专注于实现特定目标的自主（独立）实体。智能代理可以是计算机、机器人或其他设备（也可以是人），其使用传感器（包括摄像头、手机、红外辐射等），通过执行模块（执行器）感知并影响周围环境。例如，在实践中，如果执行器被按下或打开，软件代理可以独立输入数据或在屏幕上显示数据。

三、第三阶段：基于超级智能的人工智能

这是一组人工智能元素，其技术不限于特定范围或一组算法，可以在广泛的情境和问题空间中智能工作。事实上，超级智能元素具有足够的智能和自主性，甚至可以生成更智能、更自主的人工智能。由于超级智能人工智能是一项目前尚无法保证其实现的事业，因此下面介绍的各个组成部分侧重超级智能人工智能的潜力和发展方向，并不是描绘一种未来会普遍使用的技术。超级智能人工智能的组成要素包括以下几种。

- **机器人人工智能**（robotic artificial intelligence）。其原理是首先创建机器人的环境模型，然后基于环境模型考虑并分析大量的备选策略，接着从实现预期结果的角度出发，选择并实施最佳策略。这种机器人人工智能方法与当前运行的反应式系统形成了鲜明对比，后者是先定义机器人的环境，再记录其最初编码的行为。
- **量子人工智能**（quantum artificial intelligence）。一个跨学科的活动领域，侧重构建量子算法，以提高人工智能领域的运算"能力"。事实上，量子人工智能是利用量子计算机推动量子人工智能的发展，从而推动人工智能的进一步发展。目前人工智能算法的量子强化仍处于概念阶段。

- **大脑仿真**（brain emulation）。一种将人类意识复制或转移到计算机的过程。这个概念的假设是打造一种可以保留人类性格的计算机程序。目前基于完整的计算机思想和感觉、记忆、梦想或技能对人脑进行建模的技术仍然属于科幻文学领域。

- **人工意识**（artificial consciousness）。通常被称为机器意识、计算机意识、合成意识或人工个体意识。人工意识是针对大脑意识现象，对人类认知的思想层面（常表现为难以捉摸且具有争议）进行建模和实现的一种尝试（Saxena 和 Gopal，2013）。重要的是，这里的重点并不是真的要重现人类的意识（即一对一），因为其在文化、社会和生物方面的复杂性，似乎连当代最伟大的思想家也无法承受。虽然从科学的角度（不只从科学的角度）来看，人工意识建模似乎非常有趣，但计算机科学家、纳米技术专家和神经生物学家一致认为，想要在人工意识和全脑模拟上具有可行性，需要先解决这一领域中存在的一些问题。因此，目前我们只能将这些概念视为理论技术。

- **湿件和生物系统**（wetware and biological systems）。这是一个与"人工生命"（artificial life）相关的概念。不同于人工智能，湿件和生物系统的概念是基于基本的生物过程，而非智力或专家知识。湿件指任何带有生物组件的设备（硬件）或软件系统（软件），它是作为常规计算机进行作业的。简言之，在这个概念中，生物材料被用作创造新计算机软件的元素。在生物工程、基因研究、合成生物学或医学神经工程等领域，湿件应用的潜力似乎特别大。

上述人工智能元素无疑是最基本、最重要的元素，但这并不意味着已经穷尽了这个话题，尤其是科学家、发明家和企业家对人工智能领域的兴趣持续高涨，人工智能的构成元素数量不降反增。此外，年复一年，人工智能的构成要素"展示"了更高水平的技术进步，这应该与过去几十年人工智能的发展阶段直接相关。显然，这一过程仍在继续，所以在人工智能中我们处理的概念、技术、模型、系统和算法越来越高级，以至于出现了一个关于"极其"类人的人工智能水平的限度问题。对这方面的反思似乎也是必要的：人工智能无疑是一个充满了机会的世界，但也确实存在着威胁。只担心是没有用的,我们要做的是快速识别并持续监控这些威胁。2014年在美国波士顿成立的未来生命研究所(FLI)[①]树立了很好的榜样,其研究重点是降低人类在人工智能进一步发展背景下所面临的生存风险。

案例 2.2　人工智能机器人微软小冰

微软小冰是一款跨平台的人工智能机器人。自2014年第一代微软小冰在微信公测至今,该产品已发布至第九代,其功能不断丰富,如已具备实时情感决策对话引擎、实时视觉、共感模型等。2021年9月新发布的第九代微软小冰已实现了智能音乐绘画创作。通过超大规模的预训练模型,微软小冰可以使用不同声音、感情、情绪来与人对话。同时,团队开发了第一方平台App——小冰岛,每个用户均可创造记得岛屿及在岛屿上生活的AI Beings,每个AI Beings都有不同的性格和能力,可与用户互动,构成一个人类与人工智能融合的社交网络。目前微软小冰已扩展至20余个主流平台,并在中国市场上成为涵盖华为、小米、OPPO、vivo等智能手机及硬件的唯一跨平台人工智能。

目前来看,人和微软小冰的关系更多是一种人机交互关系。但研究发现,人和微软小冰的交互过程对使用者所处的人际关系有一定的促进作用。同时,此过程中微软小冰收集的交互数据对人际关系研究也有辅助作用。微软小冰团队认为,交互是人类社会发展的重要驱动力,将交互通过人工智能技术加以融合,可以实现人人交互信任和高转化率,同时保有人机交互的高并发率特点,最终在各种复杂场景中实现高度拟人交互,对人类社会及商业行为产生深远影响。

资料来源:
第八代小冰年度发布会召开,小冰框架正式发布.https://news.zol.com.cn/750/7508631.html.
第九代微软小冰来了!花式AI音乐绘画创作,小冰岛实现"AI自产自销".
https://baijiahao.baidu.com/s?id=1711610739243832146&wfr=spider&for=pc.
百度百科—微软小冰.
https://baike.baidu.com/item/%E5%B0%8F%E5%86%B0/19880611?fromtitle=%E5%BE%AE%E8%BD%AF%E5%B0%8F%E5%86%B0&fromid=14076870&fr=aladdin#reference-[4]-20599544-wrap.

[①] 阅读更多信息,请浏览 https://futureoflife.org.

第三节　人工智能对商业和经济的影响

一、人工智能发展的驱动力

很难否认，我们的生活和全球社会经济发展越来越依赖人工智能。随着人工智能在医学、技术、工程、心理学、经济和天文学等领域的发展，可以说，我们已生活在人工智能时代。在以下三种（虽然相互关联）变化的共同作用下，人工智能在全球经济中的发展成为可能（Ernst 等，2018）。

第一，机器算力和存储容量不断增长，计算成本急剧下降。即使是最简单的智能手机型号，目前也比第一个把人带到月球的计算机[①]要高效。iPhone 7 的生产成本可能是另一个很好的例证。iPhone 7 的成本在每台 220~240 美元之间，而在 20 世纪 80 年代，其制造成本（主要是存储卡容量）几近 120 万美元。也就是说，2020 年，这种手机的生产成本比 20 世纪 80 年代低了 5000 多倍。

第二，互联网和其他形式的数字通信的发展和广泛应用，带来数字信息存储供应量的大幅增长。同时，由于（前面已经讨论过的）计算云服务，公司可能出于统计和随机目的分析和比较大量数据，而这也为基于人工智能原理开发工具（应用程序）提供了必要性。

第三，数字技术的资本成本大幅降低，进而降低了新公司进入市场的壁垒。事实上，各种类型的初创公司都从这一发展中受益匪浅，如今初创公司不必投入大量资金就可以启动一个新项目。此外，前所未有的数字技术发展对乌普萨拉国际化模型提出了质疑。乌普萨拉国际化模型（Uppsala internationalization model）认为公司的国际化是一个需要经历多个阶段的渐进式过程，而现在，公司想要走向全球，只需要接入互联网即可。[②] 不过，

---

① 阿波罗导航计算机（Apollo Guidance Computer，AGC），重 32 千克。
② 目前那些从运营之初就以全球化和快速国际化为目标的公司，没有之前逐步国际化的阶段，被称为"天生的全球公司"（born global companies）。在专业文献中"天生的全球公司"可以分两种，即出口／进口初创公司（export/import startup companies）和全球初创公司（global startup companies）。

我们不应忘记,商业模式的改变使小型和快速发展的科技公司从中受益,而这些改变起源于许多大学的学术社群。在那里,商业界通过创建衍生公司,将其经验与科学界相结合。

二、人工智能推动经济增长

上述变化成为全球人工智能发展的驱动力,使人们将其视为全球经济增长的主要决定因素之一。埃森哲(Purdy 和 Daughert,2016)的研究结果似乎证实了这一论点。在其研究中,埃森哲以实际总增加值(GVA)作为 GDP 的近似值,分析了人工智能在 12 个发达经济体中所产生的影响,包括美国、芬兰、英国、瑞典、荷兰、德国、奥地利、法国、日本、比利时、西班牙和意大利(见图 2-2)。

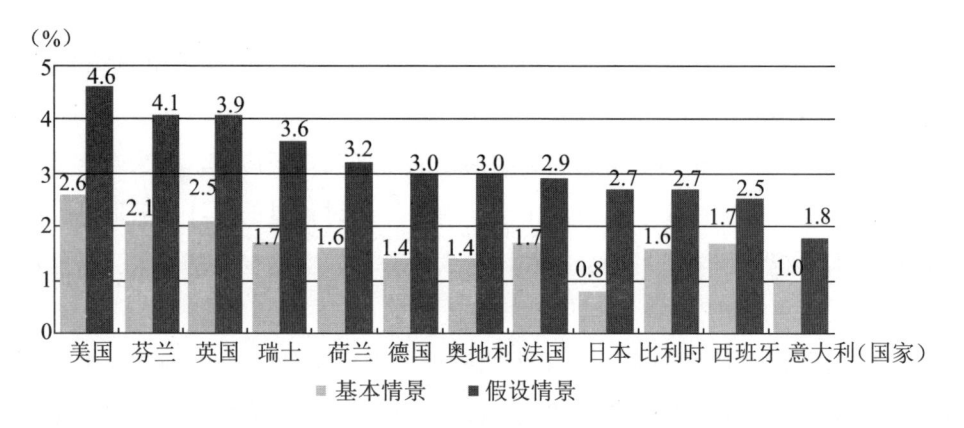

国家	基本情景	假设情景
美国	2.6	4.6
芬兰	2.1	4.1
英国	2.5	3.9
瑞士	1.7	3.6
荷兰	1.6	3.2
德国	1.4	3.0
奥地利	1.4	3.0
法国	1.7	2.9
日本	0.8	2.7
比利时	1.6	2.7
西班牙	1.7	2.5
意大利	1.0	1.8

图 2-2　2035 年总增加值(GVA)的年增长速度(与 GDP 类似)和 2035 年基准场景与人工智能假定应用场景的增长对比

资料来源:Purdy 和 Daughert,2016。

研究发现,几乎所有在经济中使用人工智能的国家到 2035 年都可以实现年 GDP 增长翻番。埃森哲的专家认为,同样的预测适用于全球经济增长率。重要的是,人工智能将主要以三种方式来推动经济的增长(Szczepański,2019)。首先,得益于技术上的创新,基于人工智能的解决方案将使工作效率实现几何增长（预计可提升40%）。工作效率提高主要是因为可以更好地管理与就业和组织相关的时间。其次，人工智能将创造一个智能自动化形式的新型虚拟劳动力。在实践中，这一新型虚拟劳动力会是一种数字应用程序，能够解决问题并自我学习，事实上它可以与人合作共存，而非取而代之。最后，在创新的驱动下，经济将"增长"，而这也将影响各行各业并创造新的收入来源。

普华永道的专家也进行了类似的研究（Gillham et al., 2018），他们基于 S-CGE 模型（空间可计算一般均衡模型）[①]，评估了到 2030 年人工智能将对全球经济产生的净影响。普华永道的研究表明，由于人工智能融入了世界经济循环，到 2030 年，全球 GDP 水平可较 2018 年增长 14%。其强调，这将为全球经济发展带来近 16 万亿美元的额外贡献。有趣的是，与埃森哲的专家一样，普华永道的专家也认为人工智能将主要通过提高工作效率和优化制造流程、引入智能自动化和增加消费者的需求来推动 GDP 的增长。在后一种情况下，利用人工智能可以打造越来越多的高度个性化产品和服务，一定程度上决定了需求的水平。普华永道的专家认为，通过网络效应（network effect）[②]，未来几年高品质商品的消费可能显著增加，到 2030 年，这一类消费对全球 GDP 增长的贡献将超过效率增长所带来的收益。因此，这里提到的网络效应为那些被市场和商界视为人工智能领导者的公司创造了巨大的可能性，这些公司的解决方案和产品目前决定着国家经济和全球经济的发展（见表 2-2）。

[①] 空间可计算一般均衡模型是普华永道开发的全球经济动态模型，用于评估全球到 2030 年人工智能对全球经济的（净）影响。从技术角度来看，该模型模拟了经济中存在的各种实体之间的经济互动，而模型中的"一般均衡"意味着它代表了一个封闭系统，将资源从一个领域（或一个参与者）流向另一个领域视为一个封闭回路。重要的是，该模型考虑了许多复杂因素，包括商业世界现实中家庭的期望。

[②] 网络效应是指消费者的"价值"随着给定产品或服务的用户数量而变化的情况。

表 2-2　人工智能领域领先公司及其影响市场和经济的应用

公司	技术/平台	对市场和经济具有重大影响的人工智能应用	开放源等解决方案
谷歌 DeepMind	（1）搜索引擎、地图、广告、谷歌邮件、安卓、谷歌浏览器和YouTube；（2）**深度强化学习（DQN）**：具有强化学习的深度神经网络	（1）**自动驾驶汽车**（无人驾驶汽车）：一种先进技术，可使汽车在无人操控的情况下在常规道路交通中行驶；（2）AlphaGo：第一个在围棋游戏中击败职业玩家的电脑软件；（3）DQN：通过深度强化学习（DRL），可以比人更好地控制雅达利游戏；（4）WaveNet：一个创建语言模型（原始声音）的系统	（1）TensorFlow：开源编程库（通常被认为是最好的），主要使用者为机器学习和神经网络领域的初学者和专家；（2）DeepMind实验室：一个类似游戏的3D平台，适用于基于代理的人工智能研究；（3）Sonnet：一个在TensorFlow的基础上建立深层神经网络的程序
OpenAI	（1）非营利性组织；（2）进化算法；（3）深度神经网络	（1）**进化算法**：自适应地训练深度神经网络的算法；（2）**人工智能实验床（Testbeds for AI）**：软件设计者对人工智能算法进行对比试验和效率测量的一种工具（即实验床）	（1）Gym：一套用于开发和比较强化学习算法的工具；（2）Universe：一个可测评和训练游戏、网站及其他应用的通用智能软件平台
IBM	（1）计算机和软件制造商；（2）托管和咨询服务；（3）智能数据处理	（1）Deep(er) Blue：第一个击败国际象棋大师的计算机软件；（2）Watson：一台在美国热门智力竞猜节目《危险边缘》中创造历史最佳答题纪录的超级计算机	（1）Apache SystemML：一种应用程序，通过收集大量数据为机器学习提供最佳的工作场所；（2）Apache UIMA：一种应用程序，用于管理大量的非结构化信息，以便从中发掘对最终用户有用的知识
Facebook	社交媒体网站	（1）应用机器学习：一种应用程序，用于开发学习系统，以解决特定类型的问题，也用于学习领域；（2）人机交互：一种专注于人（用户）和计算机交互的计算机技术设计。在HCI中，可使用计算机为盲人用户描述图像	（1）CommAI env：基于通信的人工智能系统训练和评估平台；（2）Fbcunn：图形处理单元（GPU）的深度学习模块

续表

公司	技术/平台	对市场和经济具有重大影响的人工智能应用	开放源等解决方案
苹果	（1）计算机、电子设备的制造商和软件制造商； （2）在线服务	（1）Siri：一种使用人工智能解决方案的智能个人系统； （2）自动驾驶汽车：一种人工智能技术，允许在没有人机交互的情况下驾驶汽车	Swift：一种用Swift语言编写应用程序的开源工具，是一种通用的应用程序编程语言
亚马逊	（1）计算云； （2）线上零售服务； （3）电子设备	（1）Alexa：虚拟人工智能助手； （2）亚马逊人工智能平台：云软件和人工智能工具	Deep Scalable Sparse Tensor Network Engine（DSSTNE）：一个用于创建机器学习和深度学习模型的库
微软	（1）计算机硬件和软件的开发、生产和许可； （2）电子设备	（1）微软Azure：一个开放且灵活的企业级云计算平台，提供了数据处理和存储机制； （2）Cortana：基于人工智能算法的虚拟助手。在实践中，它可以集成大量的Windows系统应用程序	（1）微软Azure：作为服务所提供的一款智能数据处理平台； （2）微软认知工具包：一种用于深度学习的开源工具

资料来源：Perez等，2017。

有研究指出，人工智能够吸引资金从房地产流向实体经济，并减弱地方政府对基建投资的依赖性，从而促进实体经济的发展，实现经济高速增长（林晨等，2020）。对中国省一级层面的实证研究表明，人工智能一方面可以通过替代劳动要素、人机融合和人工智能产业链的扩展直接促进经济增长，另一方面也可以通过提升人力资本水平，提高技术创新效率、市场效率和政府治理效率等间接促进经济增长（程承坪等，2021）。同时，中心城市的人工智能发展对外围城市的全要素生产率具有空间溢出效应，产生"技术红利"（姜伟等，2022）。

人工智能技术也在通过应用于其他行业的方式促进经济的发展。人工智能正与传统产业融合发展，包括宏观上的技术扩散和应用过程，以及微观上创新主体间的技术互动和技术融合创新过程。这是一系列互补性创新和新型互补性技术体系的累积过程，实现了通用目的技术与传统产业专用性技术的多元化组合（张昕蔚和刘刚，2022）。在建筑工程管理领域，人工智能可实现建模与模型检验、预测与优化设计三个主要功能，从而在自动化、降低风险、提高效率和计算机可视化等方面促进建筑工程管理行业的发展（Pan and Zhang，2021）。

三、人工智能与企业发展

从微观层面来看，人工智能对企业的发展日益发挥着重要的作用。在创新创业方面，人工智能可以用于访问和搜集创业领域可靠的相关数据，并作为一种测算方法，利用非传统统计手段（多层次方法、非线性关系、贝叶斯分析等）处理和分析创业数据，以评估复杂数据背后个人或项目的创业潜力（Lévesque et al.，2022）。同时，创业学者可以将其专业知识应用于新兴的人工智能系统，以增强创业过程，生成具有社会价值的想法，并最终促进生产性人工智能的发展（Chalmers 等，2021）。在金融领域，一些公司开始将人工智能应用于金融咨询、债券交易等方面，为用户提供量身定制的管理服务和先进的交易工具。此外，人工智能极大地丰富了投资者的决策实践，使投资者可以更快地决策，并基于更广泛的信息集合进行更准确和完整的分析，选择最有前景的交易（Bertoni et al.，2021）。对于平台企业，人工智能技术可增强其网络效应，提升平台用户价值（Gregory 等，2021）。在人力资源管理领域，人工智能可作为一种人力资源数据处理技术，提高企业招聘的有效性，进而改变劳动力结构和调整人力资本的战略价值，增强企业的竞争力（Kim et al.，2020）。人工智能也改变着现代企业的管理模式，在员工管理方面，人工智能技术应用于员工绩效的反馈时将提高反馈的准确性和一致性，帮助员工在规模上提升绩效水平，为企业带来更大的效益（Tong et al.，2021）。在企业决策方面，管理者能够基于人工智能技术设计一套针对大型企业的经济管理决策支持系统。在人工智能技术的支持下，通过建立 BP 神经网络模型，并对模型进行训练，可形成训练误差较低的销售预测结果，根据预测结果，以企业综合效益最大化为目标，建立大型企业经济管理决策模型，设计出大型企业经济管理决策算法（Zhao，2022）。

值得注意的是，人工智能的优势使其他在吸收人工智能解决方案方面存在问题的公司处于不利的竞争地位。在全球层面上，这一领域的不平衡正在加剧，而这正是高度动态化的技术或概念所具有的发展特征。证据是绝大多数人工智能公司来自亚洲、北美洲和欧洲，只有少数人工智能公司来自非洲、南美洲、大洋洲。特定国家在人工智能相关技术开发上的投资支出也存在类似的地域分布。

四、人工智能引发的问题

在上述情况下，我们看到，人工智能在世界范围内的快速发展虽然伴随着大量的机会，但也制造了许多实际的问题。随着人工智能技术的发展与应用，未来的市场将严重依赖数据分析，而对于缺乏数据分析计算资源的中等和低收入国家而言，这将带来新的不平等，从而加剧区域发展的不平衡，影响全球经济的可持续发展（Vinuesa et al., 2020）。根据麦肯锡于2018年发布的人工智能对全球经济影响的评估报告，人工智能将进一步拉大国家之间的经济差距。模拟结果显示，2025—2030年，瑞士和赞比亚之间人工智能对GDP增长贡献占比的差距将从3%扩大到19%（McKinsey, 2018）。同时，人工智能对市场和消费也存在潜在的负面影响。线上平台的销售中，人工智能的应用可能导致信息过载问题，给消费者带来认知负担并影响其决策，同时人工智能技术取代了大量的人类工作岗位，造成大规模失业并提高了劳动力市场的不可预测性（Thamik and Wu, 2022）。

对于企业和消费者而言，人工智能的大规模应用也产生了一系列问题。在传统认识中，人工智能场景下的人机合作将提高生产效率和企业收益，但近年来的实证研究表明，员工与智能机器一起工作时，由于智能机器具有人格化特征，二者的互动存在非互补性，可能导致员工的效率和产出效益低于预期（Tang et al., 2022）。

这让我们有必要提出一些有难度但相关的问题，包括如何围绕人工智能在全球范围内的进一步发展建立总体的社会（集体）责任体系。也就是说，如何保护所有的消费者免受数字排斥，如何激励公司创造和提供技术安全的产品和服务，如何消除阻碍人类进一步发展的障碍，以及如何为创新和可持续发展创造可能性，特别是对世界上经济最不发达的地区。

案例2.3　人工智能领域的道德准则——算法治理

当前企业人工智能管理体系并不完善，人工智能等新技术特有的应用特征对企业的管理措施形成极大的挑战。一方面，过去为了鼓励创新和效率优先，通常让基层拥有较大的自主权；另一方面，人工智能新技术的负面影响通常不会立即显现，也难以全面评估。这就使得原有的体系不能适应当前人工智能治理原则。具体而言，算法需要人为干预，对可能出现的错误结果进行干预纠偏；用户权益保障不足，人工智能应用对用户具有较强的支配力，且具有信息不对称的特点；主体责任落实不到位，人工智能技术门槛高，且在企业中的运用往往呈现高动态性、高复杂度等特点，使得外部难以理解其运行机制，故企业作为算法的设计者和服务提供者应主动承担相关责任。

以YouTube为例，2005—2011年，YouTube的算法向用户推荐视频时的优化目标是浏览量或点击量，却导致点击诱饵（如误导性标题）的激增，用户体验直线下降。之后YouTube构建新算法来优化推荐视频。2016年，YouTube开始优先考虑将用户满意度、用户点击分享以及用户喜欢和不喜欢等作为直接回应指标。2017年YouTube对推荐系统实施了优化，以阻止宣传包含煽动性宗教或种族优越论内容的视频。2019年初，YouTube推出了30多项更新，旨在积极减少推荐边缘内容以及可能以有害方式误导用户的内容，例如，宣传治疗一种严重疾病的虚假奇迹、声称地球是平的等此类做出虚假声明的视频。2019年底，YouTube宣布，在美国，通过未订阅的推荐观看边缘或误导内容的平均时间减少了70%。2021年，YouTube将推荐中的边缘或误导内容的消费量大大降低到1%以下。

在构建更负责任的算法期间，YouTube在2018年至2021年的广告收入年增长超过30%，在2021年获得288亿美元广告收入，比2020年增长了46%。2020年YouTube付费订阅服务的用户达到3000万人，2021年达到5000万人。由此可见，当YouTube重视用户利益而不是着眼于通过让用户沉溺来获取更多收入时，其收入反而大幅上升，在提升社会效益的同时实现了自身的经济效益和可持续发展。

资料来源：
《人工智能治理与可持续发展实践白皮书》，阿里巴巴集团、中国信通院，https://mp.weixin.qq.com/s/uPqlZU365kPctAddP0KF3w.
张俊妮.主动提升算法透明度有利于平台企业可持续发展[Z]. https://baijiahao.baidu.com/s?id=1739396658943495008&wfr=spider&for=pc.

五、人工智能对发展中国家的影响

虽然人们担心人工智能的发展会加大现代世界与发展有关的差距，但在许多发展中国家或欠发达国家，人工智能被视为一种能够真正改变其当前经济状况的技术。从技术的角度来看，利用人工智能的设备、机器、应用程序和系统通常基于低成本的解决方案，因此它们可为广大用户所使用。例如，无数的应用程序简单化了当代人的日常生活，而这些应用程序只需通过一部手机即可免费下载。此外，还有一些制造商愿意为使用其应用程序而支付费用，将少量款项退还至用户的银行账户，如在特定商店购物后的返现。再者，我们还知道许多基于人工智能的专家系统[①]可以从手机层面进行激活，这促进了手机在贫穷、欠发达或发展中国家用户中的普及（Ernst et al.，2018）。因此，目前世界各地的许多科技公司都在开发专家系统，希望帮助小型和极小型农场更好地掌握种植信息，以提高产量。这一领域的一些解决方案已经投入运行，并被非洲国家的农民使用。在非洲某些半沙漠地区，配合选种和节水措施，从专家系统所获得的有关气象条件、培育技术和方法以及灌溉方法的信息破解了种子和节水难题，促进了潜在和实际产量的增长（Ernst et al.，2018）。在实践中，此类解决方案为农业部门的所有从业人员创造了巨大的机会。

这也是贫穷和欠发达国家发展增收的绝佳机会，这些国家的经济往往以农业为基础，或者农业部门在国家 GDP 中占据很大份额。因此，我们认为人工智能的发展在农业领域有着光明的前景，对贫穷和发展中国家的经济体

---

① 更多信息请参阅第二章第二节。

来说尤其重要。基于人工智能的农业系统具有巨大的潜力，例如，创建天气模型时，这些系统先对收集的天气数据、土壤和空气中的水量、氮水平、空气质量和植物疾病进行识别分析，然后将这些数据传送到计算云，并在云中将它们与往期信息并列到一起。通过这种方式，在 GPS 系统的支持下，可创建极其精确的天气模型，不仅可以预测和利用农业天气，还可以预防耕作过程中出现的各种损失。专家系统还可以用于降低运输和物流成本。这种解决方案对发展中国家的制造商尤其重要，因为在这些国家大型分销网络非常有限。

最后一个值得一提的例子是基于人工智能的专家系统在决策中的运用，特别是在财政资源有限的国家（Ernst 等，2018）。在实践中，公共任务的执行往往取决于能否针对需要干预的领域获得及时且准确的信息，而这种"类型"的信息由专家系统提供，可使当局更好地管理各种干预活动或危机情况。这一解决方案在卫生保健管理方面也被证明是有效的，尤其是在持续面对流行病、战争和贫困的国家。

总之，可以毫不夸张地说，人工智能的发展对经济和社会所产生的影响可能是人类有史以来经受过的最大影响。之前的三次工业革命重新评估了我们的制造方式，而第四次——与人工智能相关的工业革命，将重新评估我们的整个生活方式。[1]毫无疑问，人工智能解决方案对我们以及对国民经济的影响将是循序渐进的，再过一段时间我们将能够更好地观察其产生的效应。不过，就经济而言，许多专家相信，人工智能不仅有助于经济增长，还可以被视为一种全新的生产要素。关于人工智能的发展趋势，许多专家认为将呈现 S 形的发展曲线。[2]

---

[1] 更多信息请参阅第一章第一节。
[2] S 曲线是系统、事物、产品、服务等发展趋势的图形表示。S 曲线包括五个阶段：第一阶段，热爱萌芽；第二阶段，大众化；第三阶段，发展放缓；第四阶段，市场死亡；第五阶段，第二生命（尽管这一阶段在实践中极为罕见）。

第四节　人工智能2.0——进化发展之路

一、人工智能的初期发展

当下，很难碰到从未听说过人工智能的人。从20世纪50年代初开始，这一概念即在科学研究领域被提出。经历了70年的实验、分析和概念发展，才达到了当前的"形态"，或者说发展水平。第一批与人工智能相关的概念、测试、研究和发明主要是为了提高IT系统解读外部（系统外部）环境数据的能力，这一时期可称为胚胎期，在学科文献中也被定义为人工智能0.5（见表2-3），其中不仅有第一次的成功和发现，还有很多第一次的失败。例如，从整个科学的角度来看，第一次对机器人或智能计算机的研究是令人失望的，尤其是人工智能方面的研究，除增加了一些额外的经验外，对人工智能的进一步发展没有任何实际价值。

表2-3　人工智能发展阶段（从0.5到3.0）

阶段	事件
人工智能0.5：人工智能的诞生，第一次研究和发明	第一次智力测试——图灵测试（1950）
	机器学习研究的开始： Marvin Minsky 的第一个随机神经网络（1951）； Frank Rosenblatt 和 Charles Wightman（1957—1959）构建了第一个简单的神经网络——感知机
	首次使用"人工智能"一词，并在达特茅斯学院（1955—1956）首次组织了一次专门讨论人工智能的会议
	John McCarthy（1958）创建了第一个基本编程语言 LISP
	Bruce Buchanan、Edward Feigenbaum 和 Joshua Lederberg（1965）开发了第一个先驱性的专家系统 DENDRAL
	使用心理治疗师模拟器 ELIZA 进行图灵测试和自然语言处理（1966）
	东京早稻田大学发明了第一台人形机器人 WABOT-1。该机器人由四肢系统、视觉系统和对话系统组成。它可以用日语交流，并通过外部接收器、人造耳朵、眼睛和嘴唇测量与其他物体的距离和方向（1970—1973）
	Marvin Minsky 和 Seymour Papert（1969）的研究证实了感知机的限制，由此人工神经网络和人工智能的研究开始了长达十余年的僵局

续表

阶段	事件
人工智能1.0：人工智能开发的进一步研究，开发出第一个商业应用，为人工智能的运行创建专家系统和硬件基础设施	专家系统的首次商业应用，包括 PROSPECTOR、R1 和 XCON（1980）
	东京早稻田大学发明了专业（音乐）类人形机器人 WABOT-2。该机器人可以用日语交流，阅读乐谱，用电子琴演奏中等难度的旋律，陪一个人听另一个人唱歌。WABOT-2 的发明为个人机器人的进一步发展铺平了道路（1980—1984）
	第5代机器人建设项目的开发（1982）
	机器、通用计算机 LISP 技术的开发和商业化（1979—1985）
	面向对象编程的开发：C++、Object Pascal、Java、C# 等（1980）
	专家系统的进一步开发，包括 EMYCIN、ART、KEE、OPS5、Nexpert 对象等（1980—1989）
	深度神经网络的开发，包括误差反向传播算法（1984）
	20世纪80年代，武器制造商开始深入研究人工智能在自动驾驶车辆、作战管理系统和军用航空中的应用，主要是在美国
	人工智能发展停滞期（1987—1994）
人工智能2.0：多层神经网络的加速发展，人工智能解决方案在各个生活领域的应用显著增长	由大型异构数据库的处理和分析技术驱动的人工智能获得发展
	对范式识别或深度机器学习相关概念的应用（1999—2020）
	互联网群体智能概念的发展。通过收集和深度分析智能数据所获得的"群体智能"来解决问题（2005）
	跨媒体智能概念的发展（2013）
	创建人机混合智能，增强智能相关研究（人机混合增强智能）（2005）
人工智能3.0：通用人工智能的发展，进行人工大脑研究	模仿人脑功能的神经形态，CPU 技术的研究（2010）
	IBM 开发出认知超级计算机 IBM Watson（2011）
	神经形态集成系统 TrueNorth 的生产——Exmor CMOS（2014）
	英特尔推出基于人脑设计的神经形态系统 Loihi（2017）
	构建模仿神经组织并行神经形态的计算机设备（2013）

资料来源：笔者研究。

在此之后迎来了第一次人工智能的浪潮，也称人工智能1.0。人工智能1.0从20世纪80年代初开始，一直到1995年前后，基本持续了15年时间。从科学和实践的角度来看，在此阶段多层神经网络（multi-layer neural networks）① 以及各个生活领域的人工智能应用均取得了加速发展。此外，人类见证了人工智能元素在各类企业中的首次商业应用，包括与汽车行业和自动驾驶汽车开发相关的企业。这一时期也是语言和面向对象编程、专家系统和深度神经网络（包括误差反向传播算法）相关技术的发展和商业化时期。② 第一次人工智能浪潮的特点是系统和应用程序均为手动构建。与当代相比，这种操作相当简单：在解决复杂问题时，计算机程序员将他们的想法转化为代码和数学算法，然后上传到系统和机器上。利用这种方法，能够解决人类日常面对的各种预定义的问题。由于简单和"古老"，这一时期的人工智能被俗称为"有效的老式人工智能"（GOFAI）。尽管与人工智能 0.5 相比，人工智能 1.0 的发展明显更具活力和加速性，但仍然未能避免 20 世纪 80 年代和 90 年代之交的"科学停滞"期。

二、人工智能 2.0

不过，人工智能的发展停滞期不应被视为一种深度惯性，而应被视为人工智能研究薄弱、对其发展没有任何重大影响的时期。20 世纪 90 年代初，互联网逐步商业化且日趋普及——特别是 1992 年美国开展了私有化运动。私营互联网供应商和国内网站的数量急剧增加，彻底改变了营销和商业格局。伴随着这些事件，各类传感器（包括光学传感器、过程传感器或近年来的生物医学传感器）以及大数据的收集和分析（大数据）实现了动态发展。此外，电子贸易也有了新的含义，这一点从亚马逊平台③ 目前的交易量就可见一斑。信息社会的发展也出现了类似的情况，信息领域和社会领域取得了前所未有的增长，目前信息已被各国视为一种基本资源和基本经济类别。因此，上述事件推动了世界的发展进步，越来越多的信息和知识在物理和网络物理空间相互渗透，人工智能也不断进化。人工智能在各个领域、各个方面为客户提供智能和高度个性化的产品，带领我们进入了人工智能 2.0 时代。

---

① 早期的简单随机神经网络，由 Marvin Minsky 撰写，见表 2-3。
② 更多信息请参阅第二章第二节。
③ 全世界每月有近 2 亿人使用和访问 Amazon.com。

决定其发展的主要因素包括以下几种（Pam, 2016）。

第一，随着移动设备、互联网和广泛的传感器和设备网络，以及车辆的普及，21 世纪的信息环境发生了巨大的变化。出于管理或安全的目的，世界各地许多城市已经在使用通用设备来检测街道、广场或市政区内的人、机器和车辆。全球互联网络的快速发展也是信息环境巨变的一种反映，它使得当代世界所提供的需求、知识和经验趋于同步和一致。重要的是，世界已经从一个基于物理和社会的二元空间演变成一个基于物理、社会和虚拟现实的三元空间。三元空间中的交互创造了新的计算范式，这些范式后被应用于与广义感知、分类、增强现实或跨媒体计算相关的领域。

第二，对人工智能进一步发展的需求不断增长，包括采用人工智能元素和解决方案的产品和服务。需求爆发的结果是相关课题需要持续的科研投入（见表 2-4）。此外，学术界以外的人工智能需求也在推动着科研投入的规模和发展节奏。换言之，企业家也在积极推动人工智能研究，他们认为人工智能是解决当今世界医疗、运输、生产、物流、汽车行业和现代技术问题的方法来源。

表 2-4　人工智能 2.0 和通用人工智能（AGI）发展研究综述

研究文献的主题	作者 / 来源
开发混合性的协同平台（系统）"天际"，支持 AGI 的进一步发展。事实上，这是一个将以往分离、不兼容的 AGI 平台基于信息技术的人工神经网络与基于神经生物学的模型和算法相结合的概念	Pei 等，2019
基于 Pak Pandir 测试的内部测量，研究用于测试机器意识的新领域（在人工智能 2.0 开发中使用意识理论）。该测试利用了双量子槽的三重设置和信息集成理论，以这种方式定义了意识的选择	Nazri 等，2018
准备在人工智能研究中使用电子游戏环境的概念。为了改进这一领域和认知科学领域的研究，作者建议应用星际争霸 II 人工智能研究环境，以便进行人机测试和研究（人工智能）	Siljebrĺt, Addyman, Pickering, 2018
考虑到与大数据公司有关的问题，作者们从理论和实践的角度回顾了人工智能的最新发展。他们在研究结论中表示，基于人类知识的集成机器学习可以有效确保实现可靠的通用人工智能	Zhuang 等，2017
作者描述了集体社会智能的概念，并解释了与其他现有概念的关系，如群众外包（为了某个共同的创新目标而"群体"参与）或人本计算。此外，作者列举了集体社会（群体）智能中的四类代表性平台	Li 等，2017

续表

研究文献的主题	作者/来源
科学家们回顾了感知领域的最新研究，包括视觉感知、听觉感知和言语感知。除此之外，他们还分析了与信息处理和学习机制有关的问题	Tian 等，2017
作者们阐述了车辆、飞机、服务机器人、空间机器人和海洋机器人所使用的智能无人自主系统的发展趋势	Zhang 等，2017
作者们针对与命名实体消歧相关的任务，提出共同利用"群体"智慧和深度学习是有效解开区别特征的一种方法	Zhou 等，2017
为自动驾驶系统开发了一款基于道路交通环境视觉感知的多传感器，可通过一组数据（如通过摄像机）帮助车辆进行自我定位和避开障碍物	Xue 等，2017

资料来源：笔者根据 2017 年 Pan 的研究汇编而成。

第三，过去几十年人工智能经历了巨大的变化——从常规的计算机使用到被视为人类智能模拟器。这一转变有望大幅改进连接机器和人的智能混合系统，在机器、人和网络的基础上创建新的集体社会智能系统，并打造智能城市式的复杂系统。在这些系统中，人的因素和社会因素与物理世界和网络空间相互交织在一起。

第四，人工智能相关数据资源的修改。处理大量数据（通常来自不同来源）的算法不断发展，实际上为人工智能创造了一个新的信息环境。与此同时，新算法（包括进化算法和生物算法）、数据仓库、连接网络和传感器将决定人工智能未来的发展趋势。

上述因素不仅是第二次人工智能浪潮发展的驱动力（也是文献中人工智能 2.0 概念的由来），也对该领域的技术进步做出了贡献。

三、人工智能技术的发展趋势

在实现人工智能 2.0 的语境下，有一些新的有趣概念值得关注（Pan，2016）。第一个是基于大数据的人工智能，可将大量的可用数据转换为有用的特定知识。第二个是借助互联网群体智能解决问题的创意思维。知乎就是一个典型的例子。作为一个面向中国社会的问答知识库，自 2011 年创建以来，知乎已经累计产生超过 1.1 亿条回答。知乎[①]数据显示，有超过 70% 的平台用户是寻求专业知识的人，同时也是自我完善过程的参与者。第三个是跨媒体智能。目前跨媒体智能是信息技术领域一个活跃的研究方向，也是一个非常有前景的人工智能发展方向。从广义的角度来看，跨媒体智能的核心是通过使用不同形式的感知（包括视觉、语言、听觉）所获得的信息（包括文本、图像、声音和视频）来执行与识别、推理、设计、创造、预测和编程相关的任务。感知和媒体的融合[②]使特定机器可以识别其运行所处的外部环境。第四个是人机混合增强智能，重点是创建需要人机交互才能正常运行的智能模型。此类系统大大加强了通用人工智能，在某些领域通用人工智能已经超过了人类智能。目前人机混合增强智能系统可以应用于无人驾驶车辆的驾驶或仿生骨骼（外骨骼）的设计。最后一个是自主智能系统。由于人工智能的进步大大超过了机器人技术的进步，因此目前人工智能元素已成为无人作战车辆、飞机和海船设计与开发的驱动力。透过自主智能系统肉眼可见的发展，我们甚至可以这么说，"无人"元素几乎渗透到了所有的生活领域（见图 2-3）。

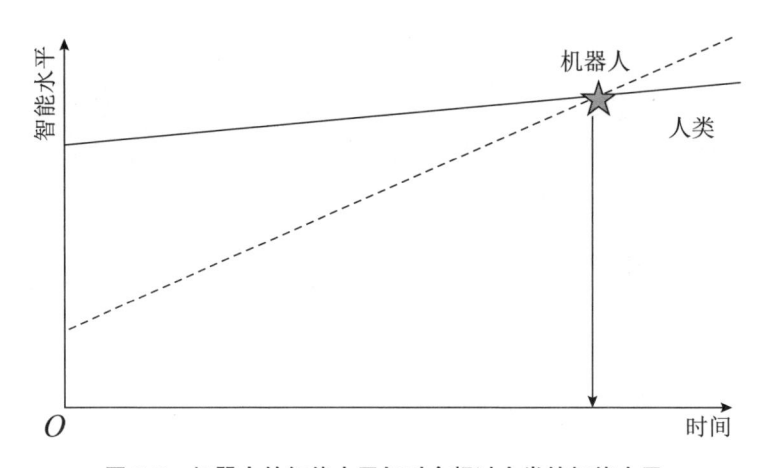

图 2-3　机器人的智能水平何时会超过人类的智能水平

资料来源：https://natemat.pl/blogi/ryszardtadeusiewicz/154453,kiedy-roboty-stana-sie-madrzejsze-od-ludzi.（访问时间：2019 年 10 月 10 日）

---

① www.Zhihu.com.
② 又称"互联智能"。

上述技术是全球人工智能发展的一个新阶段，其"第二波"是具有更强"智能"、更强"直觉"和更多"知识"的新一代产品和服务。这些要素在其结构内将机器学习、深度学习和深度神经网络方法与基于感知和知识的方法进行连接和融合。未来几年里，人工智能 2.0 极有可能在混合增强智能、集体社会智能的开发以及自主智能系统的改进方面取得进展。实际上，这些领域的改善可能改变城市、产品、服务、经济、环境和整个社会的现状。因此，人工智能 2.0 似乎还没有达到全盛期，而是处于一个先导阶段。与此同时，第一批评论已经出现在文献中，表明与模仿人脑功能的神经形态 CPU 或创造第一台认知超级计算机有关的作品应被视为人工智能第三波（人工智能 3.0）的体现，而不是第二波（人工智能 2.0）。人工智能 3.0 是一个概念，与之前的概念不同，它有着更复杂的系统和解决方案。人工智能 3.0 架构是一种认知智能，它或许能够向我们解释现代世界的运作方式。

案例 2.4　人工智能 2.0 时代——人工智能的发展趋势

2021 年，《MIT 科技评论》评选了五项将改变未来经济和社会发展的人工智能技术，包括人工智能疫苗研发、自动驾驶、自然语言处理、量子计算、人工智能芯片：新型的人工智能算法通过加快对新冠病毒基因结构的预测，加快了疫苗研发速度；百度等公司正在积极推动自动驾驶的商业化发展；量子计算平台的搭建将为量子计算和人工智能之间搭建桥梁；自然语言处理技术的突破将极大提高人机交互的质量；人工智能芯片的研发将在工业制造、智慧城市、智慧交通等领域提供广泛的支持。

随着人工智能技术的发展，人工智能进入了 2.0 时代。基于此，我国智能 CAD（计算机辅助设计）和计算机美术领域的开拓者潘云鹤院士提出了人工智能五大发展方向，分别是基于大数据的深度学习与知识图谱等多重技术的结合与进化、基于网络群体智能的萌芽、人机融合增强智能的发展、跨媒体智能的兴起和自主智能装备的涌现。这五大方向与 5G、工业互联网、区块链等技术相结合，将对实体经济和虚拟经济变革产生重要的驱动作用。同时，上述方向也将刺激更多新技术、新产品、新业态、新产业、新区域的形成，促进生产生活的智能化，优化供需匹配，使专业分工更加生态化。

> 资料来源：
> 《麻省理工科技评论》：五项 AI 技术将重塑未来，百度处于领先地位．
> https://www.sohu.com/a/445956168_120524728．
> "人工智能 2.0"来了，潘云鹤提出五大趋势方向—中国经营报．
> https://baijiahao.baidu.com/s?id=1738883340661991539&wfr=spider&for=pc．

第五节　人工智能在经济中的发展前景

一、人工智能已成现实

　　与人们过去的想象相反，人工智能不再是一种时尚或暂时的趋势，而是成了现实，也是一种虚拟的现实。科学界和商业界对人工智能的讨论持续了几十年，现在人们确信人工智能已经变得越来越强大。究其根源，是什么让人们对模糊逻辑、进化计算、神经网络、"人工生命"、仿人机器人和自学习系统等相关问题的兴趣激增呢？明确根本非常重要，因为我们处理的是一个复杂的问题，而不是一个简单的计划或逻辑推理主题。不过，这个问题的答案似乎并不复杂——目前为止，绝大多数人以未来主义的眼光看待的"东西"正照进现实。亿万人目睹了这一过程，且作为人工智能技术产品和服务的最终购买者，同时他们也是这个过程最重要的组成部分。因此，所有新的、有启发性的和有形的东西都会引起广大用户的浓厚兴趣。

　　越来越多的企业家和生产者参与到人工智能相关的全球竞争中，他们以一种特殊的方式将注意力集中到人工智能上。风险似乎可以带来足够的回报，目前利用人工智能开发经济潜力的州未来几年的 GDP 将明显高于那些没有接受这一挑战的州。这些州对人工智能产品开发的年投资额已达数十亿美元。重要的是，这一数额中有相当一部分流向了研究中心和大学，这些研究中心和大学越来越多地根据人工智能相关问题调整研究和教学计划。例如，2019 年麻省理工学院斥资 10 亿美元开设了一所新的计算机学校——麻省理工苏世民计算机学院（MIT Stephen A. Schwarzman College of

Computing)①，该学院致力于将人工智能、机器学习和数据科学领域的知识与其他学科相结合。在不久的将来，麻省理工学院可能提出许多有关人工智能应用的全新理论和概念，而其中一些也许会很快落地。

二、人工智能的未来应用前景

虽然人工智能已经彻底改变我们的生活，但很难预测未来几年或几十年的发展情况。一些学者认为，我们肯定会看到质量和性能的显著提高，如自动语音识别和书面文字转换、文本翻译或文本到语音转换等相关领域。②此外，预计人工智能在人脸和图像识别方面也将取得重大进展，尤其是在近几年，这一领域的算法得到了改进，人工智能已经能够从像素中获取信息，并"理解"特定对象的外观。在这种情况下，人工智能可能辅助我们监控和监督各类对象，从而减少人员的工作量。科学家和企业家也越来越期望未来人工智能可以赋能机器人和自动车辆，以执行日益复杂的任务，并且适应越来越困难和危险的工作，如采矿（无人采矿机③）。此外，每个人都相信人工智能将赋予道路安全全新的含义，人工智能解决方案可以利用2D、3D摄像头和传感器等监控车辆内部，检查驾驶员是否在看路，身体和情绪是否"在线"，是否困倦瞌睡，是否清醒，是否在使用手机，等等，从而帮助驾驶员提升驾驶安全。全世界90%的事故都是因为人为失误，且每年有近120万人死于道路事故，而这一类创新可以帮助消除常见的事故原因。在这个问题上，撇开营销不谈，沃尔沃工程师的声明听起来极其乐观，他们声称，有了现代安全系统和他们开发的自动驾驶仪，从2020年起，没有人会死于这个品牌的汽车。同时，该公司愿意为其汽车未来造成的任何损害支付费用。

人工智能技术将在应对气候变化方面扮演重要的角色。人工智能技术将通过提高能源利用效率来实现碳减排。由于人工智能技术与碳排放之间呈倒

---

① 学校名称以黑石投资公司首席执行官苏世民的名字命名。该基金支持在麻省理工学院内创建一所新的计算机学院，金额为3.5亿美元。更多信息请浏览 https://computing.mit.edu/。
② 今天已经有一些翻译器能够在一秒钟内翻译100万个单词。
③ 在波兰，这种机器已经用于波兰铜业集团公司（KGHM Polska Miedź S. A.）运营的铜矿中。

U 形关系，当人工智能技术达到一定阈值后，其碳减排效应将逐渐凸显（薛飞等，2022）。作为新一轮工业革命的核心，未来人工智能技术将通过直接和间接两种方式对环境污染治理产生影响，直接技术进步效应表现在人工智能将催生一系列新技术、新产品、新模式，用于环境污染治理领域；间接技术进步效应指人工智能技术将提升一国在全球价值链中的分工地位，促进全球价值链升级，从而降低一国的环境污染（喻春娇和李奥，2022）。

人工智能也会为医疗服务和医学领域带来前所未有的变化。2020 年，随着新冠疫情的发生和全球性蔓延，人工智能在疫情防控中扮演了重要角色：人工智能不仅可用于识别新冠病毒引起的早期感染，还有助于监测感染患者的状况。人工智能也可以帮助医生制定适当的治疗方案、预防策略，开发相应的药物和疫苗。利用人工智能方法分析现有数据，也有助于促进对新冠病毒的研究（Vaishya 等，2022）。有了深度数据分析和机器学习，医生将获得新的"武器"来对抗最严重的疾病，而且他们的用药选择或对患者的健康状况评估将更快、更准确且高度个性化。从生物学的角度来看，人们在遗传学、相貌学、生理学和生活方式方面非常多样化，而当代的治疗方法只能有限地区分这些差异。同时，通过高算力（高性能计算，HPC）计算机所进行的大量数据分析，可使疗法更好地适应特定患者的个体基因，进而大大提高治疗的针对性和有效性。医生（也包括一般医务人员）会在工作中收获更多的自信心——尤其是在困难和极端情况下，医生和患者将建立更大的信任。结合软件、IT 基础设施（硬件）和软件系统元素，人工智能解决方案还将基于实验室和非实验室测试，比现在早一步检测出疾病。这意味着疾病的识别将一改延续几百年的现有范式，从"病床上识别"转变为"计算机上识别"。同时，临床诊断也将提供新的、高度个性化的体验。残障人士将通过人工智能获得更大的支持。听障人士有望更容易进入科研机构和高校，因为开发的应用程序可将讲师的讲话内容处理成文字，实时显示在黑板上。对于视障人士，人工智能应用程序可利用摄像头和传感器，轻松地使用语音告知路上的障碍物或"视觉"范围内的物体。① 人工智能支持也可令帕金森患者受益，

---

① 值得一提的是微软开发的人工智能应用程序 Seing AI。

今天他们已经可以自由使用"未来工业"所提供的解决方案。例如，Liftware 是一家由美国科学家和工程师创建的公司，他们销售的一款产品可检测人手的颤抖，并且区分是否故意做出颤抖动作。实际上，这是一种智能餐具，可以抑制用户不必要的移动，防止液体溢出或食物被甩到四周。① 人工智能在医学界的前途非常光明，该领域每年在人工智能领域投资近 20 亿美元。据专家估计，到 2024 年，该市场的价值将达到 170 亿美元。② 此外，混合人工智能应用也被寄予厚望，它可以在治疗规划、体检、诊断和风险识别上为临床医生提供支持。不过，医生仍然是患者护理的最终责任人。

人工智能不仅将彻底改变医学和科学领域，也将改变教育领域，未来学校或大学生将在个人敏感性、学习速度和才能识别方面受到精确测量。此外，学生的书面作业将由配备人工智能元件的设备进行检查和评估，文本中的拼写、语法、标点符号和样式错误将由专门的应用程序进行检查和评估。此外，该程序还将为每位学生打分，并可能就文本风格和内容提出改进建议。除了已经数字化的教科书（电子书），教育界还将引入虚拟教师，作为传统教育方法的替代方案。当代学校所面对的诸多问题，包括过度拥挤的班级、过度劳累的教师或者参差不齐的教育水平，预计也将由"机器老师"解决。

随着人工智能的发展，金融服务业将发生重大变化。与其他行业相比，金融服务业容易发生频繁的系统故障和受到网络攻击。人工智能工具将在不久的将来出现在这个市场上，不仅可以提醒银行主管机关警惕系统故障和恶意攻击的危险，还可以更好地识别这些问题的负责人。与学校中的虚拟教师一样，金融机构中也会出现虚拟顾问。这并不出人意料，尤其是当前许多银行已经使用机器人咨询，即在几乎无人介入的情况下提供金融和投资咨询服务。不断提高的人工智能允许分析不断增长的数据量，这对金融行业尤为重要，为了做出正确的信贷决策，人工智能每天要验证数百个信息包。由机器人做出信贷决定似乎也只是时间问题。机器人还将在客户服务部门履行虚拟

---

① 该公司的数据显示，"智能餐具"抖动的次数比病人的手少 70%。
② 更多信息请参阅报告《人工智能在医学市场中的应用——增长、趋势和预测》（*Artificial Intelligence in Medicine Market — Growth, Trends, and Forecast*）（2019—2024）。

助理的职能。几乎未来的每一家拥有客服部门的公司，即便不想将人完全排除在流程之外，也会努力将人的介入限制在必要的最低水平。因此，虚拟助理将逐渐取代在这些部门工作的人员，不久的将来，人工智能将允许它们打电话给我们安排会议。如果会议的日期和时间对我们而言是不方便的，虚拟助理"会理解这一点"，并提议另一个日期。除了虚拟助理，客户关系也将由聊天机器人来维系。实际上，这些应用程序包含对话者（一个带有顾问照片的窗口在屏幕角落"弹出"），"他们"随时准备帮助我们。随着混合人工智能解决方案的使用，未来这项技术将更加先进，聊天机器人能够更好地执行任何被分配的任务，更好做出与航班规划、酒店预订和购物相关的决策。此外，这项技术还将旧貌换新颜，从目前使用的图形用户界面（GUI）[①]过渡到对话用户界面（CUI），类似于与真人的自然对话。预计CUI技术将成为未来几十年的主要趋势，而聊天机器人将为全球个人咨询行业创造一个特殊的子行业。

三、人工智能的伦理争议

除了更好地维系客户关系，人工智能（包括预测算法和机器学习）还将提高现有预测的质量和准确性。从行业的角度来看，这些工具对生产部门尤其有用，因为在生产部门，有效交付和优化库存对盈利能力和运营收入至关重要（Shabbir and Anwer，2015）。不过，从司法的角度来看，人工智能的使用引起了巨大的争议，甚至遭到了相关人士的反对。人工智能在这一领域的重点是预测特定法官发布的裁决，以及确定监禁刑期。在前一种情况下，预测性分析是基于过去发布的裁决，而后一种是基于嫌疑人的前科。在这种情况下，预测算法可能忽略或偏爱与人类的情感领域（情感、心理状况）有关的特定数据。考虑到这些和其他争议，人工智能的发展——特别是在伦理和道德方面——正日益成为伦理学家、哲学家以及政府之间详细讨论的话题。新概念，特别是新技术，也许将构成真正的威胁，它们的商用将不利于未来

[①] 目前已有数亿人在谷歌、苹果和亚马逊等平台上与个人数字助理进行交互。

和人权。在人工智能方面，我们每天都在生成、收集、处理和共享越来越多的数据（包括个人和集体数据），这使得这一问题似乎难上加难。事实上，虽然收集的信息规模让我们在分析和预测未来人类行为方面拥有了巨大的能力，但也可能让我们失去隐私、言论和信息自由的权利。因此，不只是上述解决方案，所有基于人工智能的现代解决方案（见表2-5）未来都必须以负责任的方式来实施，一方面要考虑到需求和期望，另一方面还要考虑到所有利益相关者可能面临的危害和危险。

表2-5 人工智能在经济领域的应用前景

方面	基于人工智能的解决方案（可能的应用）
电力行业	（1）电网负荷相关流程的管理和优化； （2）电力设备的预防性维护； （3）电力设备控制系统的改进； （4）识别非法能源收集
农业	（1）基于卫星图像分析进行产量预测； （2）作物结构管理； （3）选择性单株喷洒； （4）预防作物病害； （5）自动驾驶农机； （6）播期管理
后勤	（1）优化车辆装载和路线； （2）优化多式联运交通； （3）自动或半自动驾驶卡车； （4）电子商务配送机器人； （5）铁路线路负荷优化； （6）优化技术暂停和列车维修计划； （7）运输延误预测； （8）铁路时刻表的优化和动态变化； （9）优化城市交通控制； （10）借助机器人进行仓库管理
工业	（1）厂房建设优化； （2）优化生产过程控制； （3）减少生产过程中产生的废弃物； （4）提高工厂的效率； （5）减少供应链错误（降低制造、存储、包装、运输和供应链等方面的成本）； （6）机器的设计； （7）确定机器故障原因和必要的设计变更

续表

方面	基于人工智能的解决方案（可能的应用）
销售和市场	（1）客户和客户需求定位； （2）设计符合客户需求的产品； （3）编写最佳营销信息； （4）察觉顾客情绪； （5）选择适合客户口味或需求的产品； （6）自动创建产品描述； （7）营销活动的自动化； （8）同理心广告的构建与设计； （9）专门针对电子商务平台的推荐系统； （10）智能更衣镜和更衣室
政府	（1）侦查税务欺诈； （2）完善税制； （3）办公室与公民的新联系渠道和提供互动式公民服务； （4）检测支付欺诈； （5）检测文件伪造； （6）优化应对危机局势的能力； （7）接收文件的分配； （8）检测电子系统中未经授权的访问； （9）检测地方管理协议中的"危险"条款
网络安全	（1）确认正在发生的攻击； （2）分析网络应用程序和用户以检测异常； （3）识别系统中的攻击和漏洞； （4）识别网络攻击场景； （5）监控网络和应用程序

资料来源：基于波兰数字化部2018年的研究。

总之，对于大多数经济部门来说，基于人工智能的应用设想拥有非常光明的应用前景（见表2-5）。不过，很多设想还只是在起步阶段。尽管如此，发生在我们眼前的工业革命已是事实，无法阻止。世界将面临剧烈变化，人工智能亦是如此。目前在很大程度上基于计算机软件和基础设施（软件—硬件）的模型将演变为基于计算机软件、基础设施和生物系统（软件—硬件—湿件）的模型。未来这种转变将允许人工智能越来越多地模仿人脑的操作。更重要的是，人工智能可能从"软件—硬件—湿件"发展到"软件—硬件—

湿件—化学件"①（见图2-4）。

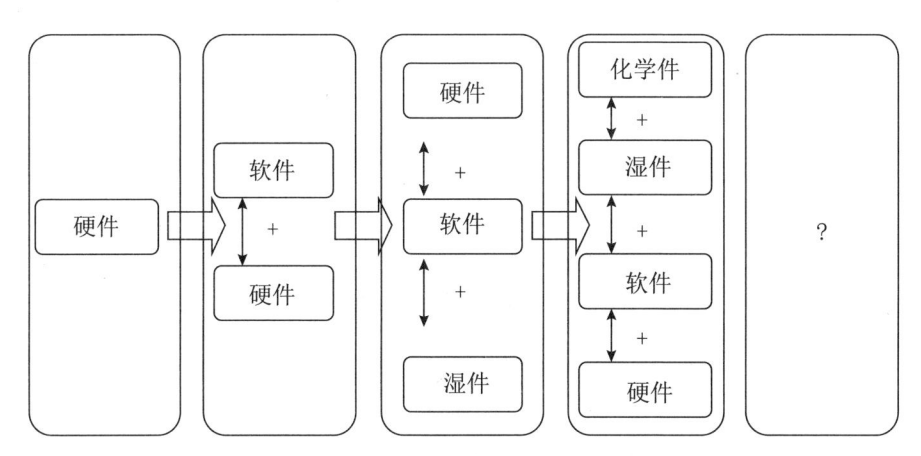

图 2-4　人工智能系统的阶段化发展模型

资料来源：笔者研究。

案例 2.5　人工智能技术发展的新趋势

人工智能技术在新背景下呈现出新的发展趋势。人工智能技术及应用目前正朝着创新、工程、可信三个方向持续发展。

首先，算法、算力及数据等是人工智能技术着力进行提升和创新的三个方向。在算法领域，超大规模预训练模型等新算法不断涌现，其技术效果不断提升。在算力领域，为满足不断提高的算力需求，单点算力性能方面不断取得突破，同时算力也出现了定制化、多元化的发展趋势。在数据领域，人工智能的快速发展促进了数据规模的爆炸式增长，各领域也在积极构建数据集，满足行业发展的需要。

其次，各种人工智能工具目前正逐步应用于工程实践中，人工智能理念也逐渐渗入各工程领域。目前许多行业都在加速推动人工智能技术的落地应用，如人工智能技术开始深入金融领域前台、中台、后台全过程，医疗人工智能也开始迈入市场化阶段等。除技术层面外，元宇宙等人工智能相关概念不断涌现，整合多种新技术并产生下一代互联网应用和社会形态，使重构经济秩序成为可能。

---

① 也就是化学系统。

最后，人工智能技术的安全性越来越受到重视。人工智能技术的安全性包括稳定性、可解释性、隐私性和公平性等。许多研究从单个角度分析推动人工智能安全的解决方案，如通过引入公平决策量化指标的算法，减少人工智能带来的算法歧视问题。从多方面入手构建系统的研究框架，实现人工智能安全性各要素的最优动态平衡，将是人工智能研究的趋势。

资料来源：
中国信通院人工智能白皮书（2022）.
http://www.caict.ac.cn/kxyj/qwfb/bps/202204/t20220412_399752.htm；
专访丨清华大学教授沈阳：元宇宙不完全是想出来的而是实打实做出来的.
https://baijiahao.baidu.com/s?id=1727267169784789310&wfr=spider&for=pc.

章末案例　企业微信的数字创新历程

自2016年起，随着腾讯、阿里、京东等互联网巨头商业模式的普及，中国互联网在社交、交易、电子商务等领域快速崛起，消费互联网经济实现蓬勃发展。然而，在以微信为支撑的移动社交端消费互联的大背景下，产业领域极其缺乏聚焦沟通与管理的专业可靠的数字化工具。在这一背景下，大量企业无法如互联网巨头一样，自主开发兼顾沟通与管理功能的企业级数字化工具（例如，百度的如流、京东的京MI、网易的POPO），企业微信的负责人及其团队成员敏锐地洞察到这个巨大的市场空白与需求，于是将企业微信定位为"让每个企业都有自己的微信"，服务于组织内部沟通与信息流转。

随着数字经济规模的扩大与企业数字化转型、发展需求的增加，企业微信的宏观微观环境都发生了剧烈的变化。首先，国家政策从宏观方面着力推进数字经济的快速发展，鼓励企业积极参与数字业务。2021年12月12日，国务院发布《"十四五"数字经济发展规划》，强调加快企业数字化转型升级，引导企业强化数字化思维，提升员工数字技能和数据管理能力，全面系统推动企业研发设计、生产加工、经营管理、销售服务等业务的数字化转型。其次，在产业层面，我国互联网经济的增长动力正由消费互联网转向产业互联网。2017年中国信息通信研究院便发布了《互联网发展趋势报告》，指出全球互联网增长正由"人人相联"转向"万物互联"，以物联网为基础的产业互联网成为新的增长点。这一趋势，势必加剧B端企业（面向企业用户的企业）级客户数字化转型与变革需求的扩大。最后，腾讯公司加速启动战略变革，深度聚焦企业与工业企业数字化服务与赋能的巨大需求。2018年9月，以用户社交为战略锚定的腾讯公司宣布组织战略变革与升级，启动"更好地服务消费者与产业"战略，着重以服务企业和工业企业需求为战略目标，通过连接从而更好地为产业与企业用户的数字化转型赋能。

自企业微信正式推出以来，其历经了1.0、2.0以及3.0三个阶段产品（服务升级演进），目前已成为中国数字化办公管理工具的领先者。初期的企业微信首先基于自身擅长的移动终端即时通信领域，解决组织内部沟通与管理问题。企业微信1.0版推出了iOS、Android、Windows和Mac四种操作系统来适配数字化通信工具，在保留微信沟通属性及数字终端技术与应用场景的基础上，结合企业对内部沟通与管理的需求，开发面向B端企业级客户数字化的服务工具。到企业微信2.0版，产品创新持续演进，产品从基础通信架构向管理集成平台的数字升级，是产品创新价值的一种数字化增强。同时，企业微信建立了底层API接口开放架构，实现了多元功能的数字集成，并在移动端拓展应用与普及。直到企业微信3.0版的发布，企业员工可以通过企业微信将客户互通互联，实现有效的用户管理与商业模式的创新探索。早在2018年3月，企业微信便启动了产品创新内部测试，推出"连接微信"的移动终端数字工具，并集成"客户联系人""客户群""客户朋友圈""小程序"和"企业支付"等基本互联互通模块创新，实现企业微信与微信生态系统的连接。

由此，伴随基础通信、办公管理和微信连接的产品创新演进，企业微信逐步成长为企业内外部数字化工具助手，帮助企业级客户进行内外部通信管理、办公流程管理、员工生命周期管理、上下游沟通、供应链客户关系管理、用户管理与商业模式创新等，以实现企业微信的迭代发展以及用户企业的数字化转型。

资料来源：根据一手资料编写。

思考题

1. 企业微信成立的背景是什么？什么样的内外部环境条件促使团队开启了企业微信数字化业务的探索？

2. 结合企业微信的三个重要成长阶段，探讨企业微信如何将数字技术应用于产品与流程创新。

3. 企业微信的数字创新历程为数字化情境下企业利用数字技术赋能产品价值创造提供了哪些启示？

第三章
人工智能时代的组织

> **章前案例**　　　　**联想 ESG 的数智化挑战**

联想集团（以下简称"联想"）是一家成立于中国，业务遍及180个国家或地区的全球化科技公司。联想聚焦全球化发展，持续开发新技术，致力于建设一个更加包容、值得信赖和可持续发展的数智化社会，并通过引领和赋能智能化新时代的转型变革，为全球数以亿计的消费者提供更好的体验和机遇。

联想作为全球领先ICT（信息与通信技术）科技企业，秉承"智能，为每一个可能"的理念，持续研究、设计与制造全球最完备的端到端智能设备与智能基础架构产品组合，为用户与全行业提供整合了应用、服务和最佳体验的智能终端，以及强大的云基础设施与行业智能解决方案。面对新一轮智能化变革的产业升级契机，联想提出了智能变革战略，围绕智能物联网、智能基础架构、行业智能三个方向，致力于成为行业智能化变革的引领者和赋能者。联想拥有三个业务集团，包括专注于各种智能设备和物联网的智能设备业务集团，专注于智能基础设施的基础设施方案业务集团（原数据中心业务集团），以及专注于行业智能与服务的方案服务业务集团，三个业务集团分别承接智能化变革战略不同业务的落地，其中方案服务业务集团是联想转型的先锋与动力。

数智化转型和ESG（环境、社会和公司治理）是全球企业界面临的重要课题。联想在ESG领域经过了十多年的耕耘，在ESG数智化建设方面已初见成效。无论是在产品维度还是在物流等维度，联想均已有一些成型的系统流程。作为行业的领头企业，联想不仅致力于提高自身的经济效益，还积极响应社会对企业社会责任的新要求。联想发挥"链主"效应，以身作则并同步带动产业链上、中、下游的中小企业践行可持续发展理念，从而稳定中国制造的产业链和供应链。随着联想ESG战略的不断深入，在实践过程中如何发挥人工智能组织优势，开展ESG治理，成为其面临的重要挑战。

在本章中，我们将走近人工智能时代的组织，首先我们将分析组织应用人工智能技术的动因，逐一讨论人工智能对管理模式的影响、人工智能技术在组织中的应用等话题，然后一起认识人工智能组织这一新型组织，最后将视角聚焦于数据这一核心要素。

第一节　人工智能对组织的影响

IT 技术的快速发展引发了科技变革，这一变革不仅带来了产品和服务的更新换代，而且构成了推动组织变革的关键外部因素。这些外部因素影响巨大，不仅改变了组织，也改变了世界的经济机制。互联网就是技术影响组织及其环境的一个很好的例子，它极大改变了世界及其构成要素的日常运转，这种改变往往是不可逆转的，并对宏观环境产生了深远的影响。目前许多专家和学者认为人工智能的发展也会如此，未来 20 年，人工智能带来的变化预计超过人类过去三个世纪所经历的变化。不过这些变化的性质，包括它们的力量和影响范围，最终将取决于组织及其管理委员会在利用人工智能潜力方面的准备情况。各国政府也将在人工智能领域发挥作用，因为其将最终监督和控制人工智能系统的使用方式，以及组织中程序员所使用的系统。在没有控制的情况下，人工智能（包括其对环境的影响潜力和影响能力）可能对整个组织，尤其是利益相关者产生不利影响。在 CNBC 的一次洽谈中，埃隆·马斯克（Elon Musk）[①]也表达了对这方面的担忧，并称"人工智能比核武器更危险"。他补充道，在未来，人工智能将无所不在，这可能成为人类极大的负担。

案例 3.1　人工智能的潜在危害——数据侵权行为频发

近年来，人脸支付、刷脸考勤等人脸识别技术作为新兴的身份认证手段，在众多领域为人们带来了便利，但是人脸识别技术的普及也给法治意识较差的应用程序运行商以可乘之机，屡屡发生诸如公民人脸信息被滥用、个人信息被过度收集、大数据"杀熟"等问题，使公民不得不进行不平等交易、支付大数据欺压下的差价，更有公民在不知情的情况下"被贷款""被负

[①]　埃隆·马斯克是一位出生于南非的商人和慈善家。作为一名远见卓识者，埃隆·马斯克创建了包括 SpaceX、特斯拉和 Neuralink 在内的几家公司。目前 SpaceX 正致力于创建一个星际旅行系统，实现将人送上火星或将卫星送入地球轨道的目标。就特斯拉而言，自动驾驶汽车的工作正在进行，而在 Neuralink，专家们正在进行一个神秘的项目，目标是将人脑与计算机连接起来。

债",公民隐私权、名誉权受到严重损害。

数据安全管理滞后于数据发展是全球性问题,并非我国特例。几年前美国就曾经历数据市场的大变革:美国政府的"棱镜计划"被曝光,以其对世界各国的电子监听行为为代表的一系列数据侵害行为,成为数据市场上的重点整顿对象。截至2020年,美国政府出台了《健康保险流通与责任法案》《金融服务现代化法案》《家庭教育权利和隐私法案》等法案,为外国数据进入美国提供了立法保障,但是仍缺乏对数据权属、数据侵权问题的界定。该问题也在滴滴出行在纽交所上市时显露了立法缺陷,美方要求滴滴出行提交完整的数据库,却未向数据产生者即滴滴出行用户进行声明与界定权属范围,这反映出现行数字经济相关法律法规亟待完善。

一、组织应用人工智能的动因

无论各界人士如何看待人工智能在世界范围内的发展,不可否认的是,目前人工智能在改变世界和人类生活方面发挥着主导作用,人工智能领域的发展潜力巨大,目前仅仅是个开始。由全球组织在人工智能方面的支出(图3-1),我们也可以得出这样的结论,到2023年,全球人工智能方面的支出已经接近1 000亿美元的水平。也就是说,在短短几年内,企业在人工智能解决方案上的投资金额增加近四倍,达到约800亿美元。人工智能投资持续增长,有以下几个原因。

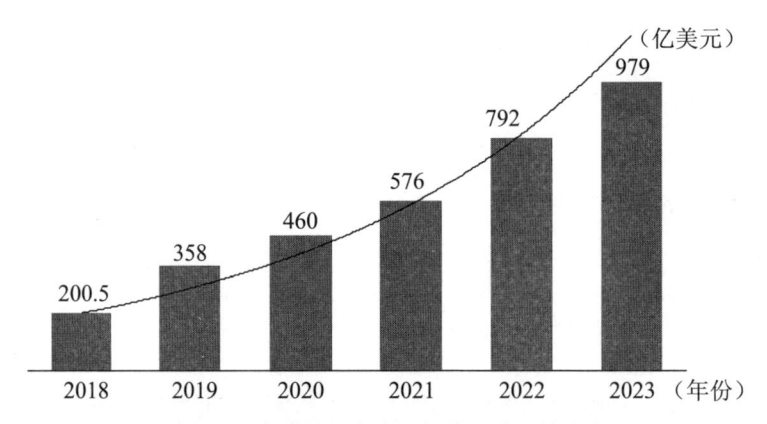

图 3-1 全球组织在人工智能系统上的支出

资料来源:笔者根据IDC《全球人工智能支出指南》编制。

第一，组织将人工智能视为值得投资的当代发明。大数据是可以帮助我们观察问题的放大镜和透视器，有了可以把数据翻译为信息结论的人工智能，人将是可能被读懂的，"透明组织"的可能性就出现了。比如人工智能可以帮助组织进行客户关系管理，将市场变得更加透明。例如，流媒体音乐巨头 Spotify 采用人工智能技术分析客户数据，以精准把握和预测客户心情和音乐品味，并据此进行个性化推荐，因此在 Spotify 面前，客户有关音乐喜好上的一举一动都是透明的。

第二，组织希望在业内诸多企业已经应用人工智能解决方案的背景下保持竞争力。在 5G 时代下，中国联通一直在尝试通过人工智能技术提升其在各大运营商间的竞争力。2018 年中国联通提出在网络软件化与云化的基础上，引入人工智能，打造中国联通智能网络，包括网络的智慧运营、网络服务智能化等，这不仅全面提升了投资、规划、营销与运营效率，还升级用户体验，为公司赢得了独特的竞争优势。

第三，组织希望增加收入。Beacon Street Services 是一家独家制作金融出版物的服务机构，通过为消费者提供购买和订阅杂志的服务而获利。自 2019 年起，该公司引入了人工智能平台 DataRobot，该平台可以使用数十种最新的数据科学算法，自动构建一系列模型，以帮助营销团队更有针对性、更有效地开展活动，从而提高营销的准确性。除此之外，人工智能替代了原本需要人力进行的工作，为公司节省了大量的时间和人力成本。引入该平台后，Beacon Street Services 的销售额增长了 10%，年销售额有望额外增加 1500 万美元，公司在收入增长和成本降低方面的投资回报率达到了 30~35 倍。

第四，组织希望提高效率，节约开支和优化管理。京东便是通过人工智能进行智慧物流与智慧供应链建设，进而提升组织甚至行业效率并节省开支的行业典范，其搭建的亚洲一号仓更具典型性。亚洲一号仓库是京东建设的智能物流运营中心，自动化程度较高，其营运中心的"无人仓"区域是基于京东自主研发的智能控制系统"智能大脑"，以人工智能、大数据、运筹学等相关算法和技术为技术支撑，对仓库进行全流程、全系统的高度智能化管理。除智能大脑外，"无人仓"内完成各项工作的"小红人"机器人也是京东科技创新的成果之一，机器代替人工，大大降低了仓储成本。

第五，组织的管理人员相信，有了人工智能，组织的信息和数据可使其更好地规划和预测客户的需求。除了提升营销效率外，用户需求预测在医疗领域也大有作为。一项名为 EXAM 的临床联合学习研究建立了一种人工模型，预测新冠病毒感染患者在住院治疗的头几天可能需要多少氧气，准确率可以达到 95%，而且这一人工模型只用了两周的"学习"时间就实现了高质量的预测。此类人工智能技术在医疗方面的应用，可提高诊疗效率，满足临床医生应对复杂医疗挑战和流行病的需要，更好地治愈患者。

第六，组织相信人工智能将提高组织业务或制造流程的效率。2018 年 8 月，银联商务股份有限公司（以下简称银联）第一个私有云在武汉数据中心落地，其架构体系分为基础硬件设施与设备、云服务、运维运营管理等部分。经过两年多的实际使用及不断改进，2020 年，银联私有云已基本落地。银联基于这类技术，努力做到将异地数据控制在秒级，实现站点故障 30 秒切换，大大提升了 IT 资源交付的速度，为经济、高效地提升业务的连续性奠定了基础。

第七，组织相信人工智能将成为其重要的收益来源。环球邮报是加拿大最著名的报纸，是加拿大两家全国性日报之一。作为一个拥有 170 余年发展历史的传统媒体，环球邮报并没有放慢追随时代的脚步，并成功将人工智能技术变现——环球邮报打造了人工智能驱动的优化和预测平台 Sophi，对报刊的每篇新闻作品进行自动化商业评分，以综合评估每篇文章在用户"拉新"、留存、订阅及广告收入方面的贡献率，因此可以更好地识别受众的行为模式，明确"用户在哪里、用户是谁、读者何时在查看我们的网站"等重要问题。环球邮报借助 Sophi 创造了超 1000 万美元的付费收入，并帮环球邮报在三个月内增加了 54% 的用户。

不过，对大多数组织来说，虽然投资人工智能解决方案是一个先决条件，但还不足以确保成功。2019 年《麻省理工学院斯隆管理评论》（*MIT Sloan Management Review*）和波士顿咨询集团（BCG）[①] 开展的一项全球研究证实，想要充分发挥人工智能的价值，组织还必须具备某些特定的组织行为

---

① 在 17 项专家调查的支持下，对 2500 名董事和经理进行了问卷调查。

(Ransbotham 等，2019)，具体如下。

- 能够将人工智能战略与组织总体业务战略相结合。
- 积极开展人工智能方面的工作，优先考虑收入增长，而不是费用削减。
- 创建适当的商业模式和正确运作的流程，根据所需的生产和预期消费水平对人工智能进行有效的调整。
- 将人工智能倡议与整体的业务转型相结合，以保持竞争优势。
- 在流程改进、数据质量提升、人工智能知识培训以及人工智能人才培养方面进行额外的投资。

所有上述措施和投资，都是为了帮助组织增加人工智能技术所带来的效益和机会，同时减少使用人工智能创造价值的过程中可能产生的各种问题。研究（Ransbotham 等，2019）表明，那些只专注于人工智能生产，如工具创造、数据生成和技术发展的组织，相比积极整合人工智能资源和客户的组织，从人工智能中获得价值的机会要小。跨境电商 TYMO 便是通过人工智能资源和客户整合实现快速增长的实例，其秘诀是使用人工智能获客，通过人工智能标记 KOL（关键意见领袖）关键词和客户销售信息，并从用户需求出发倒推产品需求，在五个月内完成了产品设计和迭代，其迭代速度甚至高于美国本土品牌，并因此在短时间内收获了一大批用户。因此在实践中，区分这两种对待人工智能技术的方式非常重要，因为这将最终决定公司的成败。组织在人工智能领域的真正成功既取决于能否创造收益，也取决于能否巧妙地对资金进行再投资，从而加强在整个企业中运用人工智能的能力。

二、数据驱动的人工智能时代

（一）数据与算法：人工智能时代的关键要素

值得注意的是，当前的人工智能浪潮与其说是新技术工具带来的革命，不如说是数据分析的革命，因为数据和算法构成了两个关键的人工智能元素。说到算法，其本质是对特定问题的解决方法的描述，算法在很久以前就出现了,关于算法的最早记载可以追溯到古希腊数学家欧几里得。就数据而言,情况则有所不同,因为世界从未经历过当今如此程度的数据聚合。换句话说,来自不同来源的大量数据被聚合成了一个整体(数据组合)。这使大量的数据能够以便捷的形式被获取,从而引起了将数据视为最有价值资源的组织的兴趣。目前组织的数据来源广泛,包括操作系统、交易系统、平台和网站、扫描仪、传感器、扬声器、智能传感器、卫星、GPS系统、图像和社交媒体等。

由此,我们可以得出这样的观点:在不久的将来,数据以及管理数据的能力(包括数据的获取、存储、组织和处理)是区分一些组织的关键所在。通过数据管理,可以得到组织的数字化整体视图,并使用户能够访问数据,以从中获得更大的价值。全球经济的发展趋势也证实了这一观点:知识型经济范式开始向数据驱动型经济范式转变,大数据开始向快速数据收集转变。但国际数据公司(IDC)的报告显示,目前大部分企业有68%的业务数据未被利用。没有一家公司希望自己的业务数据处于空闲而不被利用的状态。但是对于大多数企业而言,虽然数据具有驱动新的收入来源并改善客户体验和提高运营效率的能力,但在现阶段,数据仍是在资产负债表上看不到的,且未被充分利用的无形资产。如何将数据价值在资产负债表上显化、如何推动企业数据管理能力的提升都是亟待解决的问题。

(二)人工智能时代的企业数字化转型

数字化转型日益被社会科学定义为我们这个时代的大趋势,而没有数据和人工智能,成功的数字化转型是不可能实现的。数据要素被称为继土地、劳动、资本、技术之后的第五大生产要素,数据要素的高效配置与人工智能技术的整合应用是时代进步、经济发展与企业变革的强大驱动力(马建堂,2021;赵滨元,2021)。因此,对于那些只收集数据而无法熟练处理数据的组织来说,想要在数字经济中取得竞争优势是不现实的。事实上,在数字经济中,重要的不是某个特定实体收集、积累信息(数据)的能力,而是先处理再利用这些数据的能力。不过,这需要重新定义和规划组织在人工智能、算法和机器人领域的蓝图。在实践中,一个明确的蓝图有助于建立一个以数据为关键资源的强大战略。想要确保组织的数据战略取得成功,有必要做到以下几点。

- 筛选数据(数据质量)。
- 制定并实施程序,确定组织内一般数据的利用方式。
- 制定并实施程序,确定组织内部数据的利用方式。
- 制定并实施程序,确定组织外部数据的利用方式。
- 从所采用的战略和财务结果的角度,考虑组织及其产品的特殊性质,开发新的商业模式。
- 制定并实施数据访问权限的确定程序。
- 制定并实施数据管理方式的确定程序。
- 研究开发和使用大型数据收集的程序。
- 参与地方和全球层面的数据生态系统建设。

(三)数据生态系统的建设

在上述组织的数据战略里,我们需要特别注意数据生态系统的建设。在人工智能时代,数据生态系统指的是一种关系网络,在这个网络中各种实体直接或间接地消费、生产和交付数据及其他相关资源(Schatsky等,2019)。参与合作伙伴的生态系统建设,可使组织从人工智能领域获得附加价值。事实上,平台技术会促进组织在许多方面的能力得到提升,包括产品管理、业务分析、市场和竞争对手分析、行业吸引力分析、商业模式分析、数据分析和组织使用能力分析、法律分析(或风险识别)和风险管理等。此外,作为创建数据生态系统的一员,组织将迅速识别对其有价值且适配其业务战略的内部和外部数据(Schatsky等,2019)。在这一背景下,我们可以推测,在人工智能时代,那些不构建数据战略的组织,或者不将数据视作重要组成要素的组织,都将被挤到新的数字化世界的边缘。

案例 3.2 数智领导力量表的开发

当今时代企业的数字化转型已经成为不可阻挡的趋势,企业数字化领导力的水平,将关乎企业在多大程度上完成数字技术与企业管理的结合,进而关乎企业绩效的提升。企业绩效的影响因素非常多，包括企业外部因素、企业内部因素、个体的因素以及团体的因素。企业的外部因素如宏观环境的影响，不同国家政治、经济和社会文化的结构，都会对企业的经营效果产生不同的影响，而科技发展以及行业和市场环境，也对企业经营具有不可忽视的作用。除此之外，个体因素如个体知识、能力和资源，决定着企业的绩效水平，当个体带着有利于企业的资源加入企业运营时，这些资源可以为企业所用，除了直接提升企业绩效，还能够通过创造更多有利的资源或创造积极的氛围，而间接提升企业绩效。

企业数字化转型过程中领导者也是影响企业绩效的一大关键因素。领导者往往能够决定企业内部资源的分配、企业未来的发展方向等，因而领导者的特征，如教育背景、性格、能力、管理团队的特征等，往往是企业绩效研究的重要组成部分。数字化领导力要求领导者具有洞察力、数字思维以及敏锐的数字感知力，能够通过灵活的管理应对敏捷的数字经济时代，这与组织韧性对企业的要求不谋而合。数字化领导力能够通过灵活敏捷、具有前瞻性、合理配置数字资源和利用新的机遇等途径提升组织管理的适应力，优化组织内部结构，加强组织韧性，进而对企业绩效和可持续发展产生积极效果。图3-2为数智领导力对企业绩效影响的理论框架。

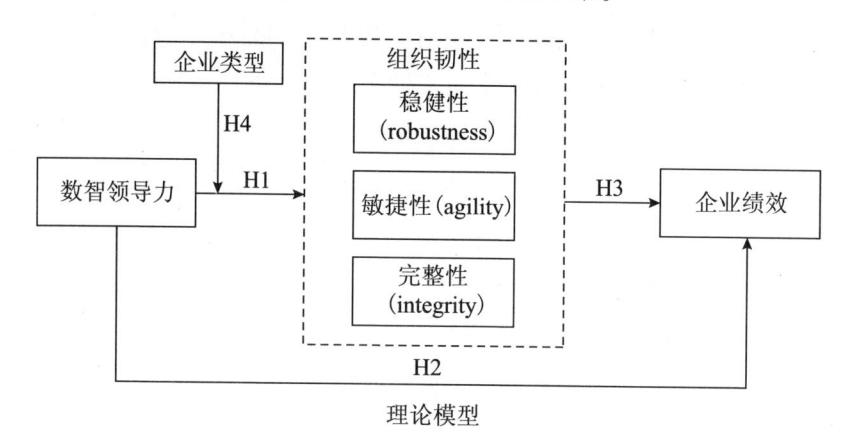

图 3-2 数智领导力对企业绩效影响的理论框架

综上可知，数据驱动的人工智能不仅改变了组织及其关键资源的架构，还决定了组织的发展战略，并重新定义了组织的战略联盟。同时，变化的速度往往取决于组织的规模。事实上，大型组织在使用人工智能方面比小型组织更加自如，主要是因为大型组织能够更轻松地获得更多的数据资源（至少是内部资源）。这是否意味着在适应能力以及享受人工智能所带来的效益上，小型组织相对于大型组织处于劣势呢？答案是否定的。组织小并非能力小，尤其是在人工智能的应用方面。一段时间以来，小型组织已经有了以下特点。

- 在人工智能解决方案的应用过程中能够更好地组织工作。
- 具有更高的数据管理水平。
- 越来越多地参与到商业生态系统建设中。
- 能够更好地识别人工智能领域的市场需求。

也就是说，和大型组织相比，小型组织具有机制灵活、转型速度快、创新能力强、贴近市场等优点（陆岷峰和周军煜，2021），随着人工智能基础设施成本的逐渐降低，其技术进步对企业赋能、提质降本、效益倍增所带来的效应更加明显（张伟娜，2022），小型组织与大型组织相较量的能力将不断提高。不过，人工智能在组织中的利用水平以及产生的相关效益最终不由规模或掌握的数据量决定，而由组织的应用与利用能力决定，归根结底，取决于组织在特定领域有效实施和使用人工智能工具的水平，而组织中人工智能工具的运作效率将取决于组织领导者对数据的创造性利用。

三、人工智能组织发展的关键领域

我们必须同意这样一种观点，即人工智能无论对个人还是组织来说，都是一个强有力的工具。与人类相比，人工智能分析和评估结果更快、更有效和更有针对性，而且错误率明显更低。如果应用得当，人工智能可以成为人类的福音，提高组织的业务效率，并加强伙伴关系。对于那些仍处于人工智能转型初期的组织来说，其最终架构和运营状况还是未知数。这类组织需要更多的时间来调整自己的商业模式，以适应大环境的需要，而当前这一环境充满了未知和挑战。不过，从未来和正在发生的变化来看，在将今天的组织转变为人工智能环境下运作的组织（人工智能组织）的过程中，2019年《经济学人》认为以下四个领域至关重要。

- 领域一：组织中的数据资源。组织战略将以数据为关键资源。此外，组织需要致力于提高处理和使用信息（包括内部和外部）的能力。
- 领域二：组织的规模。人工智能技术不会偏向任何特定规模的组织。不过，当小型组织与 AI 环境合作时，它们通常会在结构上做出调整，以充分利用这种合作带来的效益。此外，小型组织会越来越依赖外包和伙伴关系来提供非核心活动。
- 领域三：组织的人力资源。人工智能领导者将为人工智能领域的组织定下基调，可以推动企业进行数字化转型变革，并使企业在新场景下持续保持竞争力。人工智能与数字化变革型领导应具有的基本素质包括：能抓住企业数字化转型的本质，如数字化转型的内涵与目的；能基于对数字化转型的美好设想而做出决策，而非仅基于利润的考量；塑造数字化转型的知识创造环境，创造文化共享与学习成长的空间；不断传达数字化转型的本质；激励员工克服障碍并参与数字化转型活动；培养员工的数字变革能力，使数字化转型成为每个人工作的一部分（Giovanni Schiuma et al.，2021）。在数据的获取和分析方面，组织员工将拥有与高级人员几乎相同的能力。
- 领域四：组织伦理。人工智能时代，管理手段的智能化发展可能加剧管理效率与管理伦理之间的冲突（徐鹏和徐向艺，2020），而新的法律和行政法规将确保管理人员关注人工智能在各个组织领域落地所涉及的伦理规范。

案例 3.3　员工的数字变革能力——安踏数字化转型战略

在现代工作场所，数字化技术的快速发展对员工的技能和能力提出了新的要求。安踏在数字化转型战略的驱动下，开始重视员工数字化能力的提升甚至重塑。安踏品牌已经全面进入 DTC（直接面对消费者）模式建设。一旦有产品需要直营，便需要数字化工具和系统支撑人货场的管理，实现线上、线下无缝连接，这意味着职能部门需要进行更多的数字化赋能，如中台的建设、大数据的建立、数据的分析等，同时员工要能适应公司的转型。

安踏着眼于数字时代的消费习惯，加大了在线销售平台的建设力度。通过建立易用、便捷的电商平台，安踏更好地满足了消费者的购物需求，实现线上线下无缝衔接。在数字化转型初期，安踏针对全员开展了数字化知识的普及。首先，让员工对数字化概念有初步了解，并形成基本的认知。其次，安踏在后台开发了多个系统来推动数字化知识的普及，让员工通过数字化平台了解安踏数字化转型的概念和战略背景，理解数字化给工作带来的益处。最后，安踏对 IT 岗位、业务部门和数据分析岗进行了调整，对相关人员进行了重点培训，开展了数字化能力提升工作。

安踏人才发展负责人说：企业一方面要帮助员工解决技术产品的应用问题，另一方面要做好企业数字化文化的塑造，让大家习惯用数据说话、用数据决策，让数据成为决策的重要参考依据。未来安踏整体上会侧重数字化应用能力的培养，在管理层，主要是数字化的前沿资讯、工作思维、决策能力等方面；对于普通员工，安踏依然会围绕产品开发增长、运营增长、数据分析这三项对行业比较重要的数字化产品开发相应的项目和培训。

资料来源：康怀慈.安踏|如何打造员工数字化能力. https://www.sohu.com/a/544345154_121124319.

这些变化需要一定的时间，不过，预计会很快发生，尤其是那些已经制定了明确目标的组织。以数据为基础的数字经济将成为主导。即使人工智能技术不会取代人类，但也要求组织对员工进行人工智能方面的培训。据估计，到 2021 年，全球 12 个最大的经济体将需要培训近 1.2 亿名员工（Aon，2019），这意味着人工智能将极大影响他们目前的工作和技能。也许人们很快就会发现，智商和情商虽然是员工在人工智能组织中取得成功的先决条件，但仅凭这些还不够。事实上，这两种能力还需要另一种与数字智能相关的能力（数商，DQ）来补充。可以推定的是，很快，人们的成功将不仅取决于智商和情商，可能还取决于认知能力，这将有助于人们应对任何挑战，并适应数字化生活。因此，组织管理者需要制订新的战略和运营计划，管理关键资源，积极应对人工智能领域的一切挑战。

第二节　人工智能——不断变化的管理范式

一、范式及管理范式的基本内涵

（一）范式的定义

理念、理论和设想，不仅对个人而且对群体的运作方式有着相当大的影响。我们的世界观由诸多元素决定，而这些元素的集合构成了"范式"。范式理论的创造者——美国科学哲学家托马斯·库恩（Thomas Kuhn）在《科学革命的结构》（The Structure of Scientific Revolutions）[①] 中将范式定义为被科学界接受的解决某个问题的模式。此外，他还强调，科学的发展不是新知识的线性积累，而是范式的周期性变革。换言之，我们可以认为科学的发展等于范式变化的总和。

（二）范式的转变

需要注意的是，无论是在生活中还是在科学中，范式的改变都不容易，也不频繁。我们当前的人生观、世界观或科学观要想发生演变，通常需要很多年，有时甚至需要几个世纪，一如曾经的日心说理论的提出。管理科学中的一些范式亦然，自亨利·法约尔（Henry Fayol）和弗雷德里克·泰勒（Frederick Taylor）以来一直没有改变。不过，近年来，其中相当一部分已经发生了变化，主要是因为经济环境给组织、管理者和员工带来了挑战。目前这种情况再次出现，要想重新应对它，有必要再次改变管理思维范式，因为我们不可能用旧的方法、技术或工具去解决当代的管理问题。

在人工智能技术的推动下，"工业4.0"的发展实际上重新定义了管理的本质和一般原则。变革涵盖了整个部门、行业、组织、社会和现有商业模式。为了应对组织总体环境的这种动荡变化，尤其是技术上的巨大变化（见表3-1），目前的管理模式必须进行转变。在实践中，这意味着组织对社会经

[①] 该书的第一版于1962年出版。

济后现代模式的适应，原有的秩序和传统已被巧合、分解和变动取代。

表 3-1 将改变当前组织管理模式的技术

在您看来，哪个技术领域将改变组织的"生活"？	
技术领域	管理人员回答占比（n=2835）
人工智能、机器学习	89%
数据分析（包括预测分析）	69%
计算云（包括 XaaS 服务）	36%
物联网	27%
数字转型	26%
5G 技术	18%
区块链技术	14%
自动化	13%
专业软件	11%
商业分析	10%
业务流程自动化	9%
企业资源计划	7%
客户关系管理	6%
数字化	6%
沉浸式体验技术	5%
网络安全	4%
网络和在线技术（API）	3%

资料来源：笔者基于 2019 年 Kelner 和 Kostadinov 的研究整理所得。

二、人工智能时代管理范式的转变

正如钉钉总裁叶军在长江商学院分享时所说："每一家企业在运营中都会产生海量的数据，因此未来每一家企业都应该是数字化的企业。企业决策者需要思考，在数字技术不断深入应用的浪潮下，企业如何变革组织管理以适应新的生产力需要。"考虑到变革的必然性，在人工智能时代，当前的管理形态其范式将发生哪些转变呢？组织中与领导力、激励、沟通或工作组织等相关的现有模式是否会发生重大转变？当前管理形态的规模和对组织的影响如何？这一类问题并不容易回答。主要是因为所讨论的主题和预测过程本身的复杂性，而预测过程本质上也存在一定的误差。然而，我们可以通过分析相关的主题文献确定几个关键的领域，在这些领域内现有的管理范式将被新的管理范式取代，包括行政管理、工作组织和执行方式、员工激励制度、领导力和运营（Kolbjørnsrud et al.，2016a）。

（一）人工智能时代的行政管理方式

行政管理方面，许多活动都将通过人工智能实现自动化，这一点无可争议，因为这些活动通常并不复杂，所以容易进行数字化处理。埃森哲对近1800名管理人员进行的研究表明，他们的大部分工作时间（即54%）花在了行政任务上。也就是说，只剩30%的时间来解决组织日常面临的问题，7%的时间用于与同事交谈（Kolbjørnsrud et al.，2016b）。不过，人工智能解决方案将扭转这一比例。管理人员将获得更多的时间来处理工作中与管理相关的事宜，减少在其他无关事项上的时间投入，如汇总报告等。因此，他们的角色将朝着软技能而非硬技能的方向发展。预计人工智能将取代管理者，负责维护和控制公司特定组织单位的工作计划或预算。这意味着组织的管理层将获得更多的时间和机会来关注更有价值的项目，组织和自我实现有了更好的发展前景。

美国NOV（National Oilwell Varco）公司采用了北京施达优技术有限公司的产品"坤特管理系统"，为企业提供智能制造解决方案和端到端协同制造的整体解决方案。"坤特管理系统"本质上是企业的智能决策系统。企业平均每天有45人使用该系统，占生产管理相关员工的85%。系统的上线让所有管理人员的工作强度大幅度降低，因此极大解放了"白领"。在车间调度管理方面，原先需要25人的岗位，经过系统优化后，现在仅需1名总调度员即可胜任。总调度员需要充分理解系统，以达到最高的生产效率。

（二）人工智能时代的工作组织与执行方式

至于工作的组织和执行方式，则要求管理人员采取不同的方法。管理者首先要评估具体情况，这有赖于其处理复杂问题的经验和批判分析能力，即管理者需要综合运用其经验与专业知识。虽然人工智能对此可提供一些帮助，但并不能全然取代这一过程。正如美国一家 IT 机构的 ERP 服务总监 Layne Thompson 所说的："更多的时候，管理者所做的事情需要判断力、谨慎、经验和随机应变的能力，而不是简单地应用规则。如果机器学习的潜在承诺之一是能够帮助做出决定，那么我们应该认为技术的目的是支持而不是取代'管理者'。"此外，管理者还需了解组织的历史和文化，同理心、道德和是非判断能力也是对管理资格的重要补充。人工智能将为管理者解决当前的问题提供支持，这样管理者就可以专注于流程和创新性想法，且随着人工智能技术逐步进入工程化、实用化阶段，管理者可以实现对数据更为科学的分析与整合，管理决策思维正从"有限理性"和"满意决策"过渡到"极限理性"和"最优决策"（徐鹏和徐向艺，2020）。

由于认知视角的多样性，团队合作仍然会是组织工作的重要元素。此外，建立和维持关系，或关系网络的应用将成为发展员工能力和业务的关键工具。因此，组织必须注意创造适当的条件，必要时考虑额外的人员，以及有形的、无形的资源。换句话说，组织必须培养新的员工技能，如增加数字技能，创造性思维、实验、数据分析和解读技能，并且调整组织战略，以适应世界后现代管理的需求。在战略方面，管理者应确保战略的重点不仅要放在组织的数据库资源上，还要放在人力资源上。

事实上，机器人永远不可能取代人类，只能在日常工作中帮助人类，只有人与人工智能的双主体协同，才能发挥人工智能的最大价值。2022 年麦肯锡发布了《数字化劳动力——全力激活人效，助力企业行稳致远》白皮书，指出数字化劳动力是通过数字化技术打破人与机器的边界、充分激发劳动力潜能的第四种企业用工模式，即"人机耦合"。人与计算机的交互、融合、共创可以充分激发人的潜力，创造更大的价值。投资分析公司 Kensho Technologies 一直在试图探索可以提升组织效率的人机协同办公模式，其系统允许投资经理用简单的英语提出与投资有关的问题，例如，"在加息前后三个月，哪些部门和行业表现最好？"并在几分钟内得到答案。员工能够以同事的方式与智能机器互动，人工智能将成为他们永远可用的助手和顾问。尤其是在收集、处理和分析大量数据时，人工智能可以帮助员工打破数据处理能力的限制，加速其知识学习进程，修正员工的主观认知偏差，创造出员工难以学习到和发现的知识内容，从而实现对大数据的深度分析与利用，加速企业学习进程，改善学习质量（杨光和侯钰，2020；Choudhury, P. et al., 2020；Kellogg et al., 2020；Haefner et al., 2021）。

（三）人工智能时代的员工激励制度

除行政和工作领域外，员工激励领域的当前管理实践和模式也将发生转变。革命，尤其是与新技术有关的革命，代表了集体的改变意愿。这种意愿往往是社会性的，同时伴随追求更高生活水平的强烈动机。这意味着与计算机时代相比，在人工智能时代将有一些其他因素激励人们工作。因此，在这种情况下，组织需要改变其过去对员工激励的方法。虽然金钱、自由和奖励是必要的，但还不足以说服员工开始工作或做出改变。平克（Pink，2009）认为，成功的关键在于内在激励。[①]

华为的激励体系一直是行业内的标杆。华为为自己的员工制定了科学的职业生涯规划，使员工更好地把握自己的事业目标，激励员工不断向着正确的方向和目标前进。华为还设有荣誉奖励，并专门成立了荣誉部，负责对员工的考核和评奖，荣誉奖的种类与名额非常多，且物质奖励和精神奖励紧紧绑在一起，在获得精神奖励的同时可以随之得到一定的物质奖励。此外，华为还建立了内部劳动市场，以允许和鼓励员工更换工作岗位，实现内部竞争与选择，使华为实现了人才的有效配置，最大限度地开发员工潜能。华为还配有宽松自由的软环境，例如百草园里面有超市、美发厅、洗衣房、活动中心和饭店。

在实践中，员工激励制度的搭建会强迫组织建立一种以三大支柱为中心

[①] 迄今为止，雇主大多将外部因素视为激励员工的基本来源。

的工作环境：目标、自主和专精。目标，或者说计划和意图，是最能激励人投入行动和工作的条件。越是雄心勃勃的目标，就越会激励人做出更大的努力。因此，组织必须以个性化的方式为员工定义目标，尽可能反映员工的个人抱负。通过这种方式，在员工取得的进步时，组织也能够收获他们更强的工作承诺，这是员工进步的衍生品。此外，给予员工广泛的自主权也能够支持目标的实现。员工在组织中会更多地独立做决策，并且对自己的决策负完全责任。在实践中，这意味着需要管理者做出的决策甚至比现在还要少。这一领域的任何变化都是由组织结构的演变引起的，而组织结构变得越来越非传统、越来越虚拟。因此，组织给予员工更大的自主权将符合与组织变革相关的全球趋势。在平克看来，在组织中建立内在动机的最后一个要素是对专精的追求。事实上，想要变得更好是人的天性，尤其是在工作领域。这种个人发展理念越来越重要，尤其是在当今世界，人们从小就要接受各种评估、竞争与比较。不过，没有"心流"[①]，就不可能做到专精。所谓心流，是指当人们有了明确的行动目标，而追求的最终结果恰好与其技能和能力吻合时所表现出的一种心理状态。这意味着在工作中达到这种状态的员工不仅效率高，满意度也会高。因此，我们可以得出结论：组织在人工智能时代的成功将来自员工的目标、抱负和思考的结合。

（四）人工智能时代的领导力与运营管理

人工智能技术将改变的最后一个管理领域是领导力和运营。根据开展的业务活动，人工智能时代的领导力是指利用拥有的各种能力（包括智商、情商和数商）带领网络化的团队（其中也包含机器），这些团队被授予更大的自主权，并拥有清晰的行动目标。事实上，未来将采取"共享领导"的形式，无论是团体还是组织中的员工都将从中获益。再者，当前的运营将在自我管理的原则下进行，组织内部没有任何等级（虚拟结构）划分，也不需要不断地达成团队内部的共识，而是尊重个体的决定。同时，人工智能时代的"领导力4.0"将要求领导者具备概念性、系统性和图形化的思维能力，敢于

---

① 匈牙利心理学家 Mihály Csíkszentmihályi 提出的概念。

试验的勇气，分析数据和评估影响的能力，数字化学习的能力和追求成功的决心。不过，从团队（由人和机器组成）管理的角度来看，"领导力4.0"所持有的资质仍然是最重要的。

宏观视角下管理范式的分类参见表3-2。

表3-2 管理范式的分类（宏观视角）

范式	领域	描述
领导与控制	行动哲学	明确区分认知过程与制造过程，即思维与行动分开；由于效率有限，必须严格控制劳动力，才能获得预期的效果和效率水平；机械化的组织，浓厚的官僚作风，明确的工作规则和持续的控制；与竞争对手有关的操作均旨在摧毁对手
	领导	英雄式的强势领导风格，以任务为中心，主要是心理上的胁迫；对人员技能和智商施加高压力
	激励	激励过程不仅包括安全、经济动机，还包括生理动机，主要由恐吓和惩罚制度触发
	沟通	沟通过程为自上而下的信息流动，常被下属扭曲和怀疑
	操作模式	强大的等级制度；职位和头衔在组织文化中很重要
	最终结果	范式常应用于特殊和危机情况（军事行动）；特点是在困难的情况下取得短期结果；在可重复的大规模流程中可取得积极成果，是一种为员工所熟知的方法；常用于20世纪的工业革命
预测与控制	行动哲学	利用乐观预测和外部刺激，激发组织中的行动；组织根据系统2（行为模型）运作；基于等级依赖和自上而下的目标设定而设计的控制过程；竞争的规模被视为衡量短期成功的基本标准
	领导	对智商施加巨大压力；将Microsoft Excel作为组织管理流程的支持工具；任务型领导
	激励	激励过程包括奖励和承诺的奖品，同时存在惩罚和恐吓措施
	沟通	沟通过程为自上而下的信息流动（级联—多级沟通形式）；对自上而下传达的信息怀疑度低
	操作模式	组织中运营计划呈等级分布；工作岗位上有更大的行动自由；管理基于对KPI（关键绩效指标）的持续监控；管理模式非常注重实现既定目标；在没有业绩的情况下存在失去工作的危险
	最终结果	在稳定的商业环境中经常使用的范例；从长远角度进行评估；用于管理一组业务上独立的组织
高度自治	行动哲学	组织获得的绩效是个人和团队自主行动的衍生品；组织的力量在于组织的独立性、活动的透明度以及对优秀和成功达成了共识；有机的组织形式，可根据周围的商业环境表现出极大的灵活性；将竞争对手视为积极的挑战，以及取得长期成功的机会

续表

范式	领域	描述
高度自治	领导	基于智商和情商的领导力,是激励个人、管理心理状况和团队合作所必需的;领导者在组织中充当创造价值的"激励者";强势领导,风格视情况而定。采用关系方法执行既定的运营计划;营造合作、信任和安全导向的工作环境
	激励	各种参与组织运作的方式构成了激励过程;员工与经理有良好的互动
	沟通	信息在组织中可以自由流动,包括自下而上、自上而下以及水平流动;信息的失真度低
	操作模式	在整个组织内创造高透明度和共同意识;特定员工和团队在追求组织基本业务目标方面享有高度自主权;采用合作伙伴模式,落实与独立团队和专家的合作;组织中的任务通常在矩阵式的系统中完成;持续监控、监督和评估组织内实施的项目
	最终结果	在复杂且不确定的环境中,高适应力的自主团队网络可以比稳定且墨守成规的团队更好地运作。这种方法可使组织中的个人和团队更好地自我控制各项活动,并从中获得更高的融入感和自我满意度。有机的组织形式,较大的行动自主权,也使得他们可以更好、更快地适应频繁变化的商业环境。不过,组织的自主并不代表从环境中独立出去,而是指其行为、决策和一些情况下可以自主决定
整体方法	行动哲学	组织存在的意义是为了追求更高的目标,而不只是创造利润和竞争。因此,竞争和业务这两个词没有被赋予较大的权重。组织的力量在于组织的整体性,即如果只考虑特定的(选定)元素,就不可能了解所有的组成现象,并对其产生影响
	领导	领导者被迫将领导权转给团队,强烈的集体感仍然将他与团队联系在一起。领导者有勇气、谦逊且对他人和团体高度信任
	激励	团队精神是激励员工工作的因素,即为完成既定任务而共同努力。集体感将员工融合在一起,减少了压力和极端情绪
	沟通	信息在组织中自由地自下而上流动,通常是做出中心化决策的基础
	操作模式	高度平等的自组织团队;没有管理层会议;由特定员工实施项目,没有项目负责人的监督;透明的员工薪酬体系;利润平等分配
	最终结果	矛盾的是组织没有特别关注业务指标,却取得了良好的结果
数据库方法*	行动哲学	组织在基于数据的数字经济中运营。所取得的成果是数据收集、分析和处理技能的衍生品。典型的行为模式组织。组织结构明显扁平化,包括去中心化和虚拟化。技术创新以及不断变化的商品和服务决定了组织环境的瞬息万变。人员、机器、数据和流程的强势融合有利于信息的爆炸式增长,有利于组织理解客户的个性化需求
	领导	组织的灵活度与领导者的敏捷度直接相关;高度重视数字智能;将人工智能作为支持组织管理过程的工具;领导者需要具备概念能力、创造性思维和实验能力,需要具备管理人机团队的资格

续表

范式	领域	描述
数据库方法*	激励	通过为员工设定远大的目标、扩大自主权和进行实验来激励员工做专做精。对于未来的组织和管理,开发新的激励方式至关重要
	沟通	由于运用了人工智能,组织内的沟通方法较过去有了较大的进步(包括传输内容的准确性)
	操作模式	人机项目团队由领导者(串联者)管理;项目团队要高度自主地处理精确指定的任务;在数字经济中,自愿性和对组织的信任有利于虚拟结构的创建;由算法进行管理
	最终结果	组织的成功取决于利用已有数据资源的技能

注:* 表示本书作者提出的方法。

资料来源:笔者参考 Hartikainen 和 Virtanen 2019 年的研究编制而成。

案例 3.4　组织结构的虚拟化转变——耐克的"虚拟经营"

随着人工智能技术的迅猛发展,企业面临着运营管理方面的新挑战和新机遇。人工智能的广泛应用为运营管理生产、供应链、服务等多个领域带来了变革。其中一些关键方面的变革包括利用机器学习算法,企业可以更准确地预测产品或服务的需求,这有助于优化库存管理和生产计划,减少过剩和缺货的风险;通过实时分析大量数据,企业可以更迅速地识别市场趋势和消费者行为,从而做出更智能的决策;人工智能与物联网的结合使企业能够实时监控整个供应链,大数据分析可以提供关键性见解,帮助企业优化供应链效率,降低成本;利用智能合同和区块链技术,企业可以更好地追溯产品的来源,确保供应链的透明度和可靠性。

"虚拟经营"是指企业利用互联网和数字化技术,通过在线平台进行商务活动而不依赖传统的实体店面。这种商业模式允许企业与客户进行交易、推广产品和提供服务,一切在虚拟的环境中完成。耐克公司在生产经营上广泛采取虚拟经营策略,即耐克公司不生产任何产品,公司总部只是将设计图纸交给负责承包的生产厂家,让他们严格按图纸式样进行生产,然后贴上耐克的标签,再将产品通过公司的行销网络销售出去。因此公司总部的职能部门和人员相当精简,公司将所有人力、物力、财力都集中投入到产品的设计和市场营销中,大力培植公司的产品设计和市场营销能力。就这样,耐克公司不用一台生产设备，却缔造了一个遍及全球的体育用品王国。耐克公司所拥有的是非凡的品牌、卓越的设计能力、合理的市场定位以及广阔的营销网络，这使耐克公司极大提高了工作效率，降低了管理成本，并使公司始终保持活力，且没有了有形资产的束缚，耐克公司可以随时根据市场环境和公司战略的需要转换生产基地，虚拟结构的优势得到充分体现。

资料来源：
https://wenku.baidu.com/view/a77f87c3e309581b6bd97f19227916888486b933.html。

第三节 组织中的人工智能——实施阶段、资源评估、挑战

一、组织应用人工智能所面临的障碍及十大领先组织

企业家喜欢人工智能的原因有很多，其中最重要的一个原因是人工智能可使企业自动化并优化业务流程，包括那些越来越复杂的含有非结构化数据的流程。此外，人工智能还可用于打造新的个性化商品和商业模式，这一点加上其他一些要素构成了组织数字化成熟度的标志。所谓数字化成熟度，就是面对不断变化的数字环境，组织能够持续做出适应性的调整。

不过，人工智能在组织中的规划、组织和落地不仅需要管理层的责任心和决心，而且常常遇到许多障碍。这些障碍主要包括缺少对人工智能的明确定义，劳动力市场上缺少能够在人工智能环境下工作的人才，缺少必要的数据量以及操作人工智能技术的基础设施，管理人员过度担忧投资，缺乏人工智能治理框架，以及缺少来自其他组织和国家机构的有意义的支持。即便列出的这些障碍大大减慢了人工智能解决方案在组织中的落地速度，但挡不住组织采取持续行动的决心，也挡不住组织对重要问题的深入讨论。例如，如何在组织中采用基于人工智能的解决方案？这个问题的答案是多方面的，因为这是一个复杂的问题，不仅仅关乎技术本身，还要求形成人工智能的组织成为行业的领先者。

客观来说，当前在许多情况下，实施人工智能的仍然是富有的大型跨国公司，如谷歌、微软、亚马逊、汇丰银行（HSCB）、苹果、通用电气、宝马（BMW）、摩根大通（JP Morgan Chase）、中国工商银行（ICBC）和荷兰皇家壳牌（Royal Dutch Shell）等。这些组织决定实施人工智能的原因有三点：首先，有机会获得可持续的竞争优势；其次，相信自身业务存在新的发展潜力；最后，满足客户使用人工智能商品的期待。人工智能在世界范围内的蓬勃发展使得这项技术越来越容易获得，也为更多用户提供了低成本的选择。小型组织也会利用人工智能，因为小型组织更愿意主动接触人工智能技术。人工智能产业从这一发展中受益最大，因为在全球范围内，人工智能产业正处于动态发展中，而那些在人工智能领域取得领先地位的组织，无疑将成为全球竞争中的佼佼者（见表3-3）。

表3-3 人工智能领域世界十大领先组织

公司	运营和旗舰产品
AEye	AEye是一家致力于开发视觉算法、计算机软件和硬件的组织，其技术被用于自动驾驶车辆（无人驾驶）。AEye使用并开发了名为激光雷达（Light Detection and Ranking）的激光扫描技术，可获取车辆与人、其他车辆或动物之间的距离信息，同时将重点放在建筑物或植被等环境要素上
AIBrain	AIBrain是一家专注于为智能手机和机器人行业提供先进的人工智能解决方案的公司。AIBrain的主要宗旨是开发融合人类解决问题、学习和记忆能力的人工智能
阿尔法	AlphaSense是阿尔法公司专门为保险、金融、投资公司和银行等《财富》五百强企业设计的基于人工智能先进算法的一款搜索引擎。AlphaSense可帮助这些公司从证券交易所或企业搜索与收益、文件（目录）相关的信息。人工智能技术可以为不同的内容添加额外的关键字，以更准确地进行数据搜索
亚马逊	亚马逊是全球著名的在线零售巨头，由杰夫·贝佐斯于1994年创立，亚马逊致力于为个人和零售客户提供基于人工智能的产品和服务。例如，在亚马逊的旗舰产品中，亚马逊Echo产品实际上是一个与互联网相连的"智能"音箱，可语音控制，可以播放音乐、询问天气或在亚马逊的愿望列表中添加产品。此外，亚马逊Echo还可以连接任何支持蓝牙的音箱。Alexa SI负责该设备的运行，这是一种在云端运行的虚拟助理，亚马逊将其对标苹果公司的Siri智能个人系统

续表

公司	运营和旗舰产品
Anki	Anki 从事的是机器人领域发展最快的分支之一——消费机器人（玩具、教育设备、家用电器等）。Anki 不断开发旗舰产品，包括 Cozmo 机器人和 Anki OVERDRIVE 应用程序。Cozmo 机器人是最精密的机器人之一，属于消费类玩具，可通过眼睛的布局和发出的声音来展示它对环境及其构成元素的情感反应。Cozmo 机器人与《玩具总动员》等动画片中的玩具角色有着惊人的相似之处。而应用程序 Anki OVERDRIVE，目前被认为是全球最智能的赛车系统。实际上，Anki OVERDRIVE 是一款游戏，在游戏中，每辆车都是一个有意识的人工智能机器人，其"杀手"策略是你玩得越好，会变得越好
蓝河科技	作为 Deere&Co. 的子公司，蓝河科技（Blu River Tech）致力于结合人工智能与图像处理和分析技术（计算机视觉），开发智能农业技术（SFT）。蓝河的创新技术之一是 See&Spray 系统，该系统可识别单一植物，从而实现了仅对杂草施用除草剂（化学产品）。与传统方法相比，这种技术可使喷洒的化学品量减少 90%
Casetext	这是一家来自美国旧金山的公司，该公司开发了一款基于人工智能的法律类搜索引擎，专门用于识别、分析和查看法律文件。其数据库中包含 1000 多万份与法案、命令、条例和其他法律行为相关的文件。一项研究对比了律师在工作中常使用的一些平台，结果表明，使用 Casetext CARA A.I 的人在工作中有以下提升：首先，在工作上投入的时间减少了 25%；其次，进行较少的搜索，即可找到所需的文件；最后，在近 20% 的案件中，可以在该平台搜索到比其他平台上更合适的文件
CognitiveScale	这是一家为银行、保险、金融和投资业客服部门搭建人工智能应用程序的公司。此外，CognitiveScale 解决方案也被医疗行业用于患者管理服务。公司产品基于 Cortex 增强智能平台（一个供发展广义人工智能的专业人士日常使用的平台）进行设计
Clarifai	Clarifai 是一家注册于纽约的公司，主要从事人工智能业务。其旗舰产品是一个识别、过滤、搜索包含各种图像的大型数据库平台。该平台旨在确保在搜索的图像中找到相似之处
达闼科技	达闼科技（CloudMinds）是全球首家云端智能机器人运营商。公司主力产品 HARI 平台（人工智能机器人）可实时支持世界级运营商生产基于人工智能的机器人。换言之，达闼科技将机器（机器人）与人相结合，必要时允许人控制机器人

资料来源：笔者基于 2019 年 Patrizio 的文献所做的研究。

二、组织应用人工智能的实施阶段

考虑到上述限制,有意在组织中采用人工智能解决方案的管理者必须完成以下 15 项任务。

任务 1:了解人工智能。

任务 2:提问有关组织和人工智能运营的问题。

任务 3:识别人工智能可以帮助你解决的"薄弱环节"。

任务 4:识别人工智能实施产生的价值来源。

任务 5:识别组织中的关键流程。

任务 6:识别可应用人工智能的问题领域。

任务 7:建立由人工智能专家和专业人才组成的团队。

任务 8:对员工进行人工智能培训。

任务 9:为组织制定统一且长期的人工智能战略。

任务 10:核查组织拥有的数据的数量和质量。

任务 11:核查组织的可用技术。

任务 12:分阶段逐步实施人工智能。

任务 13:将人工智能应用于日常任务中。

任务 14:建立组织与商业生态系统的"联结"。

任务 15:始终遵循人工智能领域的道德准则。

事实上,上述任务只是尝试性针对人工智能的实施为组织提供一种分阶段的方法。为了确保正确性,必须以适当的顺序执行任务。对 15 项任务的详解如下。

(一)了解人工智能

在开始人工智能的"冒险"前,我们要了解人工智能在当代发展的可能性,包括数字化与人工智能变革的内涵与目的,相关技术与知识基础,推行人工智能技术的困难与应对方案(Giovanni Schiuma 等,2021)。事实上,与常见的想法相反,人工智能是一个在世界范围内发展了 70 多年的概念。因此,无论是在科学上还是在实践中,人工智能都可能取得了巨大的成就。有关人工智能的知识可以从不同渠道获得，包括互联网人工智能平台、在线课程、开源互联网图书馆，或者世界各国（尤其是高度发达国家）制定和发布的人工智能战略等。应特别关注人工智能工具（见第二章第二节），这些工具的动态发展促进了人工智能的全球普及。

（二）提问有关组织和人工智能运营的问题

在实施人工智能前，要试着提出一些关键问题并寻找答案，包括我们如何工作，我们的活动侧重什么，我们如何与客户或合作伙伴进行互动，我们的优势和劣势是什么，等等。要不断补充问题，包括我们针对人工智能在组织中的实际使用所做的关于人员、流程、操作、数据和技术的检视。

（三）识别人工智能可以帮助你解决的"薄弱环节"

接下来，管理者应尝试识别人工智能可以解决的"薄弱环节"。这些环节是人工智能应用的潜在领域，它可以为组织的商品或服务创造更多附加值。检视可以将人工智能用作工具的特定场景，在支持、改善或解决业务问题的同时，还能够创造附加值。需要注意的是，不同企业所处的行业、内外部环境、愿景和目标是不一样的，希望通过数字化转型达成的目标，即在数字经济下理想的新商业模式也大相径庭，因此人工智能解决方案的使用机会始终取决于特定行业的具体性质。"认识你自己"这句刻在希腊圣城德尔菲神殿上的著名箴言不仅适用于个人，也是企业在数字化转型前应该对自己提的问题，在数字化转型以及应用人工智能相关技术的过程中，企业只有充分了解自身的需求、企业规模、组织架构、人员结构、业务内容以及在市场中的定位，才能更好地通过数字化转型及人工智能技术的应用为自己赋能（李平，竺家哲，周是今，2019）。

（四）识别人工智能实施产生的价值来源

人工智能可以在许多业务领域创造价值，因此，要彻底地检视所有领域。利用人工智能创造的价值，组织可以更好地预测需求，更有效地管理库存，更快地降低运营成本，增加收入，从而提高利润。因此，组织所提供的产品和服务可以更好地适配消费者的区位、口味和偏好。高度的个性化有助于收获更高的用户忠诚度，同时也要注意，完成这项任务要始终着眼于将商业理念和计划与实现特定价值的可能性相结合。专注于护肤品的OLAY公司创立于20世纪50年代，为了在激烈竞争的护肤市场中占有一席之地，OLAY开发了基于人工智能的OLAY SKIN ID肌肤定制系统，使用者只需要上传一张清晰的正面照片，人工智能便可以自动分析使用者的皮肤状况和问题，然后在OLAY的产品中寻找到最适合使用者皮肤状况的产品，并定制使用方法，以提供个性化的服务和产品，使每个顾客都可以购买到适合自己的产品。OLAY通过将智能测肤系统与"大V"营销、明星代言相结合，不仅成功撬动粉丝热度变现强大购买力，也让活动话题形成裂变式传播。

（五）识别组织中的关键流程

识别组织中的核心业务流程主要是为了寻找尚未完成自动化的流程实现自动化的机会，这一步对人工智能的最终落地至关重要。数字经济及其进步会给组织带来越来越大的压力，要求其迅速且高效地执行所有流程。

（六）识别可应用人工智能的问题领域

组织中的问题领域会造成组织内部和外部环境的某些异常。因此，必须彻底认清这些问题，然后分析它们对实现组织目标造成的挑战，有针对性地选择相应的人工智能解决方案。

（七）建立由人工智能专家和专业人才组成的团队

建立一个由人工智能专家和专业人才组成的团队，是想要实施人工智能技术的组织所面临的关键挑战之一。这一领域存在的教育缺口问题导致组织不能只注重外部招聘，因为这样做往往成本高且风险大。此外，劳动力市场对人工智能专家的需求明显超过了供给。且数据表明，这种情况还将持续多年。出于这个原因，组织还必须重视员工的教育和培训。应该由熟知人工智能及其组成元素的专家进行培训，因为他们清楚人工智能在特定条件下能为组织做什么以及不能做什么。通过积累人工智能知识，管理者能够更有效地制订未来规划。内部对员工的培训,虽然不能取代专业教育和专家经验,但可以有效缓解由专家不足引发的问题。此外,从长期来看,内部人工智能培训对员工也具有吸引力,尤其是站在员工个人发展和职业忠诚度的角度。

案例 3.5　人工智能人才培养——微软新一代认证体系

为了解决人工智能领域人才缺乏的问题,早在 2016 年,微软首发了与美国哈佛大学等知名学府合作开发的高端技术能力认证——微软新一代认证体系。该认证体系主要包括五种认证:①角色基础认证(role-based certifications)。微软在认证方面已经转向角色基础认证,这意味着认证考试更加专注于特定的角色和职责。例如,Azure 中有许多与云解决方案架构师、开发人员、管理员等相关的角色认证。② Azure 认证。微软的云服务平台 Azure 有一系列专注于云计算和解决方案的认证,包括 Azure 基础认证、Azure 开发者认证、Azure 解决方案架构师认证等。③ Microsoft 365 认证。与 Microsoft 365 服务相关的认证,包括 Microsoft 365 认证和 Microsoft 365 企业管理员认证等。④数据和人工智能认证。针对数据和人工智能领域,微软提供了与数据工程、人工智能工程师等相关的认证。⑤开发者认证。针对软件开发人员,微软提供了与开发相关的一系列认证,包括 Azure 开发者、ASP.NET 开发者等。

该计划面向致力于将来成为计算机科学领域专业技术人员的在校大学生及具有一定专业技术经验的人员,通过在线培训平台和线下实训课程,构建完整的大数据人才培训体系。2018 年,微软公司宣布了向公众免费开放、用于内部培训的人工智能学习项目(Professional Program for Artificial Intelligence)。此学习项目是微软内部人工智能教育计划的产物,已经有超过 1200 名员工通过线下和线上学习了课程。人工智能学员的规模再次反映了公司对填补人工智能人才空白的渴望,以及在大趋势下员工个人职业生涯规划的新需求。

资料来源:(1)微软专业认证计划顺应未来趋势,构建人工智能和大数据人才体系 [Z]. http://www.360doc.com/content/18/0427/21/36961118_749277124.shtml.
(2)一米方见文化. 微软建了个内部 AI 大学,避免去大学挖教授 [Z]. https://zhuanlan.zhihu.com/p/31899524.
(3)大数据文摘. 微软开放内部 AI 系列培训课程:10 大技能,edX 可免费注册 [Z]. https://www.toutiao.com/article/6552749409673675268/.

（八）对员工进行人工智能培训

组织为员工规划的人工智能培训课程应认真进行准备，并且要明确主题领域、目标群体以及课程目标。尤其是要考虑培训所面向的人员层次：是面向全员、初学者、高级管理层，还是对人工智能感兴趣的管理者。通过系统性培训使员工不断调整自己，具备能够适应数字化、自动化转型以及智能机器人应用的软技能与领导技能（Frankiewicz et al., 2020；Rangraz et al., 2021）。

（九）为组织制定统一且长期的人工智能战略

在组织实施人工智能解决方案之前，必须制定正确的战略。对于任何想要为企业争取人工智能组织称号的管理层来说，制定战略都是其必须面对的重要任务。人工智能战略必须向所有利益相关者告知组织前进的方向。此外，人工智能战略还必须阐明与其他人工智能驱动的实体进行创新性合作所需具备的能力。不过，制定人工智能战略要求管理者深入了解这项技术，尤其是它的能力和"天然"局限性。此外，还有必要制定一套标准和决策规则，指导人工智能环境下组织的运作和发展。在实践中，这意味着人工智能的实施需要制定战略性方法，设定宏观和微观目标，确定关键绩效指标，并跟踪人工智能的投资和回报。缺乏清晰的战略和适当的方法可能使组织内人工智能的实施变得复杂化，在许多情况下还会阻碍人工智能的有效实施。

（十）核查组织拥有的数据的数量和质量

为了最大限度提高组织实施人工智能所产生的效益，管理层不仅要调整人员和流程策略，还要改变数据策略。从人工智能的角度来看，数据要想有价值，不仅要有可靠的来源，而且要有较好的质量，即必须是最新的、一致的以及结构化的（有序的）数据。因此，组织的管理层应努力识别和整合高质量的数据集，然后才可以应用于销售、生产、客户关系和财务管理系统。沃尔玛是数据整合的典型。沃尔玛在美国的数据提取量非常大，持续追踪的人数达到了1.45亿人，大约是美国60%成年人的数据。同时沃尔玛还会从社交媒体中提取相关数据，并应用BP级的数据分析将原有的CRM营销转变为预测分析，用于客户沟通和内部流程方面的优化，有效优化了供应链管理，提升了结账效率，并优化了货架陈列布局。

（十一）核查组织的可用技术

想要确保人工智能在组织中成功落地，必须密切关注组织目前使用的技术，具体来说，需要核查自动化的任务、服务、流程数量，它们属于什么类型（简单或复杂），属于组织的哪些领域，应用了哪些技术。我们需要知道，高度的自动化有利于人工智能环境在组织中落地生根，反之亦然。

（十二）分阶段逐步实施人工智能

组织应该分阶段实施人工智能，稳中求进。在这个充满压力的快节奏时代，省略任何实施阶段都可能导致组织无法实施人工智能，同时遭受损失。与按部就班、系统地贯彻人工智能实施战略的公司相比，冒进的做法可能降低组织在市场上的竞争优势。因此，组织中的管理者应全盘规划和分析各个实施阶段。

（十三）将人工智能应用于日常任务中

由于许多人不信任人工智能，担心人工智能可能夺走他们的工作，因此他们不愿意参与人工智能相关的活动。改变员工对人工智能解决方案的态度的一个好方法是让他们逐渐熟悉人工智能在日常工作中可以为他们带来的好处。如果人工智能技术变成了常规工具，他们就不再将其视为"不速之客"。因此，组织中的管理者应该努力确保人工智能被员工视为一种有用的工具，是对他们工作的必要补充。

（十四）建立组织与商业生态系统的"联结"

缺少专业人才、专家、知识和方向，这些都是今天负责实施人工智能技术的组织管理者所面临的问题，这些问题增加了人工智能实施的难度。想要克服这些困难，组织管理者应争取与商业生态系统建立联系。这种基于创新和共同进化的独特合作和伙伴关系网络是一个很好的平台，可以促进特定组织中人工智能实施的进展。事实上，商业生态系统的优势在于参与的利益相关者可以直接交流知识和经验。

（十五）始终遵循人工智能领域的道德准则

在组织中采用基于人工智能技术的解决方案时，应该遵循一定的道德准则。组织所遵循的管理模式及其所倡导的价值观绝不可与人工智能概念相冲突。因此，与人工智能合作的团队应尊重团队成员的自由、隐私。出于这个原因，组织应制定道德行为准则来指导有人工智能参与的任务。

对于组织中的管理者，上述任务为人工智能在组织中的实施提供了一个独特的路线图。即便这些任务并未详尽罗列出所有的必要行动，也无疑占了很大的一部分。此外，每个组织都是不同的（有不同的管理模式和不同的价值观），因此每个组织在推进人工智能的过程中应以不同的方式进行。不过，无论组织的规模还是性质，有些问题万变不离其宗，尤其是在人力资源和大数据资源方面。因此，在组织中实施人工智能之前，应该对其可利用的资源和可能性进行深入分析。

第四节 人工智能组织——管理领域的一种新型组织

基于人工智能的解决方案几乎无处不在。今天，人工智能已经可以在很多方面帮助我们做出决定或判断——从发放银行贷款，到预测一个人的健康或寿命。因此，人工智能的发展所引发的革命从根本上改变了我们的生活节奏和生活方式，以及我们的生活质量和价值观念。除了对人的影响，人工智能带来的转变还影响了其他方面，包括社会、文化、国际、法律和经济。在此背景下，组织环境中发生的转变同样十分重要，组织早期的管理模式正逐渐被新的、后现代管理模式取代。这意味着人工智能对所有参与企业管理的人都会产生广泛而深刻的影响。组织也呈现了新的形态和特征。在人工智能的推动下，有越来越多的组织称自己为基于人工智能的组织或人工智能组织。[1]

---

[1] 在一些专门论述人工智能或工业 4.0 的出版物中，我们也可以看到"未来组织"一词。

一、人工智能组织的定义

从定义的角度来看，集中精力投入研发，专注于打造基于机器学习解决方案的产品，且以此为主要收入的公司可称为人工智能组织（Lorenz and Saslow，2019）。事实上，目前很少有专著对人工智能组织进行定义，上面的定义是我们在专门研究人工智能的出版物中遇到的为数不多的定义之一。鉴于这一事实，笔者决定提出自己的定义，以解释这一术语的本质。以提供的服务范围为标准，我们可以将人工智能组织定义为基于人工智能、物联网、机器学习、业务流程自动化、移动应用程序开发、数据集分析、计算云和区块链等技术，为客户提供解决方案的组织。从综合的意义上讲，人工智能组织可以定义为在日常工作中使用认知（学习）技术的市场实体，他们利用人工智能、机器学习、机器人技术，扩展和增强人类智能，进而为组织发现新的商业机会。从功能的角度来看，人工智能组织应被视为专注于销售基于人工智能技术的产品和服务的商业运营机构。从概念的角度来看，人工智能组织可被定义为拥有精心设计的人机工作环境，利用基本的认知工具和数据资源来实现其目标，进而构建新的产品和商业模式的计划项目。以上提出的定义有一个共同特点，即以不同的方式论述了人机协同创新的优势。除此之外，每个人工智能组织都将数据采集视为一项战略目标，其本质是与数字机器合作，提高组织中人类智力的水平（包括人类效率）。

> 案例 3.6 人工智能组织 OpenAI

OpenAI（开放人工智能）是一个总部位于美国加利福尼亚州的人工智能研究实验室，成立于 2015 年。OpenAI 是由埃隆·马斯克（Elon Musk）、萨姆·阿尔曼（Sam Altman）、彼得·泰尔（Peter Thiel）、格雷格·布洛克曼（Greg Brockman）等一群科技领域的企业家和研究人员发起成立。OpenAI 致力于在人工智能领域进行前沿的研究和开发，主要关注强化学习、深度学习、自然语言处理等领域。OpenAI 的研究成果中，引人注目的是 GPT（Generative Pre-trained Transformer）系列模型，其中包括知名的 GPT-3。OpenAI 通过明确的原则和政策，强调了对潜在风险的关注，并承诺在人工智能的发展过程中考虑安全性和社会责任。同时OpenAI与其他研究机构、大学以及产业界建立合作伙伴关系，以共同推动人工智能领域的创新和发展。OpenAI的研究和项目在人工智能领域引起广泛关注，其开放的研究理念和对伦理问题的关注使其成为人工智能领域的重要参与者。

二、人工智能组织的类型

考虑到上述定义和人工智能组织获取基本数据信息的条件（数据是算法提供解决方案的必要条件），洛伦兹和萨斯洛将人工智能组织划分为三种基本类型。

- 发展初期（早期阶段）的人工智能组织。
- 基于人工智能领域特定应用的人工智能组织。
- 人工智能平台。

这些组织之间的差异主要是由获取人工智能主要组件的能力造成的，如数据、软件、计算机硬件和人力资源潜力[①]，及其结合应用的可能性。然而，人机协同的实现有赖金融资本和专家的技术支持等。

（一）发展初期（早期阶段）的人工智能组织

对于处于发展初期（通常处于基础阶段）的人工智能组织来说，其特点是数字化程度低，只具备基本的分析能力，只能使用基本算法的机器学习技术来完成任务和实现想法，同时有形和无形的资本水平较低。在这个层面上，人工智能组织正积极寻找人工智能领域的人才，以数据驱动组织的发展，探索与人工智能相关的知识，以便将人工智能付诸实践。这类组织通过与科学机构、研发网络、大学院校进行密切合作来扩充自己的知识。在实践中，处于初始发展阶段的人工智能组织通常以初创组织的形式发展。对这类组织而言，关键是扩大对后续数据集的获取途径，这是进一步发展的必要条件。这类组织还需要有管理人员的长期监督，因为其在创新领域的发展会影

---

① 在未来，预计这些组件可能由湿件（wetware）或化学件（chemware）来补充。

响资本吸引的水平,在向更成熟的人工智能组织转型的过程中,这一点必不可少。

(二)基于人工智能领域特定应用的人工智能组织

基于领域的人工智能组织和人工智能应用体现了人工智能领域更高的技术精密度。虽然这些组织具有人工智能组织在发展初期的大多数特征,但它们还有一些其他特点。第一,这些组织已经开展了较长时间的研发活动,已利用人工智能技术和机器学习技术打造出自己的产品和服务。凭借研发的解决方案,这些组织获得了较高的收益流。第二,这些组织展现了更高的数据文化,其数据质量高、有组织、分类明确,而且指向了特定行业的知识资源。第三,人工智能技术被引入组织的许多战略举措和项目中,旨在促进工作效率的提高以及新方法和新商业模式的创建(Middleton et al.,2019)。第四,这类组织正在积极寻求与各个经济部门的利益相关者结成研究伙伴关系,共同开展合资项目。第五,管理人员高度重视人工智能人才和专家的招聘。第六,洛伦兹和萨斯洛认为,为了达到进一步扩充专业知识的目的,人工智能组织每天都以先进的方式使用人工智能技术和机器学习技术,且愿意接受其他"有能力"的实体。

(三)人工智能平台

人工智能组织的最后一种类型是人工智能平台。从自我发展和人工智能技术的角度来看,这些组织均经历了文化转型。这些组织拥有高算力的设备,能够快速收集、处理和存储大型数据。此外,这类组织还拥有大量可供开发智能应用程序的工具。正是智能决策算法与数据的结合,人工智能平台产生了新的商业模式和解决方案,这些模式和解决方案后来以成品或服务的形式进入市场。

作为组织,人工智能平台也是创新生态系统(见图3-3)的一个关键要素。这一生态系统为新创意和新项目向实际产品的转化提供了条件,并在此过程中创造了新的价值。由于系统内部的任何企业都无法掌握人工智能创新发展的全部技术与资源,因此人工智能创新生态系统的演化有赖成员之间的紧密协同合作，从而在技术发展、战略布局以及核心业务方面形成优势互补（孙丽文和李少帅，2022），相互支持，共同践行目标、使命、愿景和价值观，进而发挥出巨大力量。人工智能平台区别于其他组织的一个重要特征是为了照顾创新基地的安全性，它们创建了自己的（内部）研发中心，值得一提的有谷歌大脑（Google Brain）、脸书人工智能研究院（Facebook AI Research）、百度研究院（Baidu Research）和阿里巴巴达摩院（Alibaba Damo）（Lorenz and Saslow，2019）。

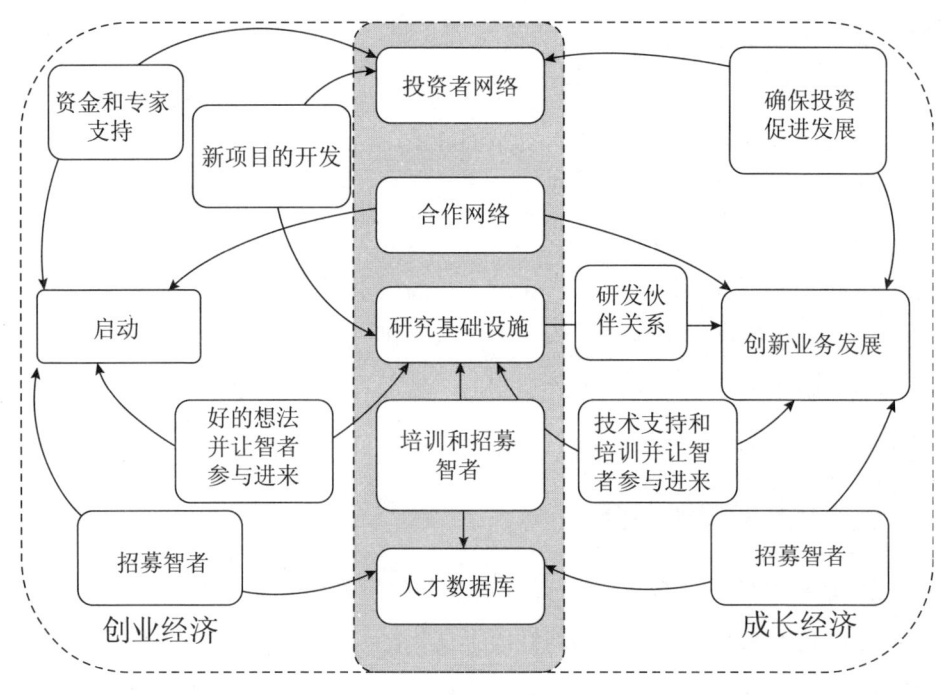

图 3-3　创新生态系统图解示例

资料来源：Morrison，2016。

三、人工智能组织的基本特征

尽管上述类型的人工智能组织在增长水平、关键人工智能要素的获取能力、采用的发展战略模式以及获取大量精确数据的潜力方面各不相同，但是在洛伦兹和萨斯洛看来，有两个共同特征让它们有资格被归为人工智能组织。一是这些组织大力开展研发领域的运营和合作，且注重研究机构、大学院校和其他研究中心的参与。二是这些组织的收入来源主要通过销售自己的人工智能产品和服务获得。此外，在人工智能组织的共同特征中，还要补充一条，即这些组织创建了由多学科团队组成的组织架构。

事实上，人工智能的发展催生了一系列多维任务和项目，传统的组织结构设计方法已经无法适应这个基于算法、数字化的世界所发生的变化。虽然人工智能技术越来越容易获得，价格也逐步降低，但人工智能组织仍需投入大量资金才能继续在这个市场上发展。国际数据公司（IDC）[①]的分析师认为，到2021年，各组织在人工智能和机器学习上的投入达到近600亿美元。毫无疑问，这些资金的很大一部分将用于员工培训。尤其是在机器人和编程工具的熟练使用方面，人才短缺问题十分严重，因此拥有这类技能的专业人才目前是全球劳动力市场上最受欢迎的员工。至少在2029年之前，人工智能对组织和社会的影响和挑战会越来越多，科尔尼（Kelner）和科斯塔迪诺夫（Kostadinov）（2019）认为，主要有以下几项挑战。

- 人工智能的进一步普及，将导致各个行业价值链的转变，并将加快组织间创新和创造性变革的步伐。
- 需要改变现有的商业模式。新的模式将更加注重新的能力，这是组织在市场上取得竞争地位所必需的。
- 社会的利益和风险，包括医疗的转型，产品和服务获取途径的增多，工业和农业生产力的提升，自动化程度的提高。同时，它也可能加剧国家和社会之间的不平等，引发更多的管控和冲突，并伴随致命性自主武器系统（LAWS）[②]的出现等。

---

① IDC 是全球领先的市场数据、咨询服务以及 ICT 服务市场活动供应商。该组织在全球 110 多个国家开展业务。更多信息请参阅 www.IDC.com。
② 想了解更多信息请参见 Lele, A, Debating Lethal Autonomous Weapon Systems（论致命自主武器系统），《国防研究杂志》（*Journal of Defence Studies*）2019 年第 1 期，第 51—70 页。

第五节　数据是人工智能时代组织的战略资源

一、大数据：海量且优质的数据

开放数据经济是全球经济继资源型经济或知识型经济之后的下一个发展阶段。与之前不同的是，目前在经济中被视为最重要的不是自然资源（土地和矿产）、有形资源（资本）或人力资源（员工），而是与数据收集相关的资源。[①] 与数据收集相关的资源为现代制造业结构的塑造和全球社会经济进步提供了要素支撑。此外，与数据收集相关的资源几何式的增长速度不仅为小型组织和群体带来了变革，也给大型公司和国家带来了变革。开放数据经济作为数字化发展的第四阶段[②]，正以惊人的速度发展。例如，2002年全球互联网流量为每秒约100GB，2017年则为每秒46 000GB（Sirimanne et al.，2019）。站在宏观经济和微观经济的角度，对经济和组织的发展来说，重要的不是数据量，而是数据质量，企业不仅需要具备快速收集大量实时数据的能力，而且要能够对实时数据及时进行处理、分析，将其转化为经营决策（戚聿东和肖旭，2020），因此需要对数据的可用性、正确性、完整性、一致性和实时性进行考察与评价。数据的处理和应用与数据的类型息息相关。因此，我们需要知道组织使用的数据类型。数据类型主要有以下几种。

- 私有的或公共的。
- 公开的或保密的。
- 业务的或战略的。
- 个性化的或一般性的。
- 敏感的或不敏感的。
- 普通个人数据或特殊类别的个人数据。

若缺乏对这方面的了解，可能导致组织面临以下风险。

[①] 通常（特别是在专业文献中）大规模数据存储被称为数据湖（data lake）。数据湖既适用于结构化数据，也适用于半结构化和非结构化数据。

[②] 更多信息请参阅 https://www.gov.pl/web/cyfryzacja/industry。

- 面临做出错误决策的风险。
- 面临在利益相关者中失去信誉的风险。
- 面临承担法律责任的风险。
- 面临未来有收益损失的风险。
- 提供的产品或服务有对个人的健康和生命构成威胁的风险。
- 面临实施不道德行为的风险。

案例3.7 大数据的力量——亚马逊数字驱动运营模式

亚马逊是一家数字化程度极高的企业,它不断创新、优化运营,并且充分利用数据和技术来实现高效、智能的业务模式。其中诸多实例展示了如何通过数字化驱动运营,在商业竞争中保持领先地位并提供优质的服务。

首先,基于个性化推荐系统,亚马逊使用先进的机器学习算法和数据分析技术,根据用户的历史购买、浏览行为以及相似用户的偏好,为每个用户提供个性化的产品推荐。这种推荐系统不仅提高了销售转化率,还增强了客户体验。其次,在实时库存管理和供应链优化方面,亚马逊通过大数据和实时分析来管理其全球范围内的库存。利用先进的预测模型和实时数据,预测产品需求,优化供应链管理,以避免缺货或库存过剩的情况,并提高交付速度和准确性。同时,亚马逊大规模采用机器人和自动化技术来优化仓库管理和订单处理,使用机器人来加速货物搬运和整理,提高了仓库运营效率。最后,亚马逊在各个业务层面以数据驱动决策。无论是市场营销、产品设计、库存管理还是客户服务,亚马逊都依赖大数据分析和预测模型来做出更明智的决策。在智能客服和自动化解决方案方面,亚马逊采用自然语言处理和Alexa智能助手、自动化的在线客服系统等人工智能技术来提供智能客服解决方案,以提高客户支持效率和质量。

二、数据之于组织的价值

(一)创造机会及附加价值

上述所有这些都导致数据量对组织的影响越来越大(包括积极和消极影响),更重要的是,全球(市场上)的数据量只增不减。我们更多面对的是数据的增殖,而不仅仅是复制。从数据中创造数据不再是一种罕见的做法,而是许多以数据为核心业务的组织的日常工作。不过,这里应该强调的是,目前被人工智能组织视为宝贵资产的数据对组织来说并不是什么新鲜事物,因为它们已经伴随了组织很长时间。一个新颖之处在于数据源自新的端点,如物联网(IoT)设备,这增加了可用数据的数量(Opher等,2016)。因此,合理使用数据可以帮助组织大幅降低业务成本,也可以创造新的机会并带来附加价值,例如,产生新创意以及建立新的市场竞争优势(见表3-4)。

表3-4 利用物联网设备的数据在组织中减少成本和创造价值的示例

利用物联网数据降低组织成本	利用物联网数据在组织中实现价值
通过实施自动化、提高可视性和及早分析识别不规则(异常)数据来提高员工效率	通过利用销售组织的数据或授权分类法,有可能实现数据货币化
利用生产车间和车辆传感器的数据,可提高供应链效率,也可消除人员的不必要活动,优化运输路线	通过分析已购产品的数据,可改善(处理)现有产品和服务
由于设备、人员和位置数据的同步,安全性得到提高	识别现有产品和服务的新应用程序和软件
通过使用嵌入式传感器中的数据进行故障分析和故障风险水平分析(如参数分析、退化分析),限制生产和设计缺陷	现有产品的溢价正在增长,新产品通过同化过程中的数据推向市场
建筑优化不仅降低了能耗,也降低了维护和管理成本。总的来说,建筑的优化对组织资产的管理有益	利用新数据和广泛的分析改善了产品植入、店铺布局、营销和消费者的总体印象
由于监测设备的使用,资源的使用相应得到改善。制造传感器的应用降低了维护成本、使用资源的成本,减少了生产过程中的故障、缺陷或停机时间	数据得到充分收集,使服务按使用付费成为可能

资料来源:Opher等,2016。

（二）推动组织生态系统网络构建

需要注意的是，我们在讨论数据为组织带来的价值时，不仅关注其在创造新产品和服务方面的潜力，还应考虑其在启动独特解决方案方面的作用，如创建生态系统网络。在实践中，生态系统网络通过许多实体（利益相关者）和物品（设备、机器）的密切合作得以建立，这些实体和物品通过信息交流和有效利用现有资源的系统，在生态系统内的合作伙伴之间创建了深度整合的网络。甘斯基（Gansky，2010）认为，组织要创建一个稳定且积极运作的生态系统网络，需要整合以下五个关键要素（见图3-4）。

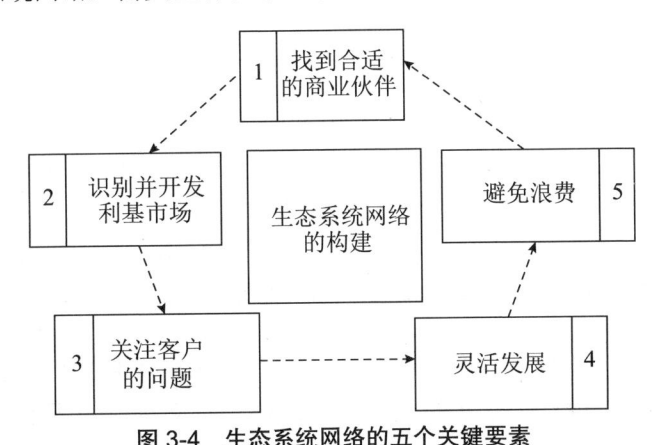

图3-4　生态系统网络的五个关键要素

资料来源：商业新闻出版社，2014年。

- 找到合适的商业伙伴。网状生态系统的特征之一是按照共享决策和共享管理的原则来运作。这意味着整个网络不是由一个人管理，而是由许多人管理。因此，这样一个生态系统网络中的合作伙伴之所以能够取得成功，很大程度上是因为它们具备沟通、知识共享、协作和任务协调能力。此外，还有必要整合IT系统，以确保创建系统网络的所有合作伙伴在信息获取上享有平等的地位，为打造新产品、提供创新服务和制定共同发展战略奠定基础。
- 识别并开发利基市场。重点在于识别客户的品位并准确定位客户的需求。事实上，在创造额外收入和价值以及满足客户复杂需求方面，市场利基都展现出了巨大的潜力。
- 关注客户的问题。生态系统网络的理念是考虑服务客户的方方面面，解决客户的日常问题或顾虑。
- 灵活发展。实际上，这是组织和伙伴合作网络未来发展的关键因素。换言之，我们不能建立一个不灵活且难以适应动态变化的环境、顾客品位和当前潮流的生态系统网络。生态系统网络提供的解决方案应该具有独创性、个体性和广阔的发展前景。
- 避免浪费。不仅要减少浪费的数量，还要摒弃任何经济上的非理性、可导致资源无效使用（包括有限和无限的资源）的行为。更重要的是，生态系统网络的一个内在特征是通过网络监督避免管理不善的问题。

不仅是上述网状生态系统，所有（与不同部门相关的）生态系统都将有助于推动数据经济的发展，同时有助于建立新的合作商业模式。此外，通过合作生态系统，组织将更好地获取新的想法和数据。在实践中，这意味着组织必须提升使用这些资源的能力。根据规模的不同，甚至可能需要重组企业的组织结构，以便更好地适应不断变化的环境。

（三）激活数据价值的基础：数据处理与分析

考虑到上述情况，应该指出的是，要想在人工智能时代取得成功，在执行特定任务、项目和落实想法的每个阶段，都必须对组织所拥有和管理的数据进行适当的处理。组织对数据的恰当处理与以下几个阶段密切相关（见图3-5）。

- 数据采集。
- 获取数据。
- 数据存储。
- 数据验证。
- 数据标准化。
- 数据可视化。

在这里，我们有必要再次强调：重要的不是数据数量，而是数据质量和其对组织的价值。因此，适当的数据处理有助于保证数据质量，而这一质量还可以间接理解为数据在以下方面的优势：技术和社会创新、创造新市场利基和现代商业解决方案的提出。

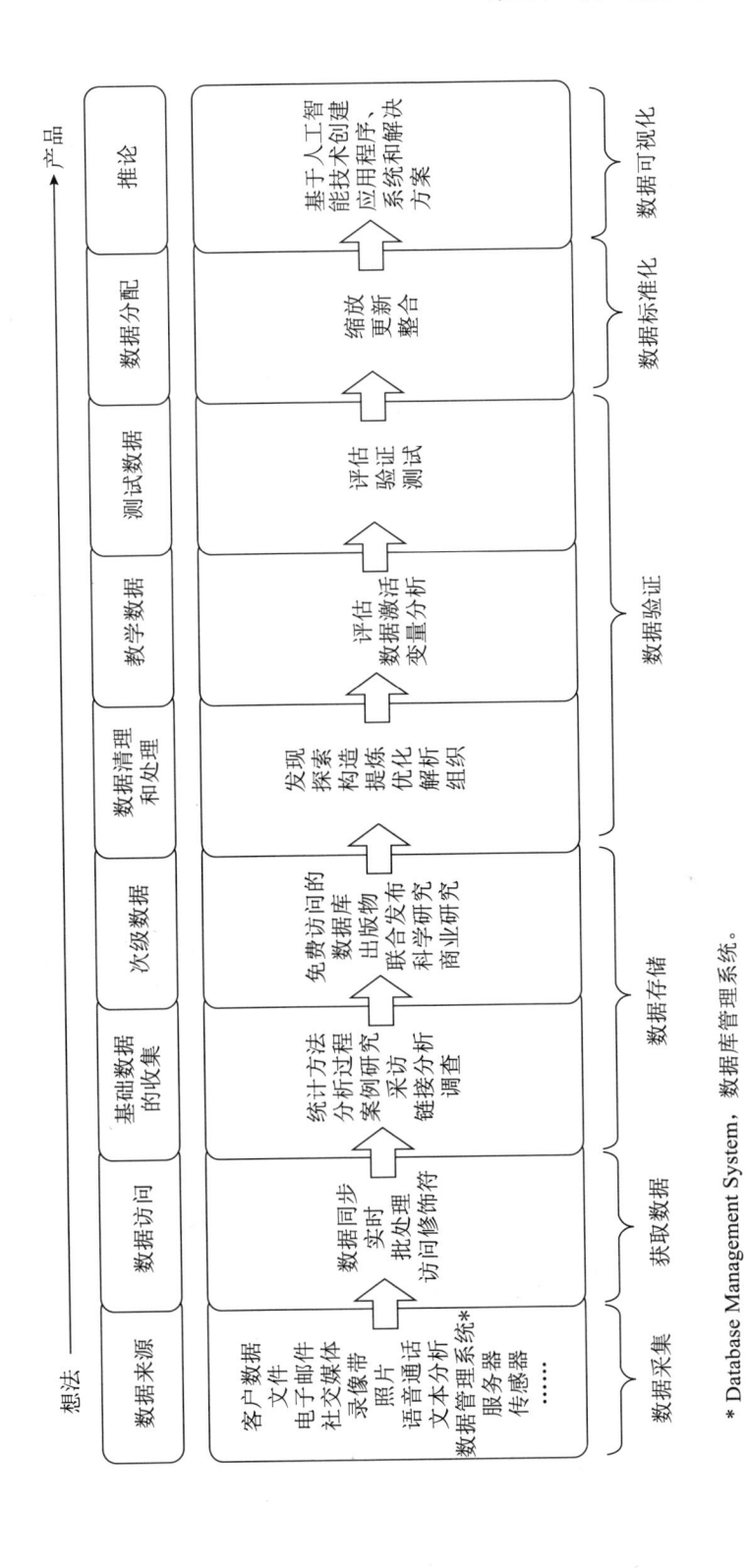

图 3-5　人工智能组织中的数据处理模式

* Database Management System，数据库管理系统。

资料来源：笔者编写。

三、数据为何重要

考虑到人工智能时代组织所展现出的上述数据处理方式，人们可能会问："为什么数据对组织如此重要？"寻找这个问题的答案似乎比乍看起来要复杂得多，这主要是因为数据的多面性和对组织的重要性。

第一，应该注意到，我们生活在数据驱动的经济时代，这基本上是世界经济发展的下一个阶段。在实践中，这意味着各个国家和组织将成为数据在整体和具体层面的主要制造者，产生的数据可作为生产和开发人工智能工具的基础资源。第二，今天的组织将数据视为创建业务流程和发展战略的基本要素。第三，不同来源的数据相互渗透、相互补充，成为各个实体宝贵的资产，如果使用得当，可用于建立市场竞争优势。第四，数据（尤其是非结构化数据）易于获取且成本低。第五，数据的使用价值集中在组织的员工身上，他们通过使用商业智能应用程序等，能够执行复杂的数据分析，为组织做出运营和战略决策提供数据基础。第六，完整的数据可使管理层了解组织的整体状况，同时突出组织的优势和劣势。第七，数据可使组织不断改进产品和服务，并通过这种方式提高客户满意度，提升销售利润率，巩固公司的市场地位。如巴黎卡诗推出的头皮发质多功能智能检测仪，可以根据三种不同光源和角度拍摄头皮和头发的清晰画面，将硬件、软件与人工智能算法有机结合，精准分析发质情况，生成专业化、个性化的报告，为消费者提供专业的头发护理方案和建议，并基于巨大的样本数据量以及人工智能的自主学习功能，不断提升检测仪的精准性，实现1.0版本到2.0版本的产品持续迭代更新。第八，利用组织所掌握的数据可分析当前和历史事实，以便做出预测（见第二章第五节"预测算法"）。第九，数据是基本要素，组织的利益相关者可通过数据对团队的工作和整个组织的运作进行评估。第十，数据是优化组织内部流程的关键。在实践中，由于流程测量的增加和数据自动化水平的提高，组织可详细掌握流程的进展和运作情况，进而也就可以利用预测分析建立过程模型。

最后要指出的是，尽管产生了大量数据，数据的处理方式逐步实现了标准化，且人工智能组织越来越关注数据，但全球范围内的数据利用程度较低。这意味着特定的国家和组织会加大数据竞争，同时参与一场定义数据经济未来范式的比赛（见表3-5）。

表 3-5　2020 年最佳商业智能（BI）应用比较

BI 功能	Sisense	Zoho Analytics	Looker	Adaptive Insights	WebFOCUS	ClicData	Board	Dundas BI	Hubble	TapClicks
原产国（a）	IL	US	US	US	US	US	CH	CA	US	US
即时分析	√	√	√	√	√	×	√	√	√	×
即时查询	√	√	√	√	√	×	√	√	√	×
即时报告	√	√	√	√	√	√	√	√	√	√
基准分析	√	×	√	√	√	×	√	√	×	×
预算和预测	√	√	√	√	√	√	√	√	√	√
记分板	√	√	√	√	√	√	√	√	√	√
数据分析	√	√	√	√	√	√	√	√	√	×
数据可视化	√	√	√	√	√	√	√	√	√	√
关键绩效指标	√	×	×	√	√	√	√	√	×	×
联机分析处理	√	√	√	√	√	×	√	√	√	×
性价比	×	√	√	√	√	√	√	√	√	×
预测分析	√	√	√	√	√	√	√	√	√	×
盈利能力分析	√	×	√	√	√	√	√	√	√	×
战略规划	√	√	√	√	√	√	√	√	√	×
趋势/问题指标	√	√	√	√	√	√	√	√	√	×

注：IL 表示以色列，US 表示美国，CH 表示瑞士，CA 表示加拿大。
资料来源：softwareworld.co.

案例 3.8 数据储备助力数字化转型——贝壳找房数字化平台

数据储备在数字化转型中扮演着关键角色，为企业提供支持、洞察和创新能力。丰富的数据储备是组织数字化转型的坚实基础，贝壳找房即是从母体链家积累的数据中蜕变而来的数字化平台。自 2008 年起，链家依托全国 30 个城市门店积累的丰富数据，运用住宅户型图、地理位置、周边配套基础设施信息等多维信息定义房源，形成"楼盘字典"，并通过构建混合云架构等方式升级数据整合与处理能力。2018 年，贝壳找房上线，借助楼盘字典中积累的大量真实房源数据开发了 VR（虚拟现实）看房功能。贝壳找房使用自己研发的设备和技术对房屋进行多点多角度的 VR 拍摄，100 平方米的房子只需半小时左右即可采集完毕。通过三维重建及算法优化复刻真实场景，解决了传统全景看房时的诸多问题，将其自身的数据资源利用到极致，并帮助客户、业主、经纪人方便地进行交易（见图 3-6）。

过去的找房体验？

累！ 租房/买房人
- 假房源泛滥
- 户型图看不全
- 照片看不全
- 周末看房跑不完

苦！ 经纪人/中介
- 清楚描述房源难
- 实地带看无效多
- 成交周期长

难！ 业主/公寓服务商
- 带看专岗效率低
- 兼岗服务不稳定
- 客不准

VR 看房功能

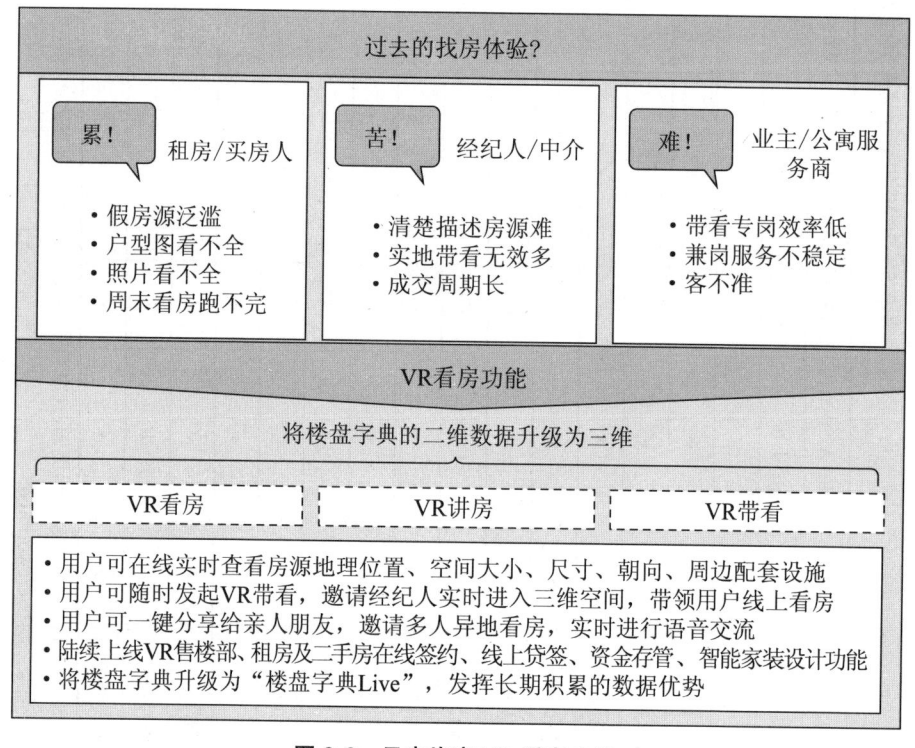

将楼盘字典的二维数据升级为三维

| VR 看房 | VR 讲房 | VR 带看 |

- 用户可在线实时查看房源地理位置、空间大小、尺寸、朝向、周边配套设施
- 用户可随时发起 VR 带看，邀请经纪人实时进入三维空间，带领用户线上看房
- 用户可一键分享给亲人朋友，邀请多人异地看房，实时进行语音交流
- 陆续上线 VR 售楼部、租房及二手房在线签约、线上贷签、资金存管、智能家装设计功能
- 将楼盘字典升级为"楼盘字典 Live"，发挥长期积累的数据优势

图 3-6 贝壳找房 VR 看房功能

资料来源："腾讯课堂+"公众号，"贝壳+VR，解锁看房新姿势！"，https://mp.weixin.qq.com/s/V0twUJ3fR2YHpn1Bvu1q6Q。

章末案例 人工智能组织的特点——"俺来也"数字劳动力

俺来也（上海）网络科技有限公司（简称"俺来也"）是一家校园生活服务平台型企业，主要服务于高校学生群体，为高校学生提供校园场景下的各种生活服务，如食堂外卖、代买代送等。自2014年创立以来，俺来也公司技术团队针对校园新零售的业务模式，实现了"前端应用程序——中端系统管理平台——后端数据报表系统"的一体化研发。伴随数字化发展浪潮，俺来也公司以数字技术赋能传统零售商家，并提供优质的平台服务，从而创造了巨大的经济价值与社会价值。

2017—2018年，俺来也公司为解决高额线下成本困境，主动谋求线上化转型。但实现线上化转型并不是一蹴而就的，创始人孙绍瑞回忆道："2014—2017年，我们最早'切入'O2O（线上到线下）超市，到了2018年变成了平台运行轻模式，开始是通过自建来产流量，但发现没办法盈利，于是把自营的模式全部'干掉'了，转而将所有校园餐厅、超市，包括别人的重资产运营模式全部线上化，才实现了流量增长。"最终，俺来也公司放弃线下业务，将自身比较成熟的运作系统，包括配送系统、中后台管理系统、线上点单系统等，赋能校园传统商家，帮助他们实现线下生态的线上化。这大大降低了俺来也公司的线下人工成本，还受到了校园传统商家的欢迎。

随着线上业务的铺开，平台流量和业务量实现增长，其劳动力结构形态总体呈现"单一用工型传统组织—三叶草组织—四叶草组织—劳动力生态系统"四阶段演进历程。随着灵活用工、共享员工、零工、外包、临时工、网约工、平台用工等灵活劳动力形态的出现，俺来也公司的组织劳动力结构朝多元化方向发展。其中数字劳动力（包括无人配送车和取餐柜）属于数智技术发展下的新型组织成员，能自动完成送餐以及送餐服务中的部分工作。该部分员工除引入和配置需要组织有较大投入外，运营期间完全依靠算法，因此该部分员工对于缺乏自主研发能力的俺来也公司来说虽然获取难度较高，但用工成本、管理难度较低，稳定性较高。

俺来也公司在O2O市场，尤其是成熟的线上订餐市场能够站稳脚跟，离不开每天有超过15万名学生通过俺来也校园新零售体系完成下单支付。

作为新兴企业，相比行业头部企业美团，俺来也公司还存在许多不足。从核心人员方面看，俺来也公司的核心人员并不具备美团的强大算法优势；从智能机器方面看，当前俺来也公司在智能工具研发、使用的领域、程度方面与美团还有相当大的差距。俺来也公司应当进一步重视数字化人才的引进与培养，推动"智能机器"员工的研发与应用。

思考题

1. 目前俺来也公司有哪些用工形式？请比较这些用工形式的优缺点。

2. 俺来也公司的用工形式经历了几个阶段？为什么俺来也公司不断调整其用工形式？

3. 未来俺来也公司如何从劳动力构成方面打造"云订餐"服务竞争优势？

第四章
全球人工智能发展战略

[章前案例] **各国推动人工智能的战略布局**

人工智能技术是 21 世纪全世界所面对的最复杂、发展最迅速的概念之一。各个经济和工业领域内所做的投资对这一概念的多面性和复杂性有着直接的影响。这些投资极大地推动了人工智能领域正在实施的项目进度和规模。而各国政府在这方面采取的行动有两个基本目标。一是保持和加强本国经济在国际上的竞争力,二是满足全球消费者对创新产品和服务的需求。为了在如此动荡的组织环境中采取合理的行动,各国政府必须持续监控形势,分析和评估优先事项,并设计应对新兴挑战的方案。在实践中,国家对此类情况的反应体现在国家人工智能发展战略上,其中包含了在各个经济和社会层面实施人工智能技术的长远目标、计划和任务。

近年来人工智能技术加速演进,对社会和经济产生了深远影响。目前全球人工智能的战略布局不断加快,产业应用加速发展。主要国家和国际组织相继出台了人工智能相关战略文件,加强人工智能研发和应用方面的投资和人才培养,开展相关方面的合作,并完善监管方面的法律法规,出台相关技术标准(见表 4-1)。

表 4-1 世界主要国家和国际组织人工智能相关战略政策文件

国家/国际组织	政策文件	发布机构	发布时间
中国	《国务院关于积极推动"互联网+"行动的指导》	国务院	2015 年
	《"互联网+"人工智能三年行动实施方案》	国务院	2016 年 5 月
	《机器人产业发展规划 2016—2020》	国家发展改革委	2016 年
	《"互联网+"人工智能三年行动实施方案》	国家发展改革委	2016 年
	《十三五"国家科技创新规划》	国务院	2016 年
	《智能硬件行业创新发展专项行动(2016—2018)》	工信部、国家发展改革委	2016 年

续表

国家/国际组织	政策文件	发布机构	发布时间
中国	《"十三五"国家战略性新兴产业发展规划》	国务院	2017年
	《新一代人工智能发展规划》	国务院	2017年7月
	《促进新一代人工智能产业发展三年行动计划（2018—2020年）》	工信部	2017年12月
	《新一代人工智能产业创新重点任务揭榜工作方案》	工信部	2018年
	《关于促进人工智能和实体经济深度融合的指导意见》	中央深改委	2019年3月
	《国家新一代人工智能开放创新平台建设工作指引》	科技部	2019年
	《国家新一代人工智能标准体系建设指南》	中央网信办等五部门	2020年
	《新型数据中心发展三年行动计划（2021—2023年）》	工信部	2021年
	《新一代人工智能伦理规范》	国家新一代人工智能治理专业委员会	2021年9月
	《关于支持建设新一代人工智能示范应用场景的通知》	科技部	2022年
	《国家智能制造标准体系建设指南（2021版）》	工信部	2022年1月
美国	《美国机器人技术路线图：从互联网到机器人（2013年版）》	美国白宫	2013年
	《美国国家创新战略》	美国国家经济委员会和科技政策办公室	2015年
	《国家人工智能研究和发展战略计划》	美国国家科技委员会	2016年
	《为未来人工智能做好准备》	美国国家科技委员会	2016年
	《人工智能政策原则》	美国信息技术产业理事会	2017年
	《机器崛起：人工智能及对美国政策不断增长的影响》	众议院监督和政府改革小组委员会	2018年9月
	《2019年国家人工智能研究和发展战略计划》	美国白宫国家科学技术委员会	2019年6月

续表

国家/国际组织	政策文件	发布机构	发布时间
美国	国家人工智能研发战略计划	美国国家科技委员会	2019年
	《美国人工智能倡议》	美国联邦政府	2019年
	美国人工智能时代：行动蓝图	新美国安全中心智库	2019年
	《美国人工智能倡议首年年度报告》	白宫科技政策办公室	2020年2月
	《美国国家安全委员会关于人工智能2021年最终报告》	美国国家安全委员会	2021年3月
	《负责任的人工智能战略和实施途径》	美国国防部	2022年6月
欧盟	《机器人技术多年路线图》	欧盟	2015年
	《欧盟机器人民事法律规则》	欧盟议会法律事务委员会（JURI）	2016年
	《人工智能合作宣言》	欧盟委员会	2018年
	《欧盟人工智能》	欧盟委员会	2018年4月
	《人工智能协调计划》	欧盟委员会	2018年12月
	《建立以人为本的可信人工智能》	欧盟委员会	2019年
	《欧洲人工智能白皮书》	欧盟委员会	2020年2月
	《数字服务法案、数字市场法案（草案）》	欧盟委员会	2020年12月
	《人工智能协调计划2021更新版》	欧盟委员会	2021年4月
	《制定关于人工智能的统一规则（人工智能法案）并修改某些工会立法法案》	欧盟委员会	2021年4月
德国	《思想·创新·增长——德国高技术》	德国政府	2010年
	《新高科技战略》	德国政府	2014年
	《联邦政府人工智能战略要点》	德国政府	2018年
法国	《法国机器人发展计划》	法国政府	2013年
	《人工智能战略》	法国经济部与教研部	2017年
	《法国人工智能战略》	法国政府	2018年
	《人工智能国家战略》	法国政府	2021年
俄罗斯	《2030年前俄罗斯国家人工智能发展战略》	俄罗斯政府	2019年
英国	《人工智能：未来决策的机会与影响》	英国政府科学办公室	2016年
	《现代工业战略》	英国政府	2017年
	《在英国发展人工智能》	英国政府	2017年10月
	《英国人工智能发展的计划、能力与志向》	英国人工智能委员会	2018年
	《产业战略：人工智能领域行动》	英国政府	2018年5月
	《英国研发路线图》	英国政府	2020年7月

续表

国家/国际组织	政策文件	发布机构	发布时间
英国	《国家数据战略》	英国数字、文化、媒体和体育部	2020年9月
	《人工智能研究与开发合作宣言》	英国政府（与美国政府）	2020年9月
	《国家人工智能十年战略》	英国政府	2021年9月
新加坡	《"ALSG"国家人工智能计划》	新加坡国家研究基金会	2017年
日本	《新机器人战略》	日本政府	2015年
	《下一代人工智能推进战略》	日本政府	2017年
	《新产业构造蓝图》	日本经济产业省	2017年
	《科学、技术和创新综合战略2017》	日本内阁	2017年
	《人工智能战略2019》	日本政府	2019年6月
	《统合创新战略2020》	日本政府	2020年7月
	《人工智能战略2021》	日本政府	2021年
	《人工智能技术应用行动计划（2022—2026）》	日本专利局	2022年5月
韩国	《第二个智能机器人总体规划（2014—2018）》	韩国贸易工业和能源部	2014年
	《九大国家战略项目》	韩国政府	2016年
	《机器人基本法案》	韩国国会	2017年
	《人工智能发展战略》	韩国政府	2018年
	《国家人工智能战略》	韩国政府	2019年12月
	《人工智能半导体产业发展战略》	韩国政府	2020年10月
巴西	《国家人工智能战略》	巴西政府	2021年4月
尼日利亚	《2020—2030年国家数字经济政策和战略》	尼日利亚政府	2019年11月
埃及	《人工智能国家战略》	埃及政府	2021年

资料来源：

全球主要国家人工智能战略观察（2020）—科技工作者之家 https://www.scimall.org.cn/article/detail?id=6020428.

全球人工智能战略与政策观察（2020）——共筑合作新生态—中国信通院 http://www.caict.ac.cn/kxyj/qwfb/ztbg/202012/P020201229520426700957.pdf.

第一节 美　　国

一、美国人工智能倡议

美国于2019年发布了人工智能战略，称为"美国人工智能倡议"（American AI Initiative），其核心思想是保持美国在全球人工智能市场的领先地位，包括科学、研究、技术和创新。这些任务应与私营部门、科学界和研究开发机构网络携手共进，并与国际上的利益相关方合作共赢。此外，这一倡议的实施还需要美国各级政府的参与。从促进人工智能发展的角度来看，该倡议要重点落实以下五项基本任务。[1]

第一，支持和鼓励对人工智能研发的长期投资，推动各个应用领域的开发与突破性技术的出现。

第二，利用联邦层面所有可用的资源和能力，促进地方、联邦、国家和全球层面人工智能的发展。

第三，排除人工智能创新的法律障碍、监管障碍、商业障碍、签证障碍、关税障碍和文化障碍。

第四，通过培训、课程教学、专家咨询、线上学习、研究生学习等方式，提高美国员工在人工智能技术领域的专业能力，包括现有劳动力的再培训。

第五，在美国和国际社会之间搭建一个人工智能整合、合作和经验交流平台。

二、《国家人工智能研究和发展战略计划》

作为对美国人工智能倡议的重要补充，以及对相关任务的支持，2019年

---

[1] 下载自：https://wenku.baidu.com/view/a6da7f4b1db91a37f111f18583d049649b660eee.html?_wkts_=1681951693632&bdQuery=%E7%BE%8E%E5%9B%BD%E4%BA%BA%E5%B7%A5%E6%99%BA%E8%83%BD%E5%80%A1%E8%AE%AE.

美国更新了 2016 年发布的《国家人工智能研究和发展战略计划》(*National AI R&D Strategic Plan*)。该计划证实了几年前关于人工智能研究的论文和假设的相关性，同时提议加强与私营部门的合作，并通过采用负责任且符合伦理的方法来增强人们对人工智能的信任。更新版《国家人工智能研究和发展战略计划》以战略的形式确定了八个目标，旨在加强人工智能的发展和美国在全球创新地图上的经济地位。八个战略如下（国家科学技术委员会人工智能特别委员会，2019）：

- 战略一：对人工智能研究进行长期投资。投资的基本作用是促进与发展下一代人工智能（AI 3.0）相关项目，这些项目要能够使美国在全球人工智能领域处于领先地位。尽管相关的风险和成本很高，但目前这方面的研究已经取得了许多惊人的成绩：互联网、GPS 定位设备、语言翻译、语音识别设备以及用于识别、监测和分析患者病情的医疗设备等。因此，人工智能的研究将聚焦生活的方方面面，确保美国经济和社会未来可以从中受益。

- 战略二：寻找有效的人机合作方法，打造能够为人类工作提供支持和补充的人工智能系统。研究人工智能的目的并不是淘汰人，或者直接用机器代替人，而是要在那些重复、单调或危险的事情上为人提供支持。这个主题将日益成为许多产品开发与应用的主导思想，因此必须寻找适当的方法来促进人机协同。

- 战略三：识别和理解人工智能的伦理、法律和社会影响。毫无疑问，与其他技术一样，人工智能也会给社会造成真正的危害，而且会在多个领域造成危害，包括失去隐私、失去工作、错误地使用个人数据、出现新的（先前不存在）医疗状况，尤其是在心理学和精神病学领域。在这种情况下，美国的人工智能战略提出建立一个人工智能工具使用体系，以生产符合美国伦理、法律和社会目标以及美国最佳利益的产品。

- 战略四：确保人工智能系统的安全性和保护性。也就是说，所有的人工智能应用都必须安全、舒适，且确保获得用户的信任。对美国来说，此战略的实施是一个巨大的挑战，因为考虑到人工智能系统的复杂性和可变性，需要大量的财政支出和技术支持来确保安全。因此，战略四提出进行相关的研究投资，以提高美国人工智能技术发展的安全性和实际控制力。

- 战略五：确定人工智能公共数据集共享管理办法，以满足人工智能训练和环境测试需求。此战略要求美国联邦当局投资创建公共、安全的数据集，用于人工智能训练和环境测试。从人工智能的研发角度来看，美国的数据收集发挥并将继续发挥关键作用，尤其是在语音识别、图像识别和视频监控应用方面。目前美国医疗系统、警察和包括军队在内的其他军警部门都在使用此类应用程序。

- 战略六：使用特定标准和对比测试来测量和评估人工智能技术。此战略定义了如何运用人工智能研发领域的标准和范式开发新的解决方案，从而应对即将到来的挑战。测量设备（包括测试、标准、实验）是用于审核和评估人工智能系统的必要工具，尤其是在其功能性和技术[1]、语义[2]及流程[3]的交互操作性方面。

- 战略七：更好地把握国内人工智能研发人才需求。此战略提出加强人工智能人才的专业资质培养，以确保符合时代要求。目前人工智能领域专业人才需求的快速增长迫使美国在培养和培训此类员工方面不得不展现更大的创造力。同时，人工智能专家、科学家和工程师有大把的机会找到一份好工作，并进行人工智能开发研究。美国在这一领域的所有行动都集中在寻找和获取人工智能人才，这些人才将成为美国人工智能技术发展的推动力。此外，美国学生对人工智能相关专业的兴趣越来越浓厚。

- 战略八：扩大公私合作，以加速人工智能的发展。该战略的核心是促进美国人工智能研发的可持续投资，其基本思想是由企业家、大学、国际合作伙伴和国家当局共同构建合作平台，以便在美国更快、更有效地开发人工智能。合众之力开发出突破性的人工智能技术。

---

[1] 适用于从系统 A 到系统 B 的数据传输，不论它们之间的距离如何。
[2] 涉及代码和 ID 的应用，以确保系统 A 和系统 B 准确地理解信息。
[3] 适用于组织特有的系统下的过程协调，从而实现合作。

需要指出的是，为了落实人工智能倡议中的上述战略，未来几年美国需要在尖端技术的研发上保持较高的财政经费支出。事实上，这是美国未来在科学领域（尤其是人工智能、量子技术领域）保持领先地位的必要条件。因此，美国 2021 财年的国家预算中包括了 1422 亿美元的新技术研发经费（白宫科技政策办公室，2020），较 2020 年增加近 90 亿美元。通过拨发巨额资金，美国政府希望向下属联邦机构发出一个明确的信号，即它们必须将人工智能技术作为优先事项。在预算中，那些面向未来的部门也被赋予了类似的地位，例如，参与量子智能系统（QIS）开发的组织。人工智能相关领域的教育、培训、课程和研究投资将大幅增长。这项财政计划的宗旨是帮助美国建立一支差异化、高素质的人才队伍，从而支撑起整个国家"未来工作"的发展。此外，该项目还将与美国高等教育机构和大学院校合作，并从国家预算中获得额外的资金支持。

三、其他相关政策

2019 年 2 月，随着《维护美国在人工智能时代的领导地位》的签署，美国政府进一步加大了在人工智能领域的关注和投入（袁珩等，2022）。为了保持美国在人工智能领域的领先地位，美国国家人工智能安全委员会（NSCAI）发布了国家安全委员会关于人工智能 2020 年的中期报告和第三季度备忘录草案。草案建议美国在加强人工智能研究，开发学术、政府和产业的三角联盟，将人工智能应用于国家安全任务，培训和招聘人工智能人才，保护和利用美国技术优势，引领全球人工智能合作，符合伦理的可信人工智能这七大方向努力，确保美国在人工智能领域的领先地位（NSCAI，2020）。在 2021 年发布的最终报告（草案）中，NSCAI 就对美国政府，包括对白宫、联邦机构、国会和其他实体等在未来十年内如何推进人工智能发展提出了政策建议。报告（草案）分为"在人工智能时代保卫美国"和"赢得技术竞争"两大部分，强调从竞合战略、人才竞争、加速人工智能创新、知识产权、技术保护、微电子技术竞争、国际技术秩序以及相关技术竞争等方面采取措施，确保美国赢得人工智能技术竞争，同时报告还建议美国国防部设定

"远大目标",建立完整的数字生态系统(NSCAI,2021)。同时,美国政府针对人工智能专门成立了多个机构,例如,国家科学和技术委员会(NSTC)开展对人工智能的研发和应用,以监测国内外人工智能领域的最新进展,评估美国人工智能的国际竞争力(Kania,2017;Allen,2021)。

在政府各部门层面,美国政府多个部门纷纷出台相应的政策文件,加强人工智能技术在所管辖领域内的应用。例如,2020年1月美国交通部发布的《确保美国在自动驾驶汽车技术中的领导地位:自动驾驶汽车4.0》,提出在自动驾驶领域的相关机构,要协调全国研究资源、促进有效市场、提高投资效率,确保美国的领先地位(美国交通部,2020);2022年6月美国防部发布《负责任的人工智能战略和实施途径》战略文件,明确美国防部实施人工智能战略的基本原则和主体框架,推动人工智能在国防安全领域相关技术的快速发展,加强对人工智能技术的作战运用(美国国防部,2022)。

四、量子智能系统

2020—2022年,美国主要将技术研发和创新资金投入两个领域:人工智能和量子智能系统(网络)。以下是美国2022年之前在人工智能领域的计划(OSTP,2020)。

- 到2021年,与国防非直接相关的人工智能领域的研发资金将大幅增长。
- 到2022年,与国防相关的人工智能领域的研发资金将翻番。
- 人工智能领域的研发费用以及美国国家科学基金会(National Science Foundation)内的跨学科研究机构的费用预计将增长。根据这些假设,美国计划在2021年底之前拨发8.3亿美元。
- 到2021年,为能源领域的人工智能研究拨款1.25亿美元(2020年为7 100万美元)。
- 1亿美元用于支持农业和食品研究计划,目的是推广人工智能在农业系统的应用。
- 5 000万美元用于支持美国国家卫生研究院(National Institute of

Health)，资助其加强人工智能在慢性病方面的应用研究。
- 到 2021 年，负责军事技术开发的美国政府机构（国防高级研究计划局，DARPA）将投资 4.59 亿美元用于人工智能的研发。相比之下，2020 年这一投资少了 5 000 万美元。

在量子智能系统领域的项目资助计划如下（OSTP，2020）。
- 到 2022 年，用于搭建量子智能系统的投资费用翻番。
- 到 2021 年，国家科学基金会拨发 2.3 亿美元用于 QIS（量子信息科学）研究[①]。
- 政府用于 QIS 量子智能系统测试的费用增长，2021 年达到 2.37 亿美元（2020 年的金额低了近 7 000 万美元）。这方面的财政支持首先会覆盖国内实验室、研究机构、大学和工业工作室。
- 额外拨发 2 500 万美元用于支持国家量子互联网（QI）建设的试点研究，其范围和潜力将超过经典互联网。
- 量子设备和量子互联网研发基金逐年增加。
- 资助国家量子协调办公室，使联邦层面的 QIS 行动实现标准化。

上述研发计划表明，当中国被认为是量子通信发展领域的先行者后，美国想要在量子网络研发领域成为全球统领者的欲望愈发强烈。不过，量子网络领域的研究在全球受到了重视，从各国创新性使用量子设备来改善各经济部门或国家安全运作，即可见其影响（美国白宫国家量子协调办公室，2020）。根据美国国家量子协调办公室 2020 年 2 月在华盛顿发布的《美国量子网络战略愿景》，美国量子网络的长期发展潜力将取决于以下几点（美国白宫国家量子协调办公室，2020）。
- 国家构建先驱平台，将量子设备和系统集成到一个地点的能力。
- 国家利用量子的安全特性、传感器和先进计算方法构建应用的能力。

这两项行动的实施可为美国国内量子互联网奠定基础。未来 20 年美国将围绕以下两个目标构建量子互联网（美国国家量子协调办公室，2020 年）：

第一，到 2025 年，美国的实验室和企业将具备有关量子网络的基本知

[①] 到 2020 年，这一拨款仅为 1.2 亿美元。

识和关键技术,包括量子连接、量子中继器、量子存储器、高容量量子通道。同时,将确定量子应用和系统对改善科学、医学、工业、贸易和国家安全功能的潜在影响。

第二,到2040年,美国的量子互联网连接将使用量子网络设备,为使用传统互联网以及更好地理解量子纠缠的作用提供了新的机会。

考虑到美国在量子技术方面的战略,包括未来几年将为其发展拨付的资金,我们很难不产生这样一种印象,即美国渴望在目前全世界正发生的第二次量子革命中扮演领导者的角色,很大程度上是由于这项技术所具有的潜力和机会,这项技术有望解决即便是全球最强的超级计算机也无法解决的复杂问题。此外,随着量子技术和人工智能技术的结合,未来将有可能更精确地预测其发展。在实践中,长期预测(不仅是经济预测)的衡量和计算将具有更高的准确度和精确度。考虑到量子技术的应用和发展所带来的利益,为了实现在这一领域的全球竞争优势[①],美国与中国展开了激烈的竞争。诚然,现在有许多团体发出了很多声音,认为中国在一些关键量子技术和概念上已经超越了美国。不过以目前中美主导的发展态势来看,欧盟是有望加入量子技术领军者的经济实体。本章第三节会进一步讨论欧盟背景下的人工智能战略问题。

案例4.1 美国政府对于人工智能监管的立法工作

由于自身政治制度特点,美国在联邦政府和州政府层面开展了针对人工智能的监管立法工作。因目前对人工智能的监管尚处于探索阶段,美国对于人工智能的立法一般是州政府先行,根据本州状况和自身需求进行立法尝试,以规范人工智能技术的应用。其中,美国州政府特别注重对自动驾驶领域的监管。早在2011年内华达州就出台法律,规定了自动驾驶车辆的检测条件,并要求发布监管规定对自动驾驶进行监管。目前美国已有40个州通过法律或行政命令规制自动驾驶汽车。这些法律文件规定自动驾驶车辆要在

[①] 更多信息请参考Smith-Goodson, P:《量子美国与量子中国:世界上最重要的技术竞赛》(*Quantum USA Vs. Quantum China: The World's Most Important Technology Race*),福布斯网,2019年。

特定环境和特定道路上行驶，鼓励自动驾驶车辆开发商与州监管机构合作开发试点项目，以确保自动驾驶车辆的安全和发展。

在联邦层面，目前美国尚未出台系统的人工智能监管方面的法律条文，但已在多款法律条文中加入对人工智能监管的补充说明。例如，2015年联邦国会将有关人工智能的表述加入《修复美国地面交通法》，对自动驾驶车辆进行监管；2019年颁布的《2019财年国防授权法令》，对国防领域内人工智能进行的主动监管措施做了专门规定。同时，美国也有针对人工智能领域出现的突出问题的相关提案，如旨在对"深度伪造"技术进行监管的《恶意深度伪造禁止法案》《深度伪造问责法案》《2019年深度伪造报告法案》等。

资料来源：
韩春晖：美国人工智能的公法规制.https://mp.weixin.qq.com/s/IQIRhJbeVlovMP02jLbtTw.

第二节　中　　国

一、中国的人工智能发展

目前中国已经在研发人工智能领域的技术、程序和标准，尤其是与国家安全直接相关的。中国政府充分意识到，未来人工智能技术将有力推动与生产、分销、消费、物流相关的经济领域，以及与生活方式、文化交流和国防安全相关的社会领域。因此，中国计划利用人工智能技术，完善国家福利体制、维持经济稳定。除此之外，人工智能技术也有望解决以下中国社会经济难题。

- 人口老龄化进程加快。1977—2015年实施的限制性生育控制政策导致了一种局面：根据全国老龄工作委员会的数据，到2050年，中国60岁及以上人口将增加到4.87亿人，占总人口的近35%。[①]
- 生态环境污染加剧。目前中国是世界上最大的二氧化碳排放国，占全

---

① 更多信息请参见中华人民共和国民政部官网（http://www.mca./）。

球二氧化碳排放量的 25% 以上。
- 教育资源分配不均。自 2010 年以来，中国政府一直在实施中长期教育改革和发展的十年计划。该倡议旨在帮助消除中国教育系统自 1991 年以来出现的问题，主要包括学生人数激增，基础设施、人力和财政资源不足，教育水平低，教育过程缺乏创新，同质化的高等教育结构不符合劳动力市场的需求且无法服务整个国民经济，地区层面（城乡）和社会层面（贫富）的平等教育机会（Cai, 2013）。
- 经济贫富差距加大。过去三十年[1]经济快速的增长造成了中国公民贫富差距被拉大的局面。根据"2020 年国家基尼系数排名"[2]，2019 年，中国的基尼系数达到 0.465。相比之下，美国、德国和瑞士分别为 0.450、0.270 和 0.295。[3]

人工智能在创造商品、提供服务和改善生活品质等方面具有高精准度的定制化优势，因而对人工智能的推广进行恰当的管理将为国家发展带来切实利益。何况中国在经济、社会、文化、地缘政治和科学方面为人工智能的发展奠定了牢固的基础。较早时候中国就开始了创新项目的实施，并在科学研究方面投入了大量资金（见图 4-1）。涌现出大量有关智能制造发展的政府项目，这标志着中国智能工厂的开始。这些工厂的形成使中国企业的生产设备之间能够交换信息，中高层管理人员能够从中获得做出关键决策所必需的信息。

此外，中国在建立电商生态系统与智能输电网方面也采取了有效行动。就后者而言，中国已经运行了庞大的超高压输电线路（UHVDC）网络，借助现代的解决方案，可将各地收集的风能和水能输送到中国的各大城市。此外，在科学领域中，中国人工智能技术的发展也取得了重大成就，二十多年来，中国在人工智能方面发表的科学文章数仅次于美国，位居世界第二。同时，中国拥有的专利数量——不仅在人工智能领域，自 2011 年以来一直保

---

[1] 即 1990—2020 年。
[2] 由《世界人口评论》（*World Population Review*）公布。
[3] "0"代表理想的社会平等，而"1"代表理想的不平等。因此，基尼系数越低，社会中的经济分层越小，反之亦然。

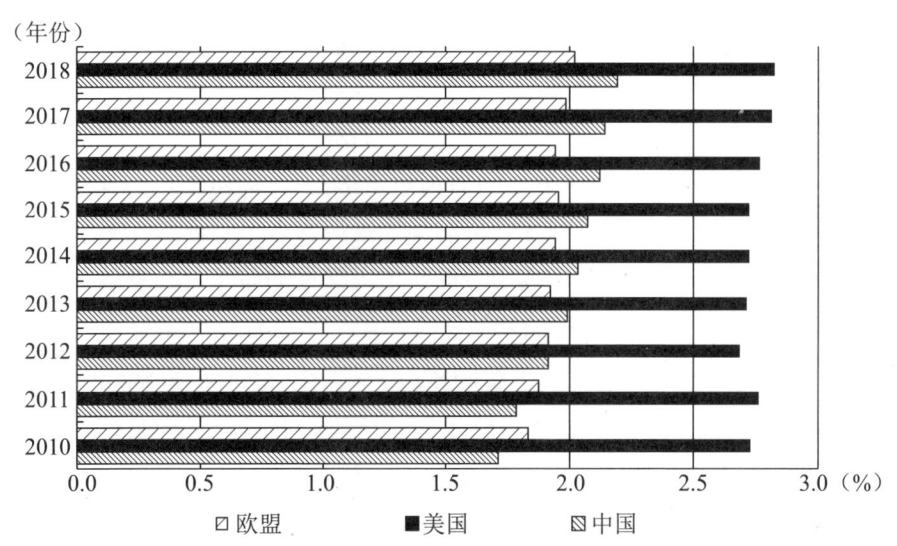

图 4-1　2010—2018 年欧盟、美国和中国的研发支出（占 GDP 的百分比）

资料来源：笔者根据经合组织科学、技术和研发统计数据（OECD Science, Technology and R&D Statistics）编制。

持世界领先地位。例如，仅在 2018 年，中国的专利数量就比美国多了近 95 万项（见图 4-2）。

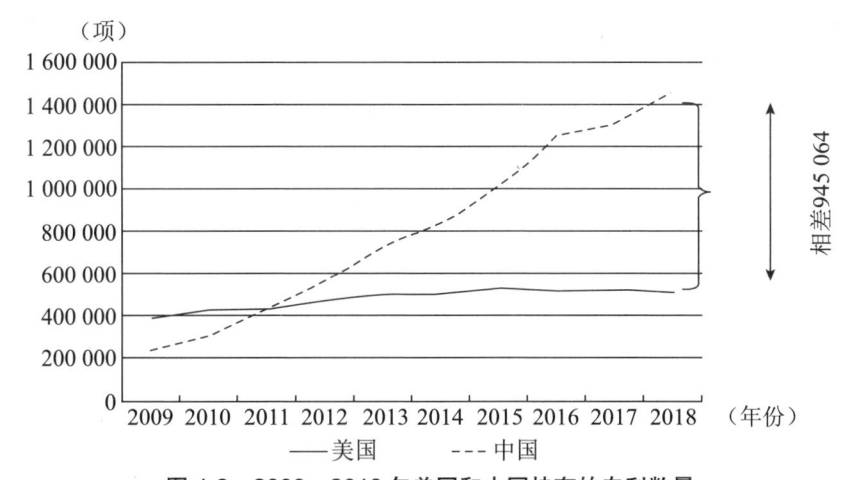

图 4-2　2009—2018 年美国和中国持有的专利数量

资料来源：WIPO 统计数据库（更新日期：2019 年 10 月）。

近年来，中国的人工智能技术及产品在企业设计、生产、管理、营销、销售等多个环节均有渗透且成熟度不断提升。随着新技术模型的出现、各行业应用场景价值的打磨与海量数据积累下产品效果的提升，人工智能应用已从消费、互联网等泛C端领域（面向消费者的广泛市场领域）向制造、能源、电力等传统行业辐射。数字经济的高速发展为人工智能的发展创造了良好的经济与技术环境。同时，人工智能作为关键性的新型信息基础设施，也被视为拉动中国数字经济发展的新动能（艾瑞咨询，2022）。2022年7月，根据中国工信部的测算，中国人工智能核心产业规模超过4000亿元，企业数量超过3000家，同时创新能力不断提升。此外，中国人工智能相关的基础设施建设不断完善，建成了多家算力中心、数据中心等公共服务平台（中国工信部，2022）。2022年9月1日发布的《2021全球人工智能创新指数报告》显示，目前全球人工智能发展呈现中美两国引领、主要国家激烈竞争的总体格局。中国人工智能发展成效显著，人工智能创新水平已经进入世界第一梯队，与美国的差距进一步缩小（上海科技，2022）。

二、中国的人工智能战略规划

虽然人工智能技术被大规模使用，中国也制定了宏伟的发展计划[①]，但是中国仍面临着诸多挑战，主要与限制或完全消除国内日益扩大的差距有关，包括薪酬水平、能力、发展和法律问题。这些任务要求中国采取举措，为国家人工智能技术的发展提供正确的长期方向性的指导。

2017年7月，中国国务院发布了人工智能战略。某种意义上来讲，该战略是中国在人工智能领域建立全球竞争优势的路线图。《新一代人工智能发展规划》（中国国务院，2017）提出了中国到2030年的长期目标，体现了中国成为人工智能领域全球领导者的决心。这个巨大的项目需要在经济、社会和文化生活的许多领域开展影响深远的活动（中国国务院，2017）。第一，

---

① 到2030年，中国希望成为人工智能领域的全球领导者，并使中国与该技术相关的市场增长到1500亿美元。

要以建设智能市场经济、智能工厂和智能城市为中心开展活动。为此，需要构建网络生态系统，并与商业集群相融合，以建立一个集知识、技术、创意、人才以及人工智能技术相关风险管理于一体的平台。这一布局将提高中国制造及整个社会的实力和潜力，推进中国的创新型国家和科技强国建设。第二，从提高初级人工智能潜力的角度来看，中国的一项关键任务是通过财政扶持有望取得开创性成果的创业者和企业。第三，在追求人工智能全球领导地位的过程中，中国还明确了发挥社会主义制度集中力量办大事的优势，即每位公民都有机会参与构建中国经济的创新能力。第四，中国政府将大力支持旨在促进知识、研究和创新以及与其他市场参与者共享成果的行动，此外还将开创科学领域军民融合的新格局。中国还表示，将继续积极参与全球人工智能的研究、开发和管理，同时充分重视创新资源的全球优化配置（中国国务院，2017）。第五，技术创新在各个社会和经济生活领域的商业化应用将是衡量中国在人工智能领域所取得的成就的直接指标。

中国人工智能战略目标的实施被划分为三个阶段（中国国务院，2017）。

- 第一阶段：实现2020年前的目标。从综合的角度来看，中国希望实现人工智能在经济中的应用与世界先进水平同步，因为如今工业4.0和人工智能被视为经济增长的关键因素。此外，人工智能技术也是改善民生和支撑很多行业的主要工具。目前大规模数据处理、智能机器、智能自主系统、智能监控系统和参数处理等领域已经实现了重大进展，而且取得了很多突破性成果。在此背景下，中国意识到人工智能技术在国际和全球的竞争力将快速提升。因此，中国政府计划为这一领域的创业企业和相关产业提供1万亿元人民币[①]的财政支持。此外，中国政府还将刺激劳动力市场，促进对高素质人工智能专业人才的数据搜索和收集。中国还计划规范人工智能解决方案伦理方面的法律问题。
- 第二阶段：实现2025年前的目标。到2025年，中国计划在人工智能领域取得重大进展，成为这一领域的全球领导者。中国认为，要取得

---

① 1000.00元人民币=143.37美元（波兰国家银行2020年3月12日平均汇率）。

这样的地位，人工智能技术必须成为中国经济现代化和转型的根本动力，这样才能实现建设智能产业和创新经济的目标。中国还希望成为建设新一代人工智能技术的先锋，进而推动在生活生产领域取得一系列突破性发现，如制造业、交通、医疗、城市生活、农业、安全等。根据战略中所包含的信息，中国人工智能产业的价值可能高达 4 000 亿元人民币或以上[①]。出于对安全和控制的考虑，中国计划制定并落实人工智能相关的法律法规，以保护国家和整个社会的利益。

- 第三阶段：实现 2030 年前的目标。到 2030 年，中国希望成为世界人工智能领域最重要的创新中心，并在类脑智能、集体智能、混合智能和分析智能方面取得突破性发现，使中国成功跻身创新型和高度发达国家之列。为此，中国将不断发展工业、制造业、社会生活、交通和建筑领域的人工智能，搭建大规模的人工智能平台和商业生态系统。此外，中国还希望建立全球领先的培训基地，以培养人工智能领域的专家。

三、实施保障措施

考虑到上述规划，以及中国的主要目标是成为世界主要的人工智能创新中心，中国还将采取以下六项措施来保障人工智能战略的实现（He, 2017）。

- 制定法律法规和伦理规范。这项措施适用于科学研究的开展，将界定人工智能应用活动中个体和法律实体（与财产和隐私保护相关）的民事和刑事责任范围。因此，定义每个应用人工智能实体的权利、义务和责任范围至关重要。此外，还要制定详细的法律法规，尤其是针对已经应用或即将应用人工智能技术的领域。与人机协作的伦理和道德方面有关的问题也需要采取类似的行动，包括在科学研究领域。中国希望为所有人工智能利益相关者制定道德行为准则，这一举措应被视为朝着正确方向迈出的一步。这项措施在某种程度上证实了中国不仅希望在国际上积极参与管理人工智能的发展，最重要的是参与全球人

---

① 1 000.00 元人民币 =143.37 美元（波兰国家银行 2020 年 3 月 12 日平均汇率）。

工智能的治理。
- 完善支持人工智能发展的政策。这项措施将通过对小型、中型和大型企业的税收激励政策来实现。此外，中国对这一领域的支持还有利于这些实体采用高度先进的数字技术，实施基于创新理念的试点项目。
- 建立人工智能技术标准和知识产权体系。这项任务旨在为所有人工智能相关实体建立和验证技术、专业或评估标准（包括国家和国际标准），以确保它们能够服务全球的利益相关者。此外，当务之急是健全法律法规，加强人工智能领域的知识产权保护。专利保护和人工智能解决方案相关法典的编撰必须服务于这项技术在尚未商业化的新产品和新服务中的发展。
- 建立人工智能安全监管、评估和保护体系。加强人工智能对国家安全影响的研究，构建人工智能安全监测预警机制。这种做法是为了针对创新技术（包括人工智能）的各个发展阶段设计一张风险和监管地图，以便进行风险预防和约束管理。
- 大力加强人工智能劳动力培训。培训本质是为了满足劳动力市场对高素质人工智能专业人才日益增长的需求。解决这一问题的方法之一是构建学习和培训体系，向劳动力市场输送合格的员工。这种教育体系的支柱应该是大学、职业学校、科学研究所和私营培训公司、组织以及企业。通过这一措施，员工的专业技能将得到提高，高素质的工作岗位将得到填补。
- 广泛开展人工智能科普活动。通过各种活动向社会科普人工智能技术，例如，参加与人工智能相关的研讨会、专题讨论会、科学会议、代表大会等。创建并实施全民人工智能教育项目，在中小学阶段设置人工智能相关课程。建立科学中心或创新中心也有利于科学的普及，参观者有机会在这里见证人工智能在日常生活中的应用。

2021年3月，中国"十四五"规划纲要出台，提出"打造数字经济新优势"的建设方针，并强调了人工智能等新兴数字产业在提高国家竞争力方面的重要价值。中国"十四五"规划纲要指出，要充分发挥海量数据和丰富应用场景的优势，促进数字技术与实体经济深度融合，赋能传统产业转型升级，以数据驱动生产过程优化，催生新产业、新业态、新模式（中华人民共和国中央人民政府，2021）。

案例 4.2　中国新一代人工智能科技产业的快速发展

在人工智能科技产业的发展上，中国走在了世界前列。中国人工智能科技产业的发展是受深度科技[①]创新驱动的，不仅着眼于构建自主可控技术体系，而且表现出明显的社会价值引领和社会使命导向特征。在深度科技创新和创业活动的驱动下，中国人工智能科技产业不仅实现了规模上的快速增长，而且在应用领域全面扩张，与实体经济加速融合。

在技术规模层面，自 2017 年中国国务院发布和实施《新一代人工智能发展规划》以来，中国人工智能科技产业的技术种类不断丰富，建立了复杂的技术体系，包括大数据和云计算、物联网、5G、智能机器人、计算机视觉、自动驾驶、智能芯片等 17 类技术。同时，从国内和国外技术输入和赋能关系数的关系对比来看，中国人工智能科技产业对国外关键核心技术的依赖程度呈逐年减弱的趋势。

在与实体经济的融合层面，目前中国人工智能和实体经济的融合发展主要分布在第三产业。随着 5G 等新一代信息技术的创新发展，人工智能和第二产业尤其是制造业的深度融合将加快。

从驱动机制来看，国家的顶层设计和战略引领、地方政府的积极响应、新型平台主导的产业创新生态发展、政产学研用协同创新和产业智能化转型，是中国人工智能科技产业发展的关键驱动要素。

资料来源：《中国新一代人工智能科技产业发展报告·2022》，中国新一代人工智能发展战略研究院．https://cingai.nankai.edu.cn/yjcg/list.htm.

[①] 深度科技（deep tech）是指那些基于高级科学原理和工程创新的高科技产品，通常需要长时间的研发、丰富的技术积累和深厚的专业知识支撑。与日常接触的"浅层科技"如手机应用、社交网络相比，深度科技更具颠覆性，能够彻底改变某个行业的运作方式，甚至解决全球性的重大挑战。

第三节 欧　　盟

一、欧盟人工智能发展现状

2022年3月31日，欧盟委员会科学和知识服务机构联合研究中心发布《人工智能观察指数》（*AI Watch Index*）报告。报告显示，2018—2019年，欧盟对人工智能的投资额增长了39%，尽管欧盟在全球人工智能领域仍落后于美国和中国，但欧盟仍是人工智能服务和机器人技术的领跑者，其人工智能建设不仅包括工业贸易，还包括自主机器人的开发。欧盟在前沿研究方面也具有领跑优势，在国际会议上发表的人工智能论文数量仅次于美国，位居第二（欧盟委员会，2022）。

近年来人工智能在全球范围内（包括在欧盟）的发展势头强劲。今天，很多欧洲人已经在享受这项技术所带来的生活便利。例如，欧洲人能够更好更快地获得疾病诊断，对现代技术的应用也使得他们的工作变得更有效率。同时，由于使用了预测性分析，他们作为企业所有者所做的决定更有针对性，承担的风险也相对降低了。不过，人工智能也暴露出一些潜在的危害——既存在于社交层面，也存在于私人或情感层面，老年人对数字技术的排斥与恐惧就是证明。因此，为了最大限度利用人工智能，最大限度降低人工智能的风险，欧盟必须作为一个统一的实体，去探索人工智能的发展前景，以及人工智能解决方案在欧洲公民日常生活中的应用。事实上，只有这样才能保证新技术实现跨国家的使用，达到提高每位欧洲人的物质生活和社会地位的目的，同时尊重其中所涉及的合法权利。

二、《人工智能白皮书》

2020年2月，欧盟委员会（EC）发布了《人工智能白皮书》[1]，提出了欧

---

[1] 该文件的正式名称为《人工智能白皮书——欧洲卓越与信任的方法》（*The White Paper on Artificial Intelligence. The European Approach to Excellence and Trust*）。

洲人工智能发展战略和相关数据管理办法。白皮书[①]明确了必须在欧盟结构内实施的战略目标，以使欧盟能够像美国和中国一样成为人工智能创新解决方案领域的全球领导者。在实现这一战略目标的过程中，所有欧盟成员国和欧盟机构，以及行业、社会和公民组织的代表、科学界和其他有志于共同促进欧洲人工智能战略发展的利益相关者都将发挥重要作用。

考虑到白皮书及其提出的在欧洲进一步发展人工智能技术、算法和计算能力的方法，欧盟代表提议在欧盟内创建和扩大人工智能生态系统，目的是收集人工智能方面的专家知识，并将其落实到人工智能产品和服务中，从而为整个欧盟共同体在以下三个关键领域带来经济和社会效益（欧盟委员会，2020）。

- 公民利益。重点是使人们获得更好的医疗服务，制造出不易发生故障且可远程维修的日常使用设备，为人们提供更安全、更低碳排量的交通方式和市场上有更多的远程工作选择，同时获得有关经济、工业、农业、服务业、科学、社会等的更加精准的趋势预测和报告模拟。
- 企业利益。为确保企业的长期稳定发展，具有较高潜力的经济部门需要构建全新的人工智能解决方案。在欧盟，机器、汽车、燃料、石化、金融、能源和旅游等行业的公司实力较为雄厚。[②]旅游方面，欧盟的目标是利用创新的人工智能技术解决方案，将欧洲打造成全球最受欢迎的旅游地。
- 公共利益。要考虑整个欧洲社会的客观需求，例如，降低生活成本，改善机构和国家办公室的远程访问，通过使用智能监控和监督工具改善公共（或国家）安全，尊重公民权利和自由（隐私保护）。

---

① 在 2020 年制定白皮书之前，欧盟发布了五份与人工智能技术相关的重要文件，包括《人工智能合作宣言》（*Declaration of cooperation on Artificial Intelligence*）（2018 年 4 月）、《欧洲人工智能宣言》（*Artificial Intelligence for Europe*）（2018 年 4 月）、《可信赖的人工智能道德准则》（*Ethics guidelines for trustworthy AI*）（2019 年 4 月）、《可信人工智能政策和投资建议》（*Policy and Investment Recommendations for Trustworthy Artificial Intelligence*）（2019 年 4 月）和《欧洲联盟大会》（*The European Alliance Assembly*）（2019 年 6 月）。想了解更多信息请见 Moltzau，2019。

② 欧洲旅游业直接占欧盟 GDP 的 5% 以上，并且该行业的企业数达到近 190 万家。

除宣布构建欧洲人工智能生态系统外，白皮书还介绍了两个战略框架，目的是在整个欧洲发展安全且值得信赖的人工智能。这两个框架分别是从政策和监管的角度进行定义的（欧盟委员会，2020）。

- 政策角度。假设前提是有必要定义相关的措施，整合欧盟、国家、地区和地方层面上的努力，以实现人工智能领域的既定愿望。欧盟希望在欧洲创建一个"卓越生态系统"，将重点放在具有国际优势的行业、部门和价值观上。换句话说，欧盟的人工智能方略并不是盲目地模仿中国或美国，而是要走出一条适合自己发展的道路。这一解决方案也将采用公私合伙的形式实施，其优势就在于欧盟的多元化。事实上，欧盟经济实力的建构基础是各个成员国的企业，它们有着不同的公司规模和生产规模，在世界各地市场上都具有行业认可度，能够在欧盟项目下创建企业联合体，以实现全球性的商业目标。这种将多元化和经验、创新相结合的欧洲合作范式提高了与人工智能技术相关的新创意、新产品或新服务产生的可能性。这一点很重要，因为世界上最大的公司首先来自美国[1]，其次是中国、日本、韩国和新加坡，这类公司比小公司更容易获得数据和大算力。这并不意味着欧盟在这场竞赛中处于劣势。关键点在于在与世界经济强国竞争时，欧盟要发挥自身的优势，即多元化和进行多维合作的能力。
- 监管角度。假设前提是制定和实施的法律法规将对欧洲未来的人工智能发展具有关键意义。欧盟委员会的代表表示，他们将构建一个信任生态系统，通过监管体系促进利益相关者之间的信任和透明，包括企业人工智能监管办法。他们希望通过这一解决方案最终建设可持续的经济和可持续的社会。在社会上建立一种对新概念或新技术的信任气氛总是有益的，它可以促进合作，增加公民的参与和工作动机，加强联系，提高效率，增加创意数量，以及创造性地解决问题。在实践中，信任生态系统的建立是为了确保欧盟成员国遵守欧盟现行的法律

---

[1] 根据《福布斯》（Forbes）2000年全球榜单，2019年全球有多达575家最大的公司来自美国。相比之下，日本和韩国分别为223家和62家。

法规，例如，与公民/消费者基本权利保护（特别是与欧洲人日常使用人工智能应用或解决方案相关的权利）、知识产权和版权保护、隐私和个人数据保护相关的规定。为建立信任生态系统，欧盟委员会采取的举措是鼓励欧盟成员国在实践中大胆地应用和运用人工智能，同时鼓励企业家发起有利于服务整个社会的人工智能项目。因此，欧盟委员会将坚定地支持这一方略（欧盟委员会，2020），即"以人为本，建立可信任的人工智能系统"。

由此可见，欧盟实施战略性人工智能发展方案的基础是建立两个生态系统：卓越生态系统和信任生态系统。这一方案要求欧盟代表进行广泛的合作并采取一系列关键行动。卓越生态系统的建设需要欧盟在以下方面做出努力（欧盟委员会，2020）。

（1）与欧盟成员国合作。这项措施旨在实现以下目标。

- 2027年前，实施近70项共同活动，提高欧盟成员国与欧盟委员会在科学研究、投资、国际合作、能力和技能、数据管理方面的合作效率。
- 2020—2030年，增加人工智能投资财政支出200多亿欧元。
- 2021年启动数字欧洲[①]计划，为欧盟国家经济体及其社会的数字转型提供财政支持。
- 2021—2027年，实施名为"地平线欧洲"的欧盟科研与创新框架计划[②]。
- 2021—2027年，启动欧洲结构和投资基金，巩固欧盟的人工智能发展。
- 推广人工智能方面的解决方案，促进消除和缓解气候变化和自然环境退化问题，改善稀缺自然资源和电能的利用，提高社会福利。

（2）聚焦科研投入和创新社群。这项措施旨在实现以下目标。

- 建立科研中心网络，拓宽人工智能领域的知识面并协调其活动，以实现联合研究的协同效应。
- 建设旗舰人工智能科研、创新和知识中心，充当欧洲人工智能发展的

[①] 该项目的预算达到81亿欧元。
[②] 该计划的预算达到1 000亿欧元，旨在加强欧盟的科技基础和欧洲在创新领域的潜力。

协调者，并利用其权威性吸引人工智能领域的投资和最优秀的人才。
- 在欧盟有望成为全球领导者的领域建设实验中心，促进开发新的人工智能应用并引入组织和社会生活。

（3）技能发展。这项措施旨在实现以下目标。
- 启动欧洲技能发展计划，旨在补齐欧盟成员国在人工智能领域的能力短板。
- 持续更新《数字教育行动计划》，调整教育系统和培训，以适应数字经济的需要。
- 修订欧盟成员国的劳动力资格，以便快速适应人工智能相关的转型。
- 促进女性在人工智能领域的就业。

（4）聚焦中小型企业。这项措施旨在实现以下目标。
- 确保中小型企业（SME）有机会接触人工智能技术，并使用人工智能解决方案。
- 在每个成员国至少建立一个创新中心，进行高度专门化的人工智能研发。
- 2020年第一季度，启动由欧盟委员会和欧洲投资基金（European Investment Fund）[1]投资的试点项目，以确保为人工智能和区块链的发展提供资本融资[2]。

（5）与私营部门建立伙伴关系。这一项措施旨在实现以下目标。
- 在人工智能、数据和机器人领域发展公私合作伙伴关系，以确保这些领域的科学研究和创新的发展，以及欧盟内部所需的共同投资水平。

（6）推动公营部门采用人工智能。这项措施旨在实现以下目标。
- 在公共行政机构和办公室推广人工智能技术。
- 开展一系列部门对话，以提出行动计划，促进人工智能在公共行政管理流程、系统、法规和工作中的落实。

（7）提供数据获取途径和计算基础设施。这项措施旨在实现以下目标。
- 改善数据的获取和管理，以确保数据的有效利用，造福社会和促进欧

---

[1] 该基金成立于1994年，其基本任务是支持和在欧盟结构内创建中小企业部门。
[2] 该项目的预算达到1亿欧元。

盟人工智能的发展。
- 使欧盟内部关键计算和量子技术开发的财政支出增长至40亿欧元以上。
- 完成"欧洲数据战略"中设想的所有任务，建立单一数据市场[①]，塑造欧洲的数字未来。

（8）发挥国际层面的主观能动性。这项措施旨在实现以下目标：
- 与OECD和G20[②]集团合作制定人工智能领域的伦理原则。
- 与欧洲委员会、联合国教科文组织、OECD、世贸组织[③]和ITU[④]进行全球人工智能开发合作。
- 监控其他国家的人工智能发展战略。

信任生态系统方面，其建设重点如下（欧盟委员会，2020）。

（1）清楚地定义问题。在这一措施下建议：
- 确定人工智能可能造成的有形和无形损害，以及相关风险的估计水平。
- 制定法律法规，以应对人工智能项目实施阶段所产生的技术错误（缺陷）等相关问题。

（2）必要时，对欧盟人工智能领域的现行法律框架进行适应性调整。针对这项措施建议：
- 制定与安全、产品和服务制造责任、消费者保护、就业、种族平等、男女权利或个人数据相关的法规，以适应新创建的人工智能产品和服务。

（3）确定欧盟未来的法律法规在人工智能领域的适用范围。这项措施建议：

[①] 目的：第一，促进欧盟各部门之间广泛的数据交换；第二，增强欧洲个人数据保护法、竞争原则和隐私权；第三，根据明确定义的原则提供所有欧盟公民对数据的访问权。
[②] G20集团成员包括阿根廷、澳大利亚、巴西、加拿大、中国、法国、德国、意大利、印度、印度尼西亚、日本、墨西哥、韩国、俄罗斯、沙特阿拉伯、南非共和国、土耳其、英国、美国和欧盟。G20集团总共占全球GDP的90%。
[③] 即世界贸易组织。
[④] 即国际电信联盟。该联盟是世界上最古老的国际组织，成立于1865年。

- 更新欧盟现行的人工智能法规，反映欧盟的数字转型和人工智能应用。
- 根据人工智能法规对市场和所有运营实体的干预比例，制定并采用基于风险分析的方法。
- 确定人工智能应用的风险与后果评估标准。

（4）定义对实体施加有关人工智能的法律要求。针对这项措施建议：
- 详细说明对运用高风险人工智能的实体所施加的法律标准，以便进行适当的监管与干预。

（5）划分相关实体之间的法律义务和确定立法干预范围，这项措施建议：
- 确定因应用人工智能而产生的法律义务，将这些义务中的每一项义务指向一个或多个实体，使这些实体能够识别其运营中的各类危险。
- 针对欧盟域内制造人工智能产品的商业实体，协商立法干预的地理范围。

（6）确定人工智能领域相关法律的执行原则和方式。这项措施建议：
- 在欧盟成员国内部进行协商，根据合规性原则评估制定并实施相应的制度。利用这一制度，欧盟相关机构（主管机构）可审查个案，判断使用人工智能的实体是否遵守了安全、信任、价值观和法律原则。

（7）对非高风险性的人工智能应用实施自愿标识制度。这项措施建议：
- 制定新的法律文书，对提供非高风险性人工智能解决方案的实体明确自愿标识制度，也就是为基于人工智能制造的商品创建一种"质量标志"，告知用户这些人工智能产品或服务是安全且值得信赖的。

（8）适当的管理和监督。这项措施假设：
- 以欧盟成员国合作框架的形式，建立欧洲人工智能治理结构，以便遵守问责制，增加欧盟在人工智能监管范围内的可能性，并为基于人工智能的产品建立必要的测试和认证制度。

白皮书中的上述提议属于保障措施，而非法律行为，旨在使欧盟未来十年内可以与美国和中国竞争人工智能领域的全球领导地位。为此，欧盟计划在 2030 年前总共投入 2 000 多亿欧元。由于很难准确地预测人工智能技术对人类和社会产生的影响，因此欧盟委员会决定根据卓越和信任原则制定人工智能的监管框架。这不仅是为了营造一种忠诚的氛围，还要建立欧盟公民对人工智能解决方案的安全感。欧盟委员会表示，关于白皮书的公开意见征询工作已于2020年5月19日结束。

三、《人工智能协调计划》

在2018年12月发布《人工智能协调计划》作为协调各成员国合作落实《欧洲人工智能战略》的具体计划后，2021年4月欧盟发布了《人工智能协调计划2021更新版》，明确欧盟将统一欧洲市场以推进人工智能技术国际竞争战略。

文件提出了40条关键行动，围绕四大发展方向展开：创造推动人工智能发展与应用的使能环境；推动人工智能卓越发展，实现从实验室到市场的有序衔接；确保人工智能以人为本，成为社会进步的驱动力量；在人工智能具有重大影响的领域占据战略领导地位（欧盟委员会，2021）。同月，欧盟发布了《制定关于人工智能的统一规则（人工智能法案）并修改某些工会立法法案》，以建立人工智能的法律框架。该框架对人工智能在一系列活动和场所中的使用进行了限制，包括执法和司法部门使用人工智能系统的场景，例如，限制警方在公共场合使用人脸识别软件、禁止某些类别的人工智能系统等（欧盟委员会，2021）。此法案基于风险预防的理念为人工智能制定了一套覆盖全过程的风险规制体系，其提出的风险分类思路、产品规制路径、负责任创新和实验主义治理等理念对我国人工智能的立法规制具有重要的借鉴意义（曾雄等，2022）。

案例4.3　欧盟的人工智能伦理保护与监管

人工智能的伦理与治理一直是欧盟关注的重点问题。早在2015年，欧盟已着手采取相关措施，在人工智能的准则制定和立法方面走在了世界前列。

欧洲人工智能伦理主要关注隐私、公平和安全。2019年4月，欧盟委员会发布了《人工智能道德准则》，提出"值得信赖"的人工智能应当满足受人类监管，同时具备技术的稳健性和隐私安全性、管理透明性和社会福祉公平性。在随后出台的准则中，欧盟再次强调对人工智能透明度的保证，如2021年1月制定的《关于人工智能的统一规则（人工智能法）并修正某些联合立法行为》规定：高风险人工智能系统的设计和开发方式应足够透明，以使用户能够理解系统的输出并适当地使用它。

在具体的规则上，欧盟对于人工智能采取了严厉的监管手段。2018年生效的欧盟《通用数据保护条例》明确了数据主体享有的权利及数据控制者和处理者的责任和义务，设立了数据保护官，对人工智能设计和运行中的数据获取进行了严格约束。2021年4月，欧盟发布了人工智能立法提案，对人工智能按照风险实行分级，并对高风险领域从严管理，明确监管部门和处罚要求。

欧盟在人工智能伦理方面的政策推进，有助于提高人工智能的安全性和规避相关伦理问题，同时这也在一定程度上抑制了欧洲人工智能的发展及与他国间的合作交流。

资料来源：
「邱静」欧洲为使用人工智能立规矩——中国社科院世经政所．
https://baijiahao.baidu.com/s?id=1718155620349988898&wfr=spider&for=pc．
刘艳红．人工智能的可解释性与 AI 的法律责任问题研究 [J]．法制与社会发展，2022，28（1）：14．

第四节　巴　　西

一、巴西人工智能发展现状

巴西是少数几个制定了数字经济发展战略的国家。该战略文件于 2018 年编制，由巴西科技创新与通信部（MCTIC）统筹和领导。根据政府倡议所制定的这项战略反映了巴西社会各界（包括私营部门、公营部门、学术界、民间协会、组织和普通公民）对共谋国家数字经济发展大计的承诺。该战略详细描述了工具、方法、技术和目标，一经应用和实现，势必推动巴西在发展电子经济和提高生活质量的道路上产生深刻的社会经济变革。重要的是，该战略多次强调，整个巴西都必须成为这些变革的主体，而不是对象。换句话说，所有巴西人都是变革的参与者，采用的解决方案不得剥夺任何人受益于数字或量子技术的平等机会。

除此之外，和中国、美国、欧盟一样，巴西也希望在国际上利用其能力和所拥有的技术知识（专有技术），成为数字化转型的积极参与者，并在某些具有强劲实力和卓越能力的领域建立全球领导地位，例如，人工智能在农业企业中的应用。作为该战略的一个重要组成部分，同时也是一项挑战，巴西计划到2030年之前完成联合国在《可持续发展目标框架》[①]内向巴西提出的任务，包括消除贫困和饥饿，提高健康水平和生命质量，提高教育水平，发展知识、创新和网络基础设施，以及限制自然环境污染。

二、拟采取措施

巴西数字技术发展战略高屋建瓴，旨在向关键参与者（即公私营部门）分派具体任务，为数字化、人工智能、机器人技术等领域提供一套综合方法。重要的是，每个阶段都会采用相应的指标衡量行动的有效性和效率，对所分派任务的绩效进行考核。如图4-3所示，转型和赋能都是为了支持数字经济建设，相辅相成、互相渗透，同时形成两个参照轴，其中一个轴与转型有关，另一个轴与赋能行动有关。至于赋能行动（赋能因素）的作用可归结为创造适宜的环境，以推动巴西经济转型（巴西科技创新与通信部，2018）。因此，巴西科技创新与通信部（2018）指出，应采取以下应对措施。

- 建设相应的基础设施，引入先进的信息和通信技术。
- 发展并加强创新产品和服务的创建及测试活动。
- 形成监管环境，确保监管原则受尊重且为利益相关者所信任。

[①] 更多信息请见 https://www.un.org/sustainabledevelopment/sustainable-development-goals/。

- 提高教学水平和专业能力，这对人工智能技术和量子技术的发展具有关键意义。
- 确保巴西在国际环境中的存在，形成并设定发展全球数字经济的目标。

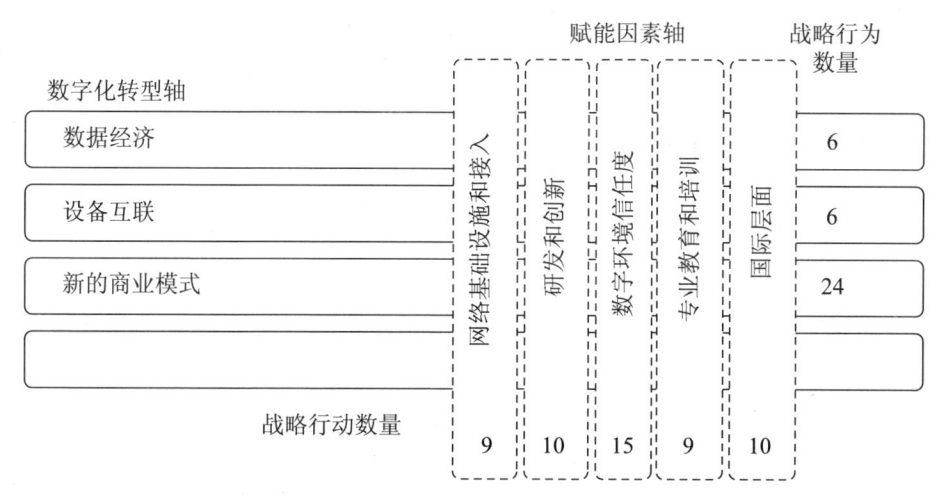

图 4-3　巴西的数字经济转型环境（转型因素和赋能因素系统）

资料来源：巴西科技创新与通信部，2018 年。

因此，赋能行动的系统化是为了促进巴西经济的转型，包括发展数据驱动经济、整合系统和设备、打造创新商业模式（新的组织管理模式）以及提高巴西公共行政和全社会的数字化水平。图 4-3 中的每个主题轴都包含一些战略活动，一旦落实，可为基于人工智能技术的新数字经济建设提供支持。就赋能因素轴而言，其与下列领域密切相关（MCTIC，2018）。

（1）基础设施以及信息和通信技术的接入。鉴于电信部门已成为全球社会经济发展的重要推动力，巴西相关部门正在加大力度，力争巴西家家户户接入互联网，实现新数字技术的快速增长。为了完成这项任务，需要推行一种机制，贯彻以下优先事项。

- 落实国家互联教育计划，确保 22 000 所公立学校（城市和农村）接入快速宽带互联网。
- 筹集宽带网络建设资金。
- 筹集移动宽带网络建设资金。

- 加快部署 700 MHz 频段的 4G 网络。
- 国家（地区）管理层面实行税收减免，推动移动网络覆盖范围在城市外区域的扩展。
- 根据与宽带网络扩展相关的行动，调整电信领域的监管规定。
- 巴西科研机构积极参与制定第五代蜂窝技术（5G）的国际标准和规范。
- 整合科研、教育和培训设施，推行 Giga[①] 项目，促进光纤网络技术在巴西各个经济部门中的使用和落实。
- 落实对信息和通信技术的长期投资，特别是在关键基础设施方面。

（2）研发和创新的发展。巴西在研发和创新（R+D+I）方面的投资将成为提高社会经济生活质量的驱动力。这一领域的关键在于 IT 和通信技术发展带来的新技术知识，而巴西最不发达的地区可能首先受惠于这一技术。同样，为了完成这项任务，也需要推行相关机制，贯彻以下优先事项。

- 建设平台，纳入国家安全和国防计划，确保巴西各类武装力量的互操作性和合作，鼓励私营部门参与这些行动。
- 购买适当的数据通信基础设施，在巴西医疗保健系统引入电子文件流转管理体系，同时为巴西远程医疗的发展奠定基础。
- 购买与精准农业、无人机、遥感或农业数据库管理相关的技术，实现农企的数字化。
- 发展物联网，并广泛应用于创建智能城市、智能输电网、智能水管和污水管网管理系统、智能闭路电视系统，等等。
- 建设致力于发展人工智能技术的研究设施和科研机构，确保数据驱动经济的战略性发展。
- 制定研发和创新领域的远景任务，促进未来就业率、公民收入、生产力和经济竞争力的提高。
- 完善巴西在研发和创新领域的立法和监管框架，提高其质量、透明度、可信度和可预测性。

[①] 更多信息请见 https://www.sdgactioncampaign.org/17goals/。

- 启动学术研究激励计划（如 RHAE[①]），作为研发和创新部门发展的扶持工具。
- 在政府、学术环境和行业之间建立永久性的对话论坛，落实电子经济发展战略。
- 扩大国际层面的科技伙伴关系，拓展联合科研项目。
- 加强政府与科研机构的研究合作、经验分享和沟通交流。
- 为新数字技术的研发项目提供财政支持。

（3）建立数字环境中的信任度和可靠性。巴西政府将坚定不移地建设对所有用户都安全的互联网环境，且尊重所有利益相关者在个人数据保护、隐私保护、版权和知识产权保护方面的权利和义务。在巴西政府看来，这种做法值得效仿，尤其是在这个商业、金融和经营交易激增的时代。为了完成这项任务，需要推行相关机制，贯彻以下优先事项。

- 颁布一项新的个人信息保护法。
- 建立公共机构和劳动力市场组织的合作机制，保障互联网基本人权。
- 加强国际层面的合作，确保应用和尊重数字环境方面的法律法规。
- 指定一个主管个人数据保护和国际数据流的国家部门，并规范其能力与要求。
- 制定消费者数据保护方面的安全法规、规范、标准和证书。
- 构建数据作为公民个人财产的全新管理模式。

（4）教育和专业资格。先进的创新技术将彻底革新巴西劳动力市场。也就是说，随着数字技术和电子经济的发展，现有的大量职业将被改造或被淘汰，取而代之的是前所未有的新职业。这些新职业将要求从业者具备创新能力，以操作技术先进的人工智能设备、系统或机器。由于强调专业资格的永久提升和元技能的获得，数字教育成为巴西实施社会和经济发展战略面临的重要挑战。考虑到这一点，为了落实与专业资格提升和教育有关的任务，需要建立相关机制，贯彻以下优先事项。

- 落实中学教育层面的计划，培养高中生在计算系统和数据分析方面的能力。

---

① 即"战略领域的人力资源计划"，是经济战略领域的人力资源开发计划。

- 制定国家层面的新教育政策，将技术基础设施、远程教学以及数字教育资源作为教学体系的基本要素。
- 为巴西公共教育系统内的高速互联网开发新的融资模式。
- 开发旨在提升教师电化教育专业资格的系统，并推广他们为教育目的而开发的数字内容。
- 制定方案，探索在初等教育和高等教育系统中用数字媒体取代模拟教育资源的可能性。
- 在社会教育（女性和男性）中分配数学、统计、分析和工程等学科的优先级，为应对与数字经济发展相关的挑战做好准备。
- 开发培训认证体系，提高与数字技术相关的专业技能水平。鼓励与其他合作伙伴、企业或机构合作开展此类活动。

（5）国际层面。这项任务的主要目标是加强巴西在数字技术、人工智能和机器人技术领域的国际领先地位。在国际舞台上，首先要发挥重要作用的是巴西的企业和研发中心，这些企业和研发中心的承诺反映了巴西建设数字经济以及提高公民生活质量的决心。为了完成这项任务，需要推行相关机制，贯彻以下优先事项。

- 参与网络安全、数字安全、人工智能技术相关法律法规、网络环境冲突解决等议题的国际论坛，并充分利用与欧盟、南方共同市场[①]、金砖国家[②]、二十国集团和联合国在这些以及其他领域的伙伴关系。
- 连接巴西企业与国际数据通信和电子细分市场。
- 开展国际合作，在全球互联网上推广巴西产品和服务。
- 在国际市场上宣传巴西中小企业部门及其制造的产品。

（6）经济的数字化转型。事实上，巴西政府的这项任务侧重刺激有利于数字化和生产性经济发展的行动，使其能够与发达国家的数字经济相竞争。为此，巴西需要改善各个经济部门的人才配备、生产过程和绩效水平。实现

---

① 南方共同市场（Mercado Común del Sur）是南美洲最大的自由贸易区，其正式成员包括阿根廷、巴西、巴拉圭、乌拉圭、委内瑞拉（因国内局势自 2017 年 8 月起被无限期中止成员国资格）和玻利维亚。

② 金砖国家是以巴西、俄罗斯、印度、中国和南非为代表的国家集团。

这一转型的关键因素在于数据资源，数据质量以及数据处理能力将决定国家的竞争优势。巴西经济的数字化要求政府采取各种行动，其中最重要的是与下列相关的行动（MCTIC，2018）。

- 促进外国投资，特别是在数据管理领域。
- 促进法规领域的国际合作和数据相关法规的协调。
- 促进政府、高校和私营部门之间的合作，交流与数据管理相关的知识、经验和技术。
- 制定相关政策，鼓励在公共管理中使用计算云。
- 根据数字技术、人工智能、大数据资源和量子技术给巴西社会和经济增长带来的机遇、可能性、危害和挑战，洞察这些技术对巴西社会和经济增长的潜在影响。
- 批准国家物联网发展计划。
- 完善企业部门与科研中心合作的法律框架，落实更多的数字经济发展项目。
- 针对使用算法实现决策过程自动化所涉及的伦理问题进行大量的意见征询。
- 完善与劳动力市场及劳动力相关的法律框架，特别是在可能聘用国外人工智能专家的背景下。
- 通过人工智能领域成熟的人才管理，挖掘数字技术的教育潜力。
- 营造具有国际竞争力的环境，吸引投资，如对数字初创组织的风险投资。
- 使用国家机构数字化管理的新模式，构建去官僚化的现代公共管理。
- 大力推进巴西初创企业的国际化。

（7）政府管理的数字化转型。这项任务的基本目标是使政府管理更具活力、更有效率、更有灵活性、更贴近社会。为此，有必要通过以下方式实现公共管理的高度数字化：开发国家办公室的数据通信基础设施；实施采用人工智能解决方案的先进应用程序和系统；启动远程工作和电子文件流转；启动供申请人获取信息的平台；解决竞争和投标问题。为了实现国家办公室的运营数字化，巴西需要采取以下行动。

- 推广政府福利和服务的在线办理。
- 打造有助于分析、评估和监督数字化国家行政管理的工具。
- 推动巴西所有公共行政机构的流程数字化。
- 制定政策，保护公共行政机构的运作免受网络攻击、个人信息勒索和金融欺诈等。
- 推动商业生态系统建设。
- 统一政府平台和数字公民参与平台，改善沟通与交流。

三、现存发展瓶颈

巴西政府制定的数字经济发展战略基于两大支柱。第一大支柱代表赋能因素轴，第二大支柱代表数字化转型轴。实际上，这两个方面都制定了丰富的战略举措，这些是建立和发展巴西数字经济的必要条件。这一战略的设想是在五年内，如从2018年到2021年，完成所计划的大部分行动，不过，这一设想有些过于乐观。首先，任务数与巴西的技术和时间相关的潜力并不对应。其次，巴西经济的"再生"潜力小，即便是全球GDP增长率出现短期放缓，也可能导致计划活动的实行大大延迟。再次，目前全球劳动力市场人工智能或其他数字技术专家严重短缺，势必导致巴西原定项目的落地时间延长。最后，投资者认为巴西在国际舞台上的潜力远低于其全球排名，这种情况弱化了巴西的吸引力，并降低了巴西国家的竞争力。考虑到这一点，战略任务的计划完成时间预计至少延长3~4年（2025年前后）。在不出现任何重大问题的情况下，只有到那时巴西才可能完成战略计划所设想的大部分行动。

目前已有一些学者开始关注巴西人工智能的发展。研究表明，潜在的人工智能驱动的数字技术(AI-Driven DT)是促进巴西实现可持续发展目标的有利因素（Pigola 等，2021）。

案例4.4　巴西农业上的人工智能应用

人工智能可通过智慧作业，提升传统农业的生产效率，降低风险，节约成本。巴西是农业大国，且多数为面积较大的农场，符合推广智慧农业应用场景的条件。农业机器人是巴西农业人工智能的重要内容，重点集中在无人驾驶拖拉机、喷药无人机和挤奶机器人等方面。增加农业机器人的推广应用，可以减少人工操作，帮助解决生产中的一些实际困难。

目前巴西已有商家创建了人工智能平台，将人工智能与云计算、大数据和物联网等技术相结合，利用多源遥感设备、智能监控录像设备和智能报警系统实时监测农产品的生产环境和生长状况。同时该平台能够利用作物的生长模型，设置其在不同生长期所需的微量元素，精准喷洒农药、施肥。该平台还建立了专门的农业病虫害数据库，通过人工智能技术，实现农业病虫害在线分析与诊断。此外，平台还运用前端摄像头、光谱无人机等物联设备对整个区域的农业产业进行统筹监管，避免了重复作业，大幅减少了农作物生长过程中的人力、物力、财力投入。

资料来源：
人工智能铺就巴西"智慧农业"之路—科技日报.
http://digitalpaper.stdaily.com/http_www.kjrb.com/kjrb/html/2022-04/15/content_533748.htm?div=-1.

第五节 非　　洲

一、非洲人工智能发展现状

目前非洲很少有国家拥有人工智能或数字经济发展战略，即便是非洲最富有和最发达的国家，如尼日利亚、南非、埃及和阿尔及利亚。不过，这并不代表非洲国家对新技术不感兴趣，也不代表这些国家对人工智能解决方案一无所知。事实恰恰相反。例如，在肯尼亚和南非，人工智能工具在健康服务、公共交通、金融和农业领域有很长的使用历史。以农业为例，从就业率的角度来看，农业在非洲有着重要作用。尼日利亚精准农业公司 Zenvus[①] 就是一个很好的案例，其主要业务是向农民提供信息，以提高农业产量和总体

---

① 更多信息请见：https://www.zenvus.com。

效率。农民通过 Zenvus 收到的信息首先来源于智能传感器，其中包括降水、准确的天气预报和改善土壤与防止土壤退化的方法。换句话说，这家公司的运营不仅证明了人工智能工具在非洲的真实应用，而且证明了非洲人在使用与人工智能有关的现代技术，努力摆脱贫困。此外，乌干达使用的应用程序 Tumaini，能够依靠人工智能从农民拍摄的照片中确定产品疾病，这一数字解决方案增加了农业产出和农民收入，并为粮食安全和农业转型制定了更有效的管理（McKinsey，2021）。

非洲已经作为一个大陆出台了《2020—2030 年非洲数字化转型战略草案》（非洲联盟，2019）。这份战略文件由非洲联盟（AU）[①]于 2019 年编制，其中介绍了一系列项目和行动，旨在根据"智能非洲"的共同倡议，到 2030 年在非洲建立一个统一的数字市场。此外，非洲还有一项更宏大的计划：到 2063 年将非洲建设成国际舞台上的一支强大力量。[②]在这种情况下，毫无疑问，非洲联盟代表及其成员国政府都已意识到数字技术在打造电子经济、改善社会福利方面的潜力和机遇：与自动化、数字化相关的技术创新创造了新的工作，消除了贫困，改善了社会不平等，并使物流更加便捷，甚至可以运送到世界上最偏远的地方。这样的大环境为非洲带来了良好的发展前景。某种程度上说，非洲大陆有一种"天然"的能力，可以吸收所有新的和以前未知的事物。事实上，流向非洲的技术将是世界一流的技术，通常比当今最富有的国家拥有的技术还要先进。这意味着非洲渴望在未来几十年实现的文明飞跃可能提前发生。不过，实现这种设想的一个必要条件是多方共同参与这一项目，包括非洲联盟代表（管理和组织层面），所有非洲国家政府（运营和执行层面）以及非洲社会、经济和金融组织（顾问和专家层面）。只有采用这样一种基于共享和协调互动的方法，才能使非洲国家从第四次工业革命[③]的发展中获得巨大利益，从而打造"智能非洲"。

---

① 非洲联盟是一个国际组织，由非洲大陆的 55 个成员国组成。非洲联盟于 2002 年开始运作，同时也是 1963—1999 年在非洲大陆运作的非洲统一组织的继承者。
② 该计划根据"2063 议程"项目制定。"2063"表示非洲将在 2013 年 5 月之后的 50 年内执行这些活动，这 50 年也标志着非洲统一组织和随后成立的非洲联盟的黄金周年。
③ 更多信息见第一章第三节。

二、"智能非洲"战略

鉴于上述情况，非洲联盟代表确定了非洲国家到 2030 年建设现代经济的综合目标。在实践中，其建设成就将取决于能否充分利用现代数字技术来转变非洲国家的经济和社会面貌。这些变化会带来更高的经济增长，可促进社会融入经济循环，产生新的工作岗位，弥合数字鸿沟并消除贫困，进而确保非洲国家能够从第四次工业革命中获益，推动全人类社会经济的发展（非洲联盟，2019）。想要实现总体目标，必须完成具体（操作）目标中所明确的下列行动和任务（非洲联盟，2019）。

第一，到 2030 年，在非洲打造统一的数字市场。

第二，到 2030 年，在非洲大陆打造一个可安全快速接入互联网的数据通信基础设施。此任务规定了以下参数：网速至少为 6 MB/s，宽带价格不高于 0.01 美元 /1MB，互联网设备（非洲生产）不高于 100 美元 / 台。

第三，推动共享经济，以促进贸易往来，加强资本和投资向非洲的流动。

第四，营造一种有助于获得资金的环境，以弥合 IT 基础设施上的差距，并且确保无论年龄、性别和居住地，所有非洲人民都可以获得安全、经济的宽带连接。

第五，制定政策、法律和法规并使之标准化，为推动和发展大陆、国家、地区和地方层级的数字化转型奠定基础。

第六，非洲联盟成员国贯彻执行电子交易、个人数据隐私和保护、消费者保护、网络犯罪以及版权和知识产权保护等方面的法律法规。

第七，实施非洲联盟国家层面的数字管理框架。

第八，宣传并保护国家顶级域名（国家代码顶级域名，ccTLD[①]），将其作为重要的经济资产。

[①] 这是一个为特定国家或附属领土保留的双字母域名（例如，pl 代表波兰，us 代表美国，cn 代表中华人民共和国）。在实践中，cd 域名只被刚果民主共和国使用，因此，它不应该在任何程度上被参与生产光盘的公司使用。同时，cd 的缩写不能出现在任何上述公司的域名中，除非它是在刚果民主共和国境内经营的公司。

第九，打造一体化数字能力，包括编程、数据分析、机器学习、人工智能、机器人技术、工程、创新、创业、量子力学、计算系统等。

第十，到 2025 年，近 10 亿非洲人口具备互联网基本操作技能。

第十一，营造有利于数字劳动力市场发展的环境。

第十二，建立各个领域的数字一体化平台，使公共管理、私营部门、社会组织和公民运动的代表都可以参与其中，以便最大化数字化所带来的社会和经济效益。

第十三，根据"2063 议程"，支持政策和战略的制定，促进电子服务、电子应用、电子医疗、电子管理、电子支付、电子科学的产生。

第十四，对农业、卫生、教育和公共管理的数字化施加压力（到 2030 年，99.9% 的非洲人口应拥有数字化合法身份）。

第十五，规划和实施非洲数字化转型的融资模式，分为两个阶段：第一阶段，2020—2025 年，投资 200 亿美元；第二阶段，2026—2030 年，投资 300 亿美元。2020—2030 年，非洲对数字经济和人工智能发展的投资总额近 500 亿美元。

非洲联盟代表根据"智能非洲"战略制定的任务众多，不仅需要大量的资金投入，而且对非洲大陆所有国家来说也是一场对文明的挑战。这个项目的规模在非洲近代史上是无可比拟的。也就是说，如果非洲国家想要利用数字技术和第四次工业革命的相关发展所带来的潜力，就必须下定决心，勇于承担各自任务。

- 加强国家、地区层级数字战略实施行动的一致性和协调性。
- 在教育、法律和国际合作领域，提高关键经济改革的数量和实施速度。
- 增加教育和数字项目的财政经费支出。
- 永久性提高研发经费投入强度（研发经费/GDP），在大多数非洲国家，通常这一指标占 GDP 的比重不到 0.25%[①]。

---

① 作为比较，在高度发达的国家，这一指标达到了 GDP 的 2.5% 以上，该领域领先国家每年用于研究和开发的费用甚至超过了 GDP 的 3.5%。

2005—2025 年全球产生的数据数量如图 4-4 所示。

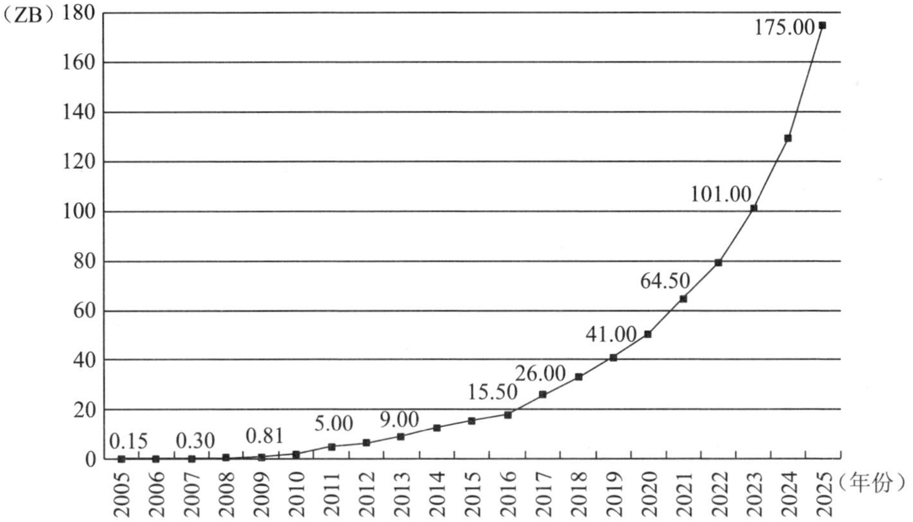

图 4-4　2005—2025 年全球产生的数据数量

注：** 二进制下，1 ZB（泽字节）= 2^{70} B（字节）。
资料来源：笔者基于 2020 年 Statista 的研究自行制作完成。

三、最新的人工智能产业建设

尽管非洲的人工智能发展相对滞后，但已经有一些国家制定了相关政策，推动本国人工智能产业的发展。例如，尼日利亚在人工智能教育方面处于领先地位，政府制定了 2020—2030 年国家数字经济政策和战略，通过数字社会和新兴技术支柱确定了人工智能的重点领域和发展方向，并通过该战略创建了国家人工智能和机器人中心（尼日利亚通信和数字经济部，2019）。此外，尼日利亚数据科学中心（Data Science Nigeria）是撒哈拉以南非洲领先的人工智能科技企业，致力于构建非洲人工智能人才生态系统，开发治理、教育、健康、零售和金融解决方案，并且计划在尼日利亚培训 100 万人工智能人员（https://www.datasciencenigeria.org/）。

除非洲自身对人工智能的积极推动外，许多在人工智能领域位居前列的企业也积极加入非洲的人工智能产业建设，谷歌和 Facebook 援助了卢旺达的非洲机器智能硕士项目。非洲数学科学研究所计划培训非洲研究人员和工程师在各个领域使用人工智能。该项目学生的结业率达91%，并且所有学生毕业后都在非洲工作（AUC/OECD，2022）。

案例4.5　非洲人工智能领域现状

AI媒体集团（AI Media Group）发布的《2022年非洲AI现状报告》显示，非洲的企业家对人工智能在改变非洲大陆方面的潜力持乐观态度，并正积极投资该技术，在过去五年中，非洲大陆的许多公司都在努力利用人工智能提高业务效率。同时，新冠疫情也在很大程度上推动了非洲人工智能的增长，加速了数字转型。目前非洲正处于人工智能产业的早期增长阶段，超过2 400家公司将人工智能列入业务范围，其中40%的公司是在过去五年内成立的。

南非、肯尼亚、埃及和尼日利亚四国在非洲人工智能领域占主导地位。南非在为泛非"AI for Africa"的制定中做出了重要贡献；肯尼亚于2019年发布国家人工智能战略，并积极推动人工智能技术的跨部门应用；埃及成立了国家人工智能委员会和非洲人工智能工作组，谋求为非洲制定统一的人工智能战略；尼日利亚创建了国家人工智能和机器人中心，将人工智能作为新兴的技术支柱。

资料来源：
非洲正在加入全球人工智能革命——数字非洲观察．
https://mp.weixin.qq.com/s?__biz=MzkyMjI5MzM2MQ%3D%3D&mid=2247488558&idx=1&sn=13659850bac36cdb83d0cf7c917160c2&scene=45#wechat_redirect.

章末案例　　　人工智能的国际竞争

随着人工智能技术的快速发展，加之人工智能对数字经济和传统经济的巨大推动作用，人工智能已成为国际竞争的关键领域。

目前美国和中国在全球人工智能领域处于领先地位，世界70家掌握着人工智能技术关键数据与算法的互联网公司中，90%由中美两国把控。两国在人工智能领域存在着深入合作，美国人工智能研究人员与中国合作的论文数量最多，且美国是中国人工智能公司最大的国外投资者。但由于国家战略的需求，中美两国在人工智能领域的竞争日趋激烈。为保证领导地位，美国已采取举措，限制中国人工智能的发展：2022年5月，美国乔治城大学安全和新兴技术中心发布报告《四国人工智能：美国、澳大利亚、印度和日本之间与人工智能相关合作评估》。报告建议，为应对中国的技术壁垒，减少对中国资本和市场的依赖，美国应考虑增加和澳日印三国的人工智能双边、多边技术研究与投资活动。在2021年的四方安全对话中，美国计划建立四国之间"开放、可访问和安全的技术生态系统"，建立人工智能方面的技术标准联系小组，启动半导体供应链计划，并建立相关研究生奖学金。同时美国国会授权人工智能国家安全委员会，敦促美国大学限制与中国军方关联的实体和个人合作。

除中美两国外，欧盟也正积极利用其在人工智能伦理和监管方面的领先地位参与竞争，谋求实现美中欧"三足鼎立"的局势：一方面，欧盟强调"技术主权"，谋求在与核心技术相关的基础设施、工具、标准和法律规则乃至价值观和社会模式方面实现最大限度的"规制自主"；另一方面，欧盟坚持"以人为中心"的观念立场，率先颁布人工智能伦理监管准则，并将其推向国际社会。欧盟在人工智能方面的独特竞争战略，利用了其在人工智能伦理和数据主权方面的优势，为欧洲人工智能发展争取了空间，同时也为其他国家设置了技术壁垒和规则限制。

资料来源：韩春晖．美国人工智能的公法规制—世界社会科学．https://mp.weixin.qq.com/s/IQIRhJbeVlovMP02jLbtTw.

施雯，缪其浩．从两极到三强：欧盟人工智能的全球竞争战略分析 [J]．中国科技论坛，2022（6）：10.

思考题

1. 针对欧美在人工智能领域采取的竞争战略，中国应采取怎样的应对措施，从而推动国内人工智能技术的发展，保持本国人工智能市场的稳定运行？

2. 参照欧盟在人工智能伦理方面的监管政策和规范准则，结合目前国内人工智能的发展现状，我国应在人工智能的监管方面做出哪些努力？

第五章
AIGC 与未来组织新展望

第五章 AIGC 与未来组织新展望　　183

> **章前案例**　大模型与 AIGC 发展——热度与安全并行

在当今人工智能领域，大模型的崛起引发了一场技术与市场的风暴。2023 年 7 月 6 日，在上海举行的世界人工智能大会（WAIC）可以称作大模型的"百模大战"，仅新展出的国内外大模型就超过了 30 个。[①] 本次大会首次设置"迈向通用人工智能"主题展区，将通用人工智能作为本次会议的重中之重。这不仅体现了人工智能产业呈现出蓬勃的创新和发展态势，也预示着未来组织在人工智能领域面临着更为激烈的竞争与合作。

在本届世界人工智能大会上，大模型成为不同行业论坛讨论的焦点。尤其在大语言模型等细分领域，以 ChatGPT 为代表的生成式人工智能（AIGC）对相关行业产生了颠覆性影响，并带来了发展新引擎。腾讯、中国电信、中国移动、蜜度、中电云、达观数据、容联云等在本届大会上举办了一系列创新论坛，均聚焦大模型垂直领域的细分赛道，针对 AIGC 的不同应用场景进行了深入探讨，加速 AIGC 赋能各行各业。

伴随着热度的上升，大模型的安全问题愈发引人关注。以保障大模型的安全和可控性为目标，蚂蚁集团推出了蚁鉴 AI 安全检测平台 2.0，为 AIGC 的发展提供了保障。这凸显了人工智能的发展需要权衡开放与监管，确保其安全和可持续发展。美国国家工程院外籍院士沈向洋强调，对于人工智能的科学研究应保持开放，但在产业层面，人工智能的适度监管至关重要。因此，未来组织既要抓住大模型与人工智能的发展机遇，也要注重技术的合规和安全性，以确保组织在激烈竞争中立于不败之地。本章将以世界人工智能大会对大模型与人工智能的发展及其安全问题探讨为例，介绍 AIGC 在组织中的应用、面临的挑战和未来发展与应用前景。

资料来源：任晓宁，大模型内卷：2 天发了 10 余款，百模大战开打了 [N]，经济观察报．https://news.sina.cn/gn/2023-07-09/detail-imzaaeut6262633.d.html?oid=5_krc&vt=4．

[①] 世界人工智能大会（WAIC）是由中国国家有关部门和上海市共同打造的国际高端合作交流平台，自 2018 年开始举办，每年一届。至 2022 年，WAIC 已逐步成长为全球人工智能的"科技风向标、应用展示台、产业加速器、治理议事厅"和全球人工智能领域最具影响力的行业盛会。

第一节 AIGC——基于解释的视角

一、AIGC 的起源与发展历程

ChatGPT 的出现与应用成效令人震撼、超出想象，这意味着新一代人工智能时代真的来临了，它将实实在在改变人类的生活，同时改变整个商业模式、组织形态，以及人们的工作与协同方式。以 ChatGPT 为标志的 AIGCH 的诞生与加速应用，是一场颠覆式的人工智能技术革命，开启了第三波科技革命浪潮，将彻底改变人的生活方式、生产方式、工作方式以及人与物的融合方式，某种意义上它是一场不可阻挡的智能革命。

AIGC 的发展经历了从 Google 的深度学习框架到 LaMDA 软件再到 Midjourney，最后到 OpenAI 几个重要时间点。目前 AIGC 的应用范围包括人工智能绘画、人工智能内容、人工智能音频、人工智能办公（Microsoft Copilot）、代码编译器（code interpreter）等。根据 AIGC 技术的发展，可以划分为以下几个阶段。

- AIGC 的初步实验阶段（20 世纪 20 年代中期）。这一阶段的关键事件是 1957 年第一首由计算机创作的弦乐四重奏《依利亚克组曲》的完成，紧接着在 1965 年出现了人工智能历史上第一个成功的对话系统 ELIZA 程序。在这一阶段，只是对 AIGC 在小范围内进行实验，并进行了初步探索。

- AIGC 的实践应用转变阶段（20 世纪 90 年代中期至 21 世纪第一个十年中期）。2007 年世界首部由人工智能创作的小说 *The Road* 诞生。此外，微软公司于 2012 年推出了全自动同声传译系统，AIGC 可以用于跨语言交流。这些均表明 AIGC 已经从初步实验期转向了实践应用期。

- 大模型预训练时代（21 世纪第一个十年中期至 2021 年）：这一阶段主要通过对深度学习算法的改进与优化来推动 AIGC 技术的发展，这期间生成对抗网络（GAN）、WaveNet 模型、BERT 模型、GPT 模型等预训练模型陆续发布。其中 OpenAI 发布的 GPT 开启了预训练大模型时代，后续又更新升级了 GPT-2（参数规模 15 亿）、GPT-3（参数规模 1750 亿），模型参数的数据量与预训练数据量屡创新高。这些大模型具备更强的生成和推理能力，能够理解上下文，并生成更自然和多样化的语言内容。

- 多模态、跨模态预训练大模型时代（2021 年至今）。随着大语言模型聊天机器人 ChatGPT 的横空出世，AIGC 迅速在全球范围内流行，在各行各业中的应用呈现爆发式增长，这也标志着 AIGC 元年的到来。这时期的大模型具备更广泛的应用能力，并通过与用户的交互来增强和优化生成的内容。2023 年 4 月，更强大的 GPT-4 升级诞生，成为 AIGC 技术发展史上的又一重要里程碑。

AIGC 发展关键事件时间节点参见图 5-1。

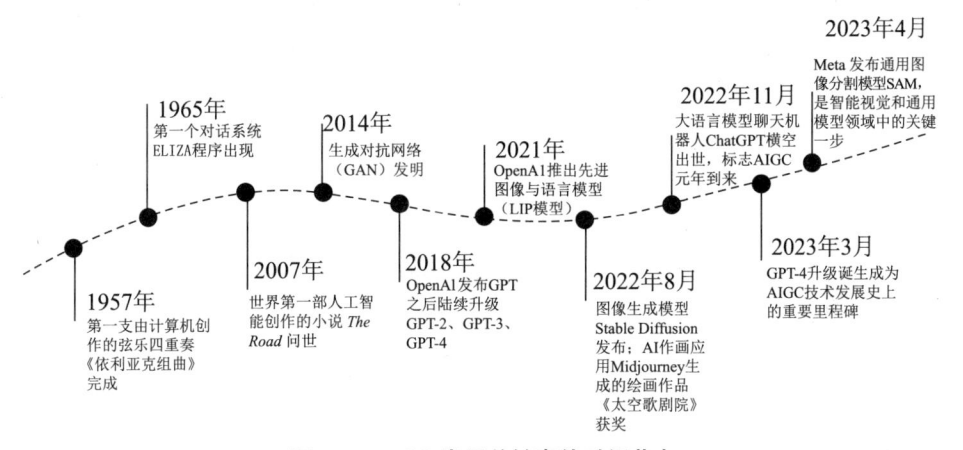

图 5-1　AIGC 发展关键事件时间节点

二、AIGC 的概念与特征

（一）AIGC 的概念

AIGC（AI generated content）是 GAN、预训练大模型、多模态技术融合的产物，通过已有的数据寻找规律，并通过泛化能力形成相关内容。简单来说，AIGC 是通过人工智能技术自动生成内容的生产方式。从商业应用角度看，AIGC 是一种赋能技术，通过高质量、高自由度、低门槛的生成方式为内容相关场景及生产者服务，以 ChatGPT[①] 为杰出代表。

早在 Web 1.0 时代，PGC（professional generated content，专业生成内容）是内容的主要生成方式，主要由专家、专业人士进行内容生产，属于单人体验，内容质量有保障，但是信息单向传递，内容供给数量十分有限。到 Web 2.0 时代，信息呈现双向互动，以往单一的 PGC 模式难以满足人们对于多样内容的需求，因此 UGC（user generated content，用户生成内容）的出现极大丰富了内容呈现形式，如 YouTube、Instagram 等社交平台就采取了 UGC 模式，尽管内容丰富多彩，但是质量参差不齐。随着 Web 3.0 时代的到来，用户对内容的需求从追求质量到保证时效，再到多样性和个性化，有了更高的需求，在人工智能技术还未出现关键性突破时，AIUGC（人工智能辅助用户创作内容）出现，用户可以利用人工智能技术生成文字和图像等。随着人工智能技术的不断成熟，ChatGPT 的横空出世让人们震惊于 AIGC 技术的发展速度。

当前 AIGC 是 Web3.0 时代全新的内容生成工具，并已广泛应用于文字、图像、音频、视频、游戏等内容生产场景中，利用 AIGC 技术，人工智能可以独立完成写作、设计、绘画等创意性工作。此外，国外市场早已加速 AIGC 领域布局，其中既有科技巨头 Google、Meta、Microsoft 等，也有新晋"独角兽"企业 Stability AI、Jasper、OpenAI 等，从 Meta 推出的由文本到视频的系统 Make-A-Video，再到谷歌根据简单文本提示便可生产高清视频的 Imagen Video 和 Phenaki，都可以看出 AIGC 在国外的高速发展态势。

（二）AIGC 的特征

随着数字内容进入强需求和拼创意的螺旋式升级周期，AIGC 作为一种新型内容生成技术，借助深度学习和生成式人工智能（generative AI）技术，模仿人类的创作方式，在极短的时间内生成大量内容，从而满足了数字内容的需求。AIGC 具有以下典型特征。

- 自动生成性。AIGC 是由人工智能算法自动生成的内容，无须人类干预。以 ChatGPT 为例，ChatGPT 有强大的内容生成能力，能够实现高水平的

[①] ChatGPT（Chat Generative Pre-trained Transformer）是美国 OpenAI 公司于 2022 年 11 月推出的一款聊天机器人。

人机交互，极大提升了用户体验。这是以前的语言模型无法做到的。一方面，问答的对话方式使 ChatGPT 能够实现对上下文的有效管理，从而使回答流畅自然。另一方面，结合 RLHF 训练方式[1]，ChatGPT 能够根据用户的干预和反馈对回答进行动态优化，与用户的价值观和偏好进行对齐，进一步提升生成内容的质量和多样性，使回答更贴近用户期望。同时，RLHF 训练方式也使 ChatGPT 能够帮助用户进行真实创造，尤其是提高了创造效率，如提高获取信息的效率或提出新颖的想法，最后由用户用于解决真实问题，产生更大的效益。

- 基于深度学习。AIGC 的核心技术依赖深度学习模型，如 GAN 和 Transformer。这些模型能够学习并模仿大量现有的内容，以生成新的内容。此外，大模型在参数量达到一定规模后会实现量变到质变的转化，产生涌现能力（即 in-context learning[2]），也就是结合已有数据知识库来生成创造性的输出内容或结果。这些能力类似人类的"举一反三"能力。

- 多模态支持。AIGC 能够将来自不同模态的数据整合在一起，即 AIGC 可以同时处理文本、图像、音频和视频等不同类型的数据。这种整合性使 AIGC 能够生成丰富、多样化的内容。同时，AIGC 具备跨模态的理解能力，可以识别文本中的图像描述、音频内容等。这使得 AIGC 可以创建与多种模态数据相关的内容，例如，生成文字描述的图像或从图像中提取文字信息。

- 个性化定制。AIGC 可根据特定需求进行个性化定制，以满足不同用户或应用的需求，为创作者提供灵活的工具。例如，作为一款开源，操作便捷且能灵活、迅速反馈的聊天机器人，ChatGPT 可以作为个人助手解决用户问题，吸引用户使用。此外，ChatGPT 引入的 RLHF

---

[1] RLHF（Reinforcement Learning with Human Feedback），即基于人类反馈的强化学习，该训练方式用人类偏好作为奖励信号训练模型，促使模型越来越符合人类的认知理解模式，能够解决生成模型的一个核心问题，即如何让人工智能模型的产出和人类的常识、认知、需求、价值观保持一致。

[2] in-context learning，又称上下文学习，类似小样本学习能力，可以使大模型迅速学习下游任务，在较低成本下快速完成算法需求，但处理包含复杂上下文或需要多步推理的任务时仍有局限。

训练方式和问答的对话形式也使人机对话更贴近"人—人"对话场景，从而带来更优质、更个性化的用户体验。
- 高效生产。AIGC 能够在短时间内生成大量的内容，提高生产效率，适用于需要大规模内容的应用，如新闻报道、广告等。在内容生产侧，AIGC 技术的快速发展使需要一定制作周期的图文作品、视频等变成了可以在短时间内源源不断产出的"工业品"；在内容消费侧，用户已然将数字内容产品（如短视频、网文）视为"快消品"。AIGC 在保证内容生成数量的同时，还能辅助创作者持续产生、迭代和验证创意，从而使数字内容生产的成本更低、效率更高。

三、AIGC 底层技术的演进

从 AIGC 的底层技术分类（图 5-2）来看，基础生成算法模型支持 AIGC 生成各种类型的内容和数据，预训练模型提升了 AIGC 的通用化能力和工业化水平，多模态技术则增强了 AIGC 模型在不同媒体类型之间的转换和生成能力。在多模态技术支持下，当前预训练模型已从 CV、NLP 预训练大模型发展到 DALL-E、Stable Diffusion 等多模态预训练大模型，同时一直在推动生成算法和预训练模型的创新。

单一模态　　CV预训练大模型　　NLP预训练大模型　　多模态预训练大模型

- 深度变分字编码(Open AI, 2013)
- 生成对抗神经网络(Google, 2014)
- Transformer(Google, 2017)
- Vision Transformer(Google, 2020)

- Florence(Microsoft, 2021)

- Bert(Google, 2018)
- LaMDA(Google, 2021)
- ChatGPT(OpenAI, 2021)
- GPT=4(OpenAI, 2020)
- PaLM-2(Google, 2021)

- CLIP(OpenAI, 2021)
- DALL-E(OpenAI, 2021)
- GLIP(Microsoft, 2021)
- Stable Diffusion(Stability AI, 2021)

图 5-2　AIGC 底层技术分类

资料来源：《智能时代的生产力变革：AIGC 产业应用实践》，横琴粤澳深度合作区数链数字金融研究院、亚洲数据集团。

基础生成算法模型能支持 AIGC 生成各种类型的内容或数据，如文字、代码、图像、语音、视频、3D 物体等。这些模型使用特定的算法和技术，通过学习和推断来生成具有一定结构和语义的输出。基础生成算法模型是单一模态模型，也是 AIGC 系统的核心组成部分，该模型能够根据输入的指令或条件生成相应的内容或数据。例如，OpenAI 在 2013 年发布了深度变分字编码模型，主要用于图像生成与语音合成，Google 发布了生成对抗神经网络模型、Transformer、Vision Transformer 模型，分别属于图像生成模型、语言模型和视觉模型。

预训练模型引发了 AIGC 技术能力的质变。这些模型通过在大规模数据集上进行预训练，学习了丰富的语言、知识和上下文信息，并具备了更强的理解和表达能力。预训练模型适用于多任务、多场景、多功能需求，能够提供更通用化的能力，并在实际应用中展现出更高的效果和灵活性。这种技术的发展大大提升了 AIGC 模型的通用化水平和工业化应用能力。

多模态技术能将不同类型的数据进行转化，这项技术旨在让人工智能模型能够处理和理解不同的媒体类型，包括文本、图像、音频等，从而实现全面、丰富、具有创造性的内容生成和理解。多模态技术的应用进一步增强了 AIGC 在通用化场景中的适用性和表现能力。

总体而言，持续的生成算法创新、预训练模型的进步、多模态技术的整合等多方面技术的融合，引领了 AIGC 技术革命。这次技术演进使 AIGC 模型具备了通用性、基础性、多模态处理能力，同时还具备了大规模参数、丰富训练数据以及生成高质量稳定内容等特征。未来随着深度学习模型领域的技术创新，AIGC 模型的规模将进一步扩大，更大规模的模型将能够处理更复杂的任务，为自动化内容生成领域带来更多前景和机会。这些发展趋势将使 AIGC 技术更加强大、更具适应性，为各种应用场景提供了更多的可能性。

案例 5.1　AIGC 应用场景——"虚拟数字人"

2022 年 7 月发布的《中国新媒体发展报告 No.14（2023）》指出，中国虚拟数字人行业于 2021—2022 年迎来发展元年，其市场应用呈爆炸式增长。用户对于虚拟数字人的市场认可和消费意愿，使虚拟数字人强大的商业价值日益凸显，加之国家相关产业政策明确表示了对这一新兴产业的支持，新老互联网厂商纷纷进军虚拟数字人市场，2022年虚拟数字人市场应用呈现爆发态势。

"虚拟数字人"是指通过计算机图形学、语音合成技术、深度学习、类脑科学、计算科学等聚合科技创设的，具有多重人类特征（如人的外观、行为，甚至思想或价值观）的虚拟形象。在虚拟技术、大数据、人工智能等技术的加持下，虚拟数字人不断演化，形象越来越逼真，应用范围越来越广，商业价值越来越大。作为AIGC的代表性应用，"虚拟数字人"具有三个重要特征：一是具有人的虚拟形象，需要借助物理设备呈现，但不是物理实物，这是其与机器人的核心区别；二是具备独特的人设，有自己的性格特征和行为特征；三是具备互动的能力，未来"虚拟数字人"将能够自如地交流、行动和表达情绪。根据清华大学新闻与传播学院新媒体研究中心发布的《2022虚拟数字人综合评估指数报告》，综合指数排名前十的虚拟数字人分别为洛天依、哈酱、爱加、Meet Gu、时间小妮、央视AI手语主播、翎、希加加、梅涩甜、尤子希。这些虚拟数字人的角色有的是虚拟偶像，有的是提供专业服务的虚拟助手，或者是智能交互真人数字人、虚拟手语主播。

2022年北京冬奥会期间，咪咕公司将中国移动5G冰雪推广大使谷爱凌的数智分身Meet Gu通过一系列创新技术的加持带到观众眼前，与广大冰雪爱好者实现了沉浸式虚实互动。Meet Gu不仅作为"咪咕冰雪盛会嘉宾天团"中的一员亮相并进行解说互动，还在北京交通广播首档元宇宙交互冰雪音频节目《荣耀时刻》担任电台主持人，携手"中国移动5G冰雪之队"世界冠军的数智分身登上2022中国网络视听年度盛典，献唱了歌曲《准备好》。在技术层面上，Meet Gu基于咪咕自主研发的表情迁移、人脸重建、语音合成、光照一致性虚实合成、数字分身人脸拟合以及云渲染等技术，不仅3D人脸拟合精度达亚毫米量级，完美复刻真人，还实现了全自动化表情与动作的个性化迁移，做到与真人表情"神同步"，实现了与用户的隔空互动，为用户带来沉浸式实时互动体验。

资料来源：胡正荣、黄楚新主编：《新媒体蓝皮书：中国新媒体发展报告No.14（2023）》，2023。

第二节　AIGC 对经济社会的冲击与影响

以 ChatGPT 为标志的新一代人工智能作为一场深刻的科技革命，有着广泛的应用领域，带来了巨大的商业机会，但同时也伴随着不可预测和控制的风险。ChatGPT 超越了传统聊天机器人的范畴，它在多个领域表现出了卓越的能力，例如在智能决策、音乐创作、媒体创作、自动机器学习、知识发现、数据挖掘、自动程序设计、诗歌创作、艺术创造、教育、智能控制等方面发挥强大的工具与助手作用。一方面新一代人工智能能够为各产业及社会各方面赋能，另一方面也可能带来整个业务机会与模式的再创造。新一代人工智能的应用领域非常广泛，具有无限的想象力和发展空间。它不仅能够激发巨大的商业机会，也潜藏着诸多未知的风险。因此，我们必须在拥抱这一技术革命的同时，审慎地评估和管理其带来的风险，确保其健康出展，为社会带来积极的影响。

一、自动化与效率提升

AIGC 作为人工智能技术领域最新的重大突破之一（Chen et al., 2023a），具有"自寻规律"的自主学习能力，可以理解人类的语言，生成相应的回复并能够与人类进行互动、无障碍对话，使得机器能够像人一样去聊天、交流，甚至能够完成写邮件、做视频、写脚本、编文案、做翻译、写代码、写论文等一系列任务。AIGC 的出现改变了数字内容的生成方式（Liu 等，2023），以及组织对于知识获取与管理的方式（Zhang 等，2023；刘智锋等，2023）。正如李彦宏所言，未来十年，AIGC 将颠覆现有内容生产模式，可以实现以十分之一的成本，以百倍千倍的生产速度，去生成人工智能原创内容。在此过程中，企业可以自动化完成大量重复性和繁杂的任务，从而大幅提高工作效率并降低成本。

一是将 AIGC 技术引入产品与服务场景，能够提升组织对数字、文本信息的处理能力与营销内容的输出能力，进而推动实现实时个性化交互和推荐，以提高客户接受度、满意度和忠诚度（Li 和 Zhang，2023）。例如，撰写广告文案、博客或社交媒体标题等一系列创意型营销任务,人类可能需要花费数小时或数天的时间来完成,而 AIGC 能够在数分钟内完成初稿创作,只需要由人工进行简单编辑即可,显著提升工作效率,加速工作流程的推进,为用户提供实时且优质的服务体验。在沟通与交互的工作场景中,AIGC 的应用使得自动化成为可能,释放人力资源,使其专注于解决更个性化和复杂的问题。如智能客服可以实现自动接打电话,解决常见的、基础的问题,并实现投诉与咨询问题的分流,让人类专注于解决个性化的、较为特殊和困难的问题。

二是将 AIGC 与组织管理、设备相结合,推动垂直化大模型[1]的开发与应用,将其与具体产业、场景下的组织特点相结合,可以实现大规模数字孪生,进而推动组织数字化转型或数智化管理(Zhang et al.,2023)。如在内部组织管理方面,将 AIGC 算法内嵌于组织内部的业务平台(或系统),员工可以在业务平台(或系统)上实现一站式提交流程、预定会议、填报考勤等,从而形成系统化的统一管理。同时,员工可以与系统形成交互,日常性问题,如入职指引、社保公积金、软件安装等。不同部门借助该统一平台也可以实现实时的信息共享与跨部门协作,提高组织沟通与信息传递效率,实现商业全流程的自动化。此外,AIGC 具有对数据实时、快速分析与处理的能力,也可通过模型训练来识别人工难以发现的问题、趋势、关系,实现数字驱动下组织决策能力的提升(Chen et al.,2023b)。如在营销领域,除了在内容生成方面帮助营销人员生成文本与创意[2],人工智能软件与系统还可以实现全渠道 24 小时接待访客,并主动邀约,精准识别出访客的意图,通过多维用户类型筛选、用户特征分析与用户画像生成,以及智能化客户圈分层,从而把握不同客户群体的购买习惯与需求,形成市场洞察,在此基础

---

[1] 无论是国外的 ChatGPT,还是国内的文心一言、通义千问,都属于通用大模型,而垂直大模型指的是针对特定领域或任务进行优化设计的模型。虽然通用大模型可以广泛应用于各个行业领域,但在具体落地时,往往存在缺乏行业深度、"不懂"企业、数据安全存在隐患等问题,因此需要进一步开发能够满足企业级应用场景垂直性和专业性要求的垂直大模型。
[2] Capterra2022 年的相关调查数据显示,82% 的营销人员表示,人工智能或机器学习软件生成的内容与人工生成的内容一样好甚至更好,88% 的营销人员发现人工智能与机器学习软件可以帮助公司节省时间与金钱。

上根据历史数据和趋势对未来市场进行预测，为营销策略的决策提供全面支持。又如在人力资源管理领域，AIGC 一方面能够帮助管理者提炼出各职能岗位所需的技能并提出更好的工作建议，从而提升工作质量监督与管理的效率；另一方面也可以为求职者提供个性化服务，形成更为精准的岗位检索与匹配，同时也可为企业提供适配度更高的人才搜寻功能。此外，将人工智能与机器人设备进行结合，可以实现更高效、更智能的商业自动化，例如，智能机器人可以用于物流和仓储业务，自动完成货物搬运与分拣，显著提高效率和准确性。

案例 5.2　AIGC 赋能营销新玩法

随着 Chat GPT、Midjourney 等人工智能模型的普及，AIGC 在营销中，尤其是广告设计中的应用越来越普遍，雀巢、可口可乐、伊利、飞猪、钟薛高等品牌相继推出 AIGC 的广告作品，可以说品牌们已经初步形成一套 AIGC 营销的玩法，在 AIGC 的帮助下提高营销中内容生产、策略生成等方面的创意和效率。总结来看，AIGC 营销玩法有三种。一是核心创意形式，一部分广告直接将 AIGC 作为广告核心创意形式的一部分。如 2022 年 7 月，亨氏番茄酱发布了"Heinz A.I. Ketchup"的创意广告，广告中使用图像生成工具 DALL-E2，通过提示词生成不同的番茄酱图片，但是无论是输入"文艺复兴番茄酱"还是"印象派番茄酱"，抑或是"番茄酱街头艺术"等关键词，生成的照片都像是亨氏的产品，并以"番茄酱，必须是亨氏"结尾，让消费者会心一笑。二是广告制作参与，一部分广告则由 AIGC 工具直接参与制作。如可口可乐公司在 2023 年 3 月发布的广告片"Masterpiece"，通过 AIGC 绘画工具 Stable Diffusion 让博物馆里的名画动起来，并形成与现实故事的联动，创造了一种新颖的广告体验。三是产品设计参与，在此基础上有的品牌则直接让 AIGC 工具参与到产品设计中来。如钟薛高在 2023 年 3 月推出单价为 3.5 元的新品 Sa'saa 系列冰激凌，从产品概念、口味设计、包装设计到产品推广的全流程，都由人工智能完成，并为品牌带来了非常高的关注度和讨论度。

二、创新与个性化发展

1950年，艾伦·图灵在其论文《计算机器与智能》（*Computing Machinery and Intelligence*）中提出了著名的"图灵测试"[①]，即通过机器是否能模仿人类的思维"生成"内容并与人交互来判断机器是否具有"智能"。在此后的半个多世纪中，数据快速积累，算法不断迭代发展，计算机算力得到提升，人工智能不再是只能帮助人们进行简单、重复操作的人工智能，而是可以进行写作、绘画、编曲、视频制作等创意工作的交互式人工智能，具有内容创造的能力，AIGC的概念也越来越被人们熟知。

AIGC的底层核心技术逻辑是深度神经网络多模态大模型，使AIGC具备生成多样性、组合性、融合性创新内容的能力，如视觉大模型赋予人工智能模型以感知和理解海量视觉数据的能力（Zhang et al., 2020），同时联合文本及语音同步进行学习，将不同信息间的关系联系起来，形成不同模态数据间的信息互补，并进一步实现不同模态数据间的互相转化与生成，使AIGC的环境感知、内容检索与语义理解能力相较于传统只能处理部分任务类型、感知能力弱的模型实现了质的飞跃。语言大模型是AIGC文本理解与生成的核心基础，AIGC在情感分析语音识别、信息抽取、阅读理解等方面均表现出色，并实现了对人类语言的学习与理解，大幅提升了数字内容生成的丰富度与创新性。在深度神经网络多模态大模型的支持下，AIGC具备了可以变革内容创作方式的数字内容孪生能力、数字内容编辑能力与数字内容创造能力三大前沿能力。尤其是其中的数字内容创造能力，使AIGC不仅可以基于模仿进行创作，更可以基于概念进行创作[②]（Gafni et al., 2022）。

在人们以往的认知中，机器与人工智能替代的主要是人类工作中简单

[①] 图灵测试（the Turing test）由计算机科学和密码学先驱艾伦·图灵于1950年发表的论文《计算机器与智能》中首次提出，指测试者在与被测试者（一个人和一台机器）隔开的情况下，通过一些装置（如键盘）向被测试者随意提问。进行多次测试后，如果被测试者机器让测试者做出超过30%的误判，那么这台机器就通过了测试，并被认为具有人类智能。

[②] AIGC可以从海量的数据中学习、抽象出不同概念的特征并进行组合，产生全新的创作，生成"牛油果制作的椅子""在猎捕狮子的貛鼠"等作品。

化、重复性的任务，但随着人们逐渐意识到 AIGC 具备强大的创新与创作生成能力，不禁开始思考"人工智能是否会替代人类"的问题。在 2023 年举办的中关村论坛"人工智能驱动的科学研究"平行论坛上，百度创始人、董事长兼首席执行官李彦宏在题为《大模型改变世界》的演讲中指出，我们正处在全新起点，这是一个以大模型为核心的人工智能新时代，大模型改变了人工智能，大模型即将改变世界。关于"机器会不会取代人"的担忧，李彦宏表示，把机器变成人不应该是努力的方向。机器很多方面会比人强，但机器变不成人，也没必要变成人。机器会越来越聪明，能干的事越来越多，效率会越来越高，我们需要与机器共生，而不是二元对立。

大模型的产生即将甚至已经改变了世界，并将在未来逐步渗透到各行各业及生活的方方面面，因此，思考如何适应这一不可逆转的新变化，学会与人工智能共生，更好地利用这些新工具、新手段，开拓新的成长空间，抢占先机并脱颖而出，要比思考哪些工作会被人工智能取代更有意义。人们无须成为计算机科学家才能利用 AIGC 技术，相反，其使用门槛几乎为零，且 AIGC 大幅降低了人们学习、创作的门槛与难度，以往难以掌握的一项技能，现在可以在人工智能的帮助下快速学习并应用，而原本掌握这项技能的人在 AIGC 的帮助下会如虎添翼，可以挥舞着 AIGC 的魔法棒更高效地工作、更好地表达自己的想法。

例如，一个不会编程的用户借助 AIGC 的代码纠错与编写能力，可以通过提供简单的提示使 AIGC 生成可组合的代码块，并快速学习、更好地理解这些代码，仿佛拥有了一位私人教师。而程序员在 AIGC 的辅助下可以更高效地完成工作。又如借助 AIGC 的图片与视频生成功能，用户通过语言描述就可以完成绘图、视频剪辑等高阶操作，极大降低了创作的门槛，并在与 AIGC 的交互过程中形成灵感的碰撞与激发，使用户可以更好地表达、完善自己的创意与想法。而理发师可根据客人的描述，设计出适合不同客人形象的发型，提供更加个性化、满意度更高的服务。AIGC 的文本生成与交互功能更是在学习与生活的方方面面为我们提供着创新性想法，在广告生成、剧本、新闻①以及书稿写作等方面为创作者提供思路与便利，并根据用户的反馈与需要进行个性化、针对性改进与修改。企业可以利用 AIGC 来改进产品和服务，提供更个性化的用户体验，例如，依托 AIGC 的智能客服可以为用户提供及时、定制化且更具针对性的推荐、建议和解决方案，如投资组合方案、保险方案、治疗方案②等，以满足消费者的个性化需求，从而帮助企业不断提升创新能力和竞争力。因此，AIGC 为我们的自我学习、教育、工作和生活提供了极大的便利，我们需要学习的是如何使用它并最大化其价值，更好地实现个人创意表达与个性化发展。

三、人才培养与新就业岗位催生

（一）人才培养变革：方向转换与效率提升

对企业来说，AIGC 从需求和应用两方面推动企业对专业人才的培养。AIGC 的横空出世为企业的人才培养带来了全新的维度，企业需要 AIGC 辅助工作提高效率，势必先要培养相关人才作为基础，AIGC 相关培训课程与体系应运而生，如 prompt 训练师。同时，AIGC 可以从生产领域、岗位职责、目标指向等维度入手，生成针对特定劳动者的系统性培训计划，协助生产部门通过挖掘培训资源、改良培训内容、创新培训手段，提升劳动者的理论知识素养和实际操作技能（蒲清平和向往，2023）。

在学校教育方面，AIGC 可为人才培养提供强有力的辅助工具，推动社会、企业和学校科技型人才的培养。一是 AIGC 的问世推动了学校人才培养模式与方向的转变与进步。AIGC 的快速迭代使社会对人才类型的需求快速转变，学校在培养人才时需要时刻关注社会需求的转变与发展，有的放矢地培养一批全面发展、实力过硬且符合社会需求的人才。同时，AIGC 能够根

---

① 美联社、雅虎的合作伙伴 Automted Insights 公司的撰稿工具 Wordsmith 能够在 1 秒内产出 2000 条新闻，单条质量能够比拟人类记者 30 分钟内完成的作品。
② 在使用 AIGC 为用户提供投资组合方案、保险方案、治疗方案等推荐时，需要考虑到潜在的风险与责任承担，即探讨人工智能是否具有法律人格以及如何承担、在多大范围上承担法律责任的问题。

据教育目标、教育主旨和教育内容，从事教育步骤设计、教育活动安排和练习题编写等工作，为教育实施提供方案参照；能够以教育客体的知识储量、理解能力和认知偏好等特征为起算点，为有助于促使教育客体实现知识内化和技能习得的叙事逻辑与话语风格做出示范；能够学习课程内容，并以此为依据，通过文本检测和语音识别，对教育客体的学习表现和效果进行客观评价，从而协助教育主体通过增强教育组织能力、师生沟通能力等，提高完成常规教育工作的效率（蒲清平和向往，2023）。二是AIGC也是学校人才培养的强有力辅助工具，特别是科技型人才。在教学的趣味性方面，AIGC为教育工作者提供了新的教学方法，使平面抽象的课本立体化、具象化，以更加生动的方式向受教者传递知识；相比于阅读和讲座等传统方式，AIGC可以合成虚拟人物，增强互动性与趣味性，强化教育客体的好奇心、求知欲和专注度，从而通过推动教育过程的运行范式由人为控制转向人机共治，促使教育过程实现"有意义"和"有意思"的统一（许雪晨等，2023）。

社会、组织与学校对于AIGC类人工智能的人才培养可以通过产学研结合的方式实现。AIGC类人工智能提高了社会和组织对科技型人才的需求，学校也会相应重视人工智能人才的培养。社会、组织和学校三者有着培养全面发展的科技型人才的共同目标，通过产学研合作，实现预备人才在校园学习过程中的多方面培养与发展。在理论知识方面，学校可以提供较为系统和深入的课程，以确保人才的AIGC类人工智能理论基础扎实，为今后的研究与工作做好充分准备；在实践方面，社会和组织可以提供相关数据与机会，让人才先行一步，在实战中运用课堂所学理论知识，习得研究与产出的技能，全面提高AIGC类人工智能人才的综合素质。

（二）就业市场的新动态：新兴岗位的诞生

AIGC催生出一系列相关岗位。工业和信息化部人才交流中心发布的《人工智能产业人才岗位能力要求》指出，要以人工智能产业技术架构为立足点，从人工智能企业的实际用人需求出发，围绕物联网、智能芯片和服务机器人等九个技术方向，提出产业研发岗位、应用开发岗位和实用技能岗位三类人才、57个具体岗位。特别是对人工智能产业人才岗位、工艺美术产业人才岗位、数字化产业人才岗位、精益数字化产业人才岗位和软件可靠性测试产业人才岗位做出了详细的能力要求与解读。

从AIGC的不同环节出发，出现了以下新岗位。

- 研发方面，社会与组织对于科技型人才的需求加大，同时发展AIGC所需的云计算和数据库等板块的用人需求和岗位数量随之增加，尤其是AIGC发展过程中的算法与技术、信息资源建设、信息组织建设与信息治理安全等方面都需进一步加强（陆伟等，2023）。
- 应用方面，AIGC工程师等岗位逐渐成为企业招聘的新重点，在招聘软件上以"AIGC"为关键词进行搜索，有诸如AIGC工程师、AIGC设计师和AIGC产品经理等岗位出现，一些与AIGC关联度较高的企业甚至开设有多个AIGC招聘岗位。同时，AIGC也为教育和培训带来新方向，使得社会、企业和学校都需要更多专业人才开展工作，AIGC教育培训岗位应运而生。
- 规范与治理方面，政府部门密切关注AIGC应用所带来的潜在风险与威胁，并已经推出相关规定政策以规范AIGC的使用和监管，进而尽量减少人们对AIGC的不适当应用行为，规避与降低不利影响。而这项任务仍需要专业人士的共同研究，衍生出全新就业岗位。

四、道德伦理考量与监管

AIGC逐渐在社会生产与生活的方方面面发挥越来越重要的作用，但同时，围绕其公平性、责任分配、数据隐私与数据安全等道德和伦理方面的争议日益增多，引发了一系列亟待解决的问题。2022年3月20日，中共中央办公厅、国务院办公厅印发了《关于加强科技伦理治理的意见》（中办发〔2022〕19号），明确提出了新时期科技伦理治理基本要求和重点任务，并总结出增进人类福祉、尊重生命权利、坚持公平公正、合理控制风险、保持公开透明五大类科技伦理原则。基于此背景与原则，为保证AIGC在合法、公平和可信的前提下发展，社会需要制定相关法律法规和监管措施来约束其使用。

一是人工智能算法在算法透明度、可解释性、鲁棒性等方面尚存在未克服的技术局限，导致其在应用过程中会产生各种问题。在算法透明度方面，由于人工智能算法的运作机制类似"黑箱"的过程，其判断的因果逻辑与标准很难直观地"显化"出来，也就使其结果的生成机理不易被人类理解与解释，给算法后续的公平性、安全性评价与监管带来困难。在鲁棒性与准确性方面，算法效果受到数据规模、数据质量、模型选择以及训练方法等多种因素的影响，因此容易出现非鲁棒性与不准确的问题。比如，在训练样本不足时，训练出的算法很容易受到随机噪声的影响，在面对特定训练样本外的数据时做出错误的决策。又如训练样本数据本身存在质量低、有偏的问题时，训练出的算法也会做出有偏的甚至错误的决策，继续产生低质量的、有偏的数据，并在之后的训练中不断扩大错误的范围与程度。在偏见与歧视方面，虽然目前人工智能还不像人类一样具有主观意识，但算法仍会受到数据操控和算法设计责任人的无意偏见、有意歧视等影响（苗逢春，2022；Kumar et al.，2022），并在设计端、学习端与应用端等不同阶段产生偏见与歧视（闫文光，2021；De-Arteaga M 等，2022）。这些偏见与歧视会使人工智能的决策变得"不公平"，即根据个人或群体的不同特征，对其给予不同的对待，产生种族、性别、年龄等维度的歧视（汪怀君和汝绪华，2020）。典型的如 Google 开发的自动图像标记软件曾将黑人照片识别并标记成"大猩猩"，一些美国法院引入的犯罪风险智能评估系统 COMPAS 在评估罪犯的再犯罪风险时存在明显的歧视黑人罪犯的情况（刘友华，2019），亚马逊曾开发"算法筛选系统"用于招聘简历的筛选，但算法明显偏好于男性应聘者而歧视女性等（Rena Coen 等，2023）。随着这一问题在现实社会中逐渐凸显，算法歧视、大数据"杀熟"等议题引起了社会的广泛关注，也成为近年来的研究热点。主要的研究方向包括开发没有偏见的公平的算法、寻求算法公平性的衡量依据与判断标准、探究算法决策对消费者群体的影响，以及算法公平性的治理与规制。同时有学者指出，算法公平性的定义、解读、评价与治理在不同场景下具有不同的侧重点，因而对算法公平性的研究应注重分类与场景化，结合具体领域的实践特征与需求，按照不同的逻辑进行分析（梁正等，2020；丁晓东，2020）。

二是算法责任分配与可版权性的问题还有待进一步厘清。早在 2017 年，学者袁曾就在文章《人工智能有限法律人格审视》中对人工智能的法律人格以及责任承担问题进行了讨论，袁曾认为人工智能具有独立自主的行为能力，有资格享有法律权利并承担责任义务，因此人工智能应当具有法律人格。但由于人工智能承担行为能力的后果有限，人工智能适用特殊的法律规范与侵权责任体系安排，其具有的法律人格是有限的法律人格。除了对算法本身的法律人格以及责任承担能力进行讨论与规定外，还需要进一步规范使用 AIGC 算法的企业行为与责任。《人工智能生成内容（AIGC）白皮书》[①]指出，应建立内容审核机制，落实企业互联网内容治理的主体责任，从"机审"与"人审"两方面努力。同时优化企业技术管理能力建设，提高对技术安全和制度保障的投入。此外，还要完善企业风险治理的能力，构建人工智能管理能力，切实防范算法应用与发展过程中的各项风险，形成良性的行业自治体系。在版权方面，当前我国的著作权法中保护的对象是享有权利、负有义务和承担责任的人产生的"作品"[②]，因此亟待相关法律法规的完善，通过新的逻辑及法律依据对非人生产的智能化内容加以著作权保护，对 AIGC 作品的权属认定进行法律规定，以避免稀释既有作品权利人的独创性、威胁他人的合法权益。

在数据隐私与数据安全方面，随着数据采集、机器学习、人工智能等技术的使用，数据集大小呈指数级迅速扩大，数据富含越来越大的价值，在数据采集、数据预处理（数据脱敏、数据标注）、模型训练、模型部署、模型应用等数据全生命流程中，每个环节都存在数据安全问题，个人信息泄露的情况频繁发生。个人隐私保护与数据安全的重要性日益凸现。因此，无论是学界还是政府，对其关注度和重视程度都日渐提高。"数据安全"这一关键词在 2014 年被正式提出，在此之前，人们更多聚焦于个人信息安全的讨论，

---

① 由中国信息通信研究院与京东探索研究院于 2022 年联合发布，从技术算法、企业管理、政策监管等视角，梳理了人工智能生成内容（AIGC）所暴露出的版权纠纷、虚假信息传播等各种问题，并从政府、行业、企业、社会等层面给出了人工智能生成内容（AIGC）发展和治理建议。

② 根据 2020 年版《中华人民共和国著作权法》第三条，"本法所称的作品，是指文学、艺术和科学领域内具有独创性并能以一定形式表现的智力成果"，且由第二条可知，在我国享有上述作品著作权的主体为我国自然人、法人和其他组织以及一定条件下的外国人和无国籍人，因此从当前法律上来讲人工智能不能成为著作权的主体。

而在 2015—2019 年，出现了"数据主权""数据保护""数据共享""数据开放""数据政策"等新词，对数据安全这一问题的探讨更加深入。2020 年"数字经济"一词正式出现。2021 年出台了《中华人民共和国数据安全法》，就数据竞争和保护等关键问题制定了适合我国国情和现状的规则路径，成为提升数据安全治理能力的一把利器，同时也使关于数字安全的探讨更加体系化，出现了"数据分类""数据监管""数据治理""算法治理""数字贸易"等关键词。数据隐私保护是人工智能伦理、算法治理的一个基本原则与要求，《中华人民共和国网络安全法》和《中华人民共和国数据安全法》均强调了数据隐私保护的重要性，相应保护与审查措施应贯穿数据收集、数据传输、数据存储、数据使用以及数据加工等数据处理的全生命周期，根据数据的敏感、重要程度进行分类分级管理，并对敏感信息进行去标识化、加密等脱敏处理，甚至直接申请删除；重点关注数据在组织中的流入与流出，以及数据出入境管理，依据《数据出境安全评估办法》等要求，对数据出境活动中双方的资质、传输目的和渠道、数据的规模、范围、种类、敏感程度进行评估。

比尔·盖茨发表文章指出："人工智能的风险的确存在，但这些风险是可控的。人工智能的影响可能不会像工业革命那样巨大，但肯定会像个人计算机问世那样带来重大冲击。"人工智能的发展与应用会带来一定风险，但是同时许多由人工智能引发的问题也可以通过人工智能来解决，如通过人工智能系统对出入境数据的敏感度进行监控与审查，在明确算法公平性评价标准后将其内嵌于人工智能算法程序，使其对自己的运算结果进行自主评价与修正，形成不断自我更新与修正的良性循环。

第三节 组织中的 AIGC 应用

一、组织应用 AIGC 的动因

随着新一代信息技术的飞速发展，大数据、人工智能、移动互联网、云计算等日益成为主流的应用技术,将这些新兴技术引入企业内部俨然成为各企业发展的主要趋势。尤其是以 ChatGPT 为代表的 AIGC 技术,依托强大的文本生成能力以及自然语言处理能力等,可以赋能企业从业务层到管理层的各个环节,它助力企业优化内部资源配置,包括人力资源,物资、技术及信息等,以实现降本增效,并促进经济效益与社会效益的双重增长。组织是否应用 AIGC 技术,原因是多方面的,包括对 AIGC 技术的认可、对 AIGC 时代下竞争环境变化的感知以及企业需求的满足等。具体来说,有以下几个方面。

第一,AIGC 技术的落地已经远远超出商业化的进程[1]。这意味着过去大企业凭借技术和商业的双重优势从而更快占据市场份额的局势被打破[2],企业亟须把握时机、优先构建 AIGC 技术在企业内部的高效应用场景。

第二,AIGC 是企业数字化转型的重要工具,能够加快企业现有的数字化转型进程,通过强大算力、高超算法和海量数据助推企业内数字化场景的更快落地。AIGC 融合了人工智能、大数据、自动化部署等多种技术,具有快速响应、弹性扩展、高效处理海量数据、自动化部署、通用性等优点,可以支持企业在各个环节快速构建和部署高质量的 AIGC 应用,以实现降本增效,最终增强企业的竞争力。因此,企业应用 AIGC 技术已经成为数字化转型的必要选择。

第三,目前 AIGC 的技术与应用可根据应用领域分为三类:"小模型"细分场景/行业模型、"大模型"(基础大模型)以及"中模型"(行业/场景大模型),为企业提供了不同的解决方案。企业可以根据自身需求选择合适的 AIGC 技术和应用。其中,"小模型"细分场景/行业模型基于模型能力为细分的场景或行业提供具体服务,适用于对应场景/行业的企业;"大模型"(基础大模型)基于大规模模型参数、大规模数据训练,可提供通用基础大模型适用于广泛的应用场景;"中模型"(行业/场景大模型)则通过协调、接入"小模型"应用,构建企业的专属模型与模型功能,同时调用基础大模

---

[1] 详见 TE 智库:《企业 AIGC 商业落地应用研究报告》。
[2] 简单来说,资源较少的中小型企业也能通过 AIGC 为员工和客户赋能,快速提升生产力和服务效率,从而实现弯道超车。

型功能连接企业数据与计算资源。

二、AIGC 在组织的应用场景

中国人工智能呈三阶段逐步推进，强调人工智能发展与实际应用的融合。从 2015 年至今，我国人工智能相关政策已经历了从智能制造时期、"互联网+"时期[①]到"智能+"国家战略时期[②]的演变，政策重心也完成了从核心技术攻克到实际场景应用，从特定行业到跨界融合，从单项技术到人机协同的三大转变。

与传统人工智能相比，AIGC 拥有四大优势，包括自动化和效率提升，个性化和定制化，创造性和创新能力，可解释性和透明度。[③] 近年来，组织将 AIGC 引入工作场所，并在各个领域广泛使用，包括人力资源、市场营销、电子商务和供应链管理等，带来提高效率、节约成本、改善决策和降低风险等好处（Bahrini et al., 2023; Cardon et al., 2023）。具体来说，AIGC 可以承担的任务包括代理协助、代码编写、招聘通知的撰写、内容创作、会议记录和文件摘要等（Bahrini et al., 2023; Korzynski et al., 2023）。在组织内部，可从战略、职能和管理三个层面理解 AIGC。

（一）战略层面

组织采用 AIGC 获取、存储、转换、分发数据，进而开展知识管理，最终影响管理决策。具体来说，拥有大样本知识储存的 AIGC 能够快速理解不同行业的术语、用户偏好及语言风格等，灵活适应不同专业领域，进而具备少样本甚至零样本学习的独特优势。这种快速学习与信息抓取能力使 AIGC 可以识别出大量信息之间存在的潜在关联与联系，并建立庞大的知识网络，从而为企业管理者的决策提供支持。例如，在农业领域，该领域的知识管理

[①] 以《"互联网+"人工智能三年行动实施方案》为代表。
[②] 以《新一代人工智能发展规划》为代表。
[③] 2023 年 9 月 8 日，麦肯锡发布《捕捉生成式人工智能新机遇》，强调生成式人工智能的优势与对各主要行业的影响，并呼吁企业领导密切关注、积极合理布局生成式人工智能。

存在"数据丰富而知识贫乏现象"(潘丹等,2022),自农业数据库创建以来,中国曾耗费巨资多次开展农业数据普查,并积累了丰富的数据资料,但只注重以文档形式的数据存储,忽视了对数据的有效深加工和利用。应用 AIGC 后出现了以下变化。第一,企业决策者得以快速访问所有相关信息,简洁准确地把握农业科技文章的关键语义,理解文章主题,并从非结构化数据中解读文本,归纳提取洞见,辅助决策。第二,结合历史数据、气象数据和市场需求等信息,AIGC 可以预测出最佳播种时间、施肥方案和销售时机等,帮助人员做出更科学合理的决策规划,以提高经济效益。第三,通过模型探索研究与相应语义相似度计算系统的开发,能够实现农业领域信息的语义挖掘,为农业科技信息获取与分析提供系统性辅助工具(龚浩,2018)。

(二)职能层面

AIGC 可以从以下具体层面发挥作用。

1. 智能助理

AIGC 可用作企业或个人助理,承担回答问题、知识理解与内容写作、提供事务管理等功能,帮助企业或个人提高工作效率或工作绩效。例如,人工智能编程工具 Copilot[①] 在为程序员生成代码建议方面表现出色,用户平均代码生成率达到 46%(Nguyen and Nadi,2022)。此外,AIGC 还可以自动生成代码文档,以便于后期维护。根据 GitHub 预测,未来五年内,将有多达 80% 的代码出自人工智能系统。同样,Elicit[②] 和 Casetext[③] 等也能够通过大型语言模型(LLM)来查找和总结文件或研究中的关键信息(如法律法规),而这些任务在以前被认为是无法按固定程序或规则完成的。国内的人工智能领先企业第四范式也已经上线企业级 AIGC 产品"式说",在生成式

---

① Copilot 是一个人工智能代码生成器,可以根据用户输入的代码和上下文,自动生成相应的代码。
② Elicit 是一种基于规则的文本挖掘技术,主要用于提取特定类型的信息或模式。Elicit 可以从大量文本数据中自动识别和提取特定的信息,如实体、事件、关系等。
③ Casetext 是一个文本处理工具,主要用于文本的预处理和分析。Casetext 可以对文本进行分词、词性标注、命名实体识别、依存句法分析等处理,并提供一系列可视化界面供用户查看和处理文本数据。

对话能力的基础上加入文本、语音、图像、表格、视频等多模态输入及企业级 Copilot 能力。通过企业级的 Copilot 能力，"式说"可以与企业内部应用库、企业私有数据等联网，对信息和数据进行分析，回答员工的问询或执行相关任务，成为业务助手。

2. 市场营销

在众多 AIGC 商用场景中，市场营销是目前服务商布局最成熟以及客户需求期望最高的场景。AIGC 可以赋能从市场调研到提高客户支持互动的各环节，使业务人员专注于发展客户关系、市场前景判断等更高价值的活动，具体应用方向包括制定营销策略、生成创意内容、创新运营场景等。[1]第一，在目前社交媒体广告有效转化率不足 3% 的背景下，AIGC 可以通过对大量用户偏好和营销效果反馈等数据的学习，协助员工制定营销策略、投放策略等，优化传播效果。第二，AIGC 可以有效助力营销内容的生成与供应。一方面，AIGC 根据创作者的意图为其提供创意灵感，甚至直接生成创意作品，从而降低创意门槛。有智慧零售服务商表示，AIGC 生成的原始文案设计等内容，直接采纳率最高已达 70%。另一方面，AIGC 通过简化创意落地流程实现了营销创意的工业化。有广告传媒企业的高管表示，AIGC（如 Marketing Copilot 等大模型）很大程度上简化了海报、广告视频的拍摄流程，缩减了广告制作周期，从而提高了营销内容生产效率。第三，AIGC 可以有效匹配和生成产品策略与产品组合。例如，对于具有个性化特征的产品（如保险），AIGC 可以基于人类语言交互的内容抓取与处理能力，帮助业务人员理解并识别用户需求，并匹配符合其需求的产品策略与组合，从而缩短决策流程，提升用户转化率（杨菲和何莎莎，2023）。第四，AIGC 可以通过构建虚拟场景、生成虚拟主播等助力运营场景的创新，尤其是电商领域。在商品展示环节，AIGC 生成的商品 3D 模型能够支持消费者进行虚拟的试穿试用，以强化消费者的体验感与购买意愿，提高成交转化率。在直播带货环节，AIGC 生成的虚拟主播能够凭借定制化、规模化等特点，为消费者提供优质的购物体验，同时降低了企业的用人与培训成本。目前小冰科技、蓝标光标等多家

---

[1] 详见 TE 智库：《2023AIGC+营销价值与应用研究报告》。

企业已实现虚拟主播落地天猫、京东等传统电商平台，助力企业降本增效。如京东云旗下的虚拟人主播——"灵小播"，不仅具有丰富的电商销售经验，能快速进入直播带货状态，还能达到"7×24"小时连续在岗直播、多场景无缝衔接、自主创作营销活动、智能直播实时交互等效果（詹希旎等，2023）。

3. 客户服务

AIGC 可用于提供实时的客户服务和支持，通过与客户和员工的自动化交互，简化相关流程并快速找到所需信息，从而减少人工客户服务负担。一般来说，AIGC 以辅助性模块的形式被嵌入各种数字化平台，充当具备快速分析与应答能力的智能客服（王茂福和严雪雁，2023），既能根据客户提问灵活回答客户的问题或引导客户到相应的服务流程，又能智能识别客户的情感状态（如满意度），从而实现更好的服务。麦肯锡全球董事合伙人韩峰表示，客户互动是银行业应用 AIGC 的价值潜力之一，并且未来 5~10 年 80% 以上的客户互动可被 AIGC 自动化。

4. 生产流程

AIGC 可以被集成到生产流程和任务中自动化执行各种操作和指令。例如，AIGC 可以通过实现业务人员与机器的灵活交互、精准的任务识别与规划执行、材料选择和生产技术优化等来辅助生产，提高工作效率。[①] 第一，生产流程中的机器能够通过 AIGC 理解人类的自然语言指令，并根据指令做出相应的动作。国外方面，西门子已将 AIGC 技术与其现有的自然语言技术相结合，从而有效实现了操作者与系统自然语言的交互。国内方面，2022 年底百度联合 TCL 搭建文心电子制造行业模型，在其助力下，TCL 产线检测 mAP 指标平均提升 10%，且产线的冷态起动效果提高至原来的 3 倍，产线投产的研发时间也缩短了 30%。第二，AIGC 可帮助机器在执行路径规划、物体识别等任务时做出相应的决策。2023 年 4 月 10 日，海康机器人[②] 发布人工智能读码器、人工智能相机、2D 工业相机、3D 相机和软件（Vison Master

---

① 详见 *ChatGPT for Robotics: Design Principles and Model Abilities*。
② 海康机器人是海康威视的子公司，专注于机器人技术的研发和应用。其主要产品包括工业机器人、服务机器人、特种机器人等，广泛应用于智能制造、智能物流、智慧城市等领域。

3D 算法平台和机器人视觉引导平台）等新产品，以辅助工业机器人生产工作。第三，AIGC 可以模拟仿真制造场景，供业务人员实验和优化制造流程，并且能够通过分析不同材料的物理和化学性质为业务人员推荐最适合的生产材料，从而提高生产效率，实现更优的质量控制，减少资源浪费和成本。

5. 技术开发

底层代码开发是 AIGC 最有前景的应用场景之一。亚马逊开发的 Amazon CodeWhisperer[1]使开发人员的工作效率得到显著提升——使用 CodeWhisperer 的开发者成功完成任务的可能性要比未使用的参与者高 27%，平均完成任务的速度快 57%。此外，利用 AIGC，业务部门可以将基于物理环境形成的数字几何图形快速转化为实时参数化的 3D 建模数据，高效创建出和现实世界中工厂、工业设备以及生产线等一样的数字孪生系统。例如，BMW 利用 NVIDIA 的 Omniverse 平台，对整座工厂模型中的元素进行模拟，并在协作环境中生成物理级逼真的实时仿真。这使得数千名工程师可以在同一个 3D 虚拟环境中协作，对变化和调整进行评估，提高了早期规划阶段的效率。[2]通过将 AIGC 与工业设计软件、数字孪生技术相结合，还可以提升工业研发设计的灵活性，促进工程师和设计师之间的协作，从而有效推进产品的研发设计。

案例5.3 **人工智能大模型如何赋能制造业升级**

生成式人工智能从研发设计、生产制造、管理服务等角度为工业全环节赋能。伴随以 ChatGPT 为首的生成式人工智能同工业领域的深度融合，工业或将成为大模型重点应用的垂直领域。生成式人工智能将赋予工业智能化制造更大的发展潜力、更强劲的增长动能、更广阔的应用场景，并在研发设计、生产制造与管理服务等方面支持制造业的转型升级。首先，在研发设计方面，人工智能可以有效提升芯片设计、机械设计、工程仿真等精度和效

---

[1] Amazon CodeWhisperer 是一款人工智能编程助手，可根据开发人员使用自然语言编写的注释和 IDE（集成开发环境）中的代码生成建议，帮助开发人员提高工作效率。
[2] 详见华泰证券：《AI 大模型如何赋能制造业升级》。

率。在工业研发设计环节，生成式人工智能可与 CAD、EDA、CAE 等工业设计软件相结合，连接云计算数据库，更好地调用已有的设计模块，有效提升研发效率和开发精度。其次，在工业生产制造环节，自然语言处理工具 ChatGPT 等生成式人工智能技术可帮助机器逐渐实现像人类一样交流、执行大量任务，促进制造环节向智能化和数字化转型，而工业机器人和自动化工厂作为智能制造的核心载体，将作为生成式人工智能与智能制造的桥梁。最后，在工业管理与服务方面，相较于前两个专业性强的领域，管理服务环节或因其具备更强通用性，成为生成式人工智能最易突破的工业应用场景。如 2023 年 3 月，微软推出 GPT 互动式人工智能商业产品 Dynamics 365 Copilot 和 Microsoft 365 Copilot，大幅提升了用户在经营管理类软件上的工作效率，并可以在未来将此模式推广至供应链管理、客户服务和市场营销等其他场景。

资料来源：华泰证券：《AI 大模型如何赋能制造业升级》。

（三）管理层面

在人力资源管理的场景中，AIGC 将提高人力资源效率，协助日常工作。AIGC 可以为招聘、岗位匹配、入职、员工培训、绩效考核、薪酬分配等人力资源管理全环节赋能，自动处理其中大量的重复性、事务性工作，从而提高人力资源管理效率，使人力资源部门将更多精力投入到组织发展、员工关系等战略性工作上。

- 在简历筛选环节，AIGC 可以在短时间内批量筛选求职者简历，生成与公司岗位需求相匹配的报告，提高筛选效率与准确性，同时辅助人力资源管理者安排下一步的面试邀约。
- 在面试环节，AIGC 可通过语音机器人等对求职者进行面试，不受时空限制。此外，AIGC 甚至可以自主分析面试过程中求职者的语气、语速、语调等，据此得出求职者的性格特征。
- 在岗位匹配环节，AIGC 自动生成的岗位能力模型与分析报告可以帮助人力资源管理者更好地理解岗位需求，并结合对求职资料和面试表现等数据的分析，智能化推荐适合岗位。

- 在入职环节，AIGC可以辅助生成合同，保证合同内容的准确性并进行高效管理。
- 在员工培训阶段，AIGC可以从岗位职责、企业战略规划等维度入手，生成针对特定员工的系统性培训计划，协助企业各部门通过挖掘和整合培训资源、优化培训内容、创新培训手段等提升员工的理论知识素养和实际操作技能。
- 在绩效考核与激励环节，AIGC可以生成项目绩效评估报告，并据此生成薪酬激励分配策略和方案，确保激励策略和方案公平合理，从而增强员工的工作积极性。
- 日常管理与人才发展，AIGC还可以通过人脸识别等为企业提供员工日常考勤、能力评估、职业规划等服务，帮助企业更好地管理和发展人才。例如，可以在AIGC分析员工偏好的基础上，进一步借助其高级算法分析员工专业技能的变化、工作态度的变化等，以挖掘员工潜能方面的相关数据，实现更有效的人才管理。

三、AIGC时代的组织管理变革

近两个世纪以来，技术变革成为经济发展的根本驱动力（Brynjolfsson et al.，2018）。技术变革与新技术的应用为组织带来了新的管理情境和挑战，影响了组织形式与管理实践（Foster and Flynn，1984），引发了组织管理变革（Razavi，2013；Hage，1999）。一方面，数智技术的应用成为组织适应环境变化、打造竞争优势的重要技术支撑，能够影响组织管理的有效性，对企业的生存和发展至关重要（Love and Roper，2015）。以人工智能为代表的数字技术，赋予了设备、计算机程序认知功能，从而促进企业商业模式与工作流程创新，提高企业生产效率（Vocke等，2019）。数智技术也是技术再造和维持企业竞争优势的关键因素，有助于组织提升组织韧性，应对外部环境的不确定性和不稳定性（Ardito et al.，2019）。另一方面，数智技术带来的组织形态、沟通方式等方面的变革，也对传统组织管理方式形成了挑战。数字技术应用背景下的人机交互能力需要是数字时代组织管理面临的重大挑战

（Vocke et al., 2019），而伴随人工智能应用产生的及时决策和特殊需求，对数智时代领导者管理能力提出了更高的要求（Wilson et al., 2017; Daugherty and Wilson, 2018），因此，组织势必敏锐觉察到 AIGC 时代组织的新变化，从而及时调整、制定有效的管理方式，以建立和维持竞争优势。

（一）组织内的人机物关系更复杂

随着数字经济的加速发展，数据已成为全新的资产和新的关键生产要素（戚聿东和肖旭，2020）。近年来，人工智能在产业转型和升级中越来越重要。随着人工智能在组织和社会中的应用渗透，人工智能逐步成为组织的重要资产和要素。与传统把人类工作者看作基本、核心的组织要素不同（马海刚等，2017），未来的管理体系面临人工智能作为新兴劳动力并加入工作场所的挑战，使得人类工作者与组织的关系更复杂。具体来说，表现在以下方面。

第一，智能伙伴关系的形成。人类工作者与 AIGC 形成了新的智能伙伴关系。过往人们多从驯化理论视角认识人类与机器的关系，认为人与机器是二元对立的，因此人类需要思考如何更好地实现对机器的驯化（喻国明和苏芳，2023）。然而，随着 AIGC 技术的发展，人工智能作为行动者参与人类工作、任务甚至生活建构，成为人类的伙伴（阙玉叶，2022）。在工作上，AIGC 释放了人类工作者的时间，使人类工作者能够投入到更重要和更富创造性的任务中，进而提高了工作效率。除此之外，AIGC 的应用范围广泛，不仅能够承担心理咨询顾问等角色，也能够使人类在元宇宙和虚拟世界中构建身份、搭建社群、开展社会活动。

第二，人力资源管理体系的纳入。组织需考虑将 AIGC 纳入人力资源管理体系，并考虑如何实现 AIGC 和人类工作者的协同工作。一方面，AIGC 具有灵活性和高效性等特点，不受时间、空间和生理限制（彭剑锋，2023），这要求组织在工作设计（如具体任务分工和工作场景分配等）上进行创新。另一方面，AIGC 的全能型能力让其在知识储存、检索和归纳等方面超越了人类工作者，组织应同时关注在人机工作场景下人类工作者的情绪反应和工作态度[1]（谢俊和刘睿林，2023），思考如何利用 AIGC 辅助人类工作者工作或个人发展以确保工作环境的和谐与效率。因此，管理者需要将 AIGC 纳入人力资源管理体系。在明确组织内人机新型关系[2]的基础上，制定明确的工作规范与绩效考评体系，创造更加高效和创新的工作环境，并重点关注人机团队的构建和协同工作能力的发展，充分发挥 AIGC 在组织中的作用。

（二）组织形态与组织机制转变

随着组织对人工智能技术的深度研发、多样化应用以及人机的深度融合，人与机器之间的关系从对抗逐渐转变为共生共创。这种变化使得以客户和任务为核心的跨职能、跨组织、跨企业的生态型平台化组织[3]（李璐，2022；彭剑锋，2023）将成为主流。

未来的组织将呈现以下四种发展趋势。

- 去中介化。组织将摒弃传统的金字塔科层结构，减少或消除中间层次，转向扁平化和平台化的组织架构。一方面，这将加快组织内部的信息传递和共享，使决策可以得到更加迅速的执行。另一方面，组织成员直接参与决策和执行过程，不再依赖中间层的传递和解释。这种转变有助于提高组织的敏捷性、创新性和响应能力。

- 去边界化。组织打破传统的边界，以目标和工作任务为核心，促成不同领域的跨界融合与协同合作，形成深度连接与融合的组织生态。第一，与外部合作伙伴和生态系统的知识和经验交流，提高了组织的创新能力和效率（Sandberg et al.，2020），有助于组织更好地适应变化和应对挑战，扩大组织的影响力和影响范围。第二，相关企业间的资源整合与互补能够促使组织生态实现深度连接，并且得益于强连接性，组织可以借助数字技术更快识别、获取、调配、利用外部异质性资源，实现"资源赋能"（林艳和周洁，2023）。第三，组织成员不再局限于

---

[1] 例如，人类工作者可能感知到工作不安全，或产生对 ChatGPT 的过度依赖。
[2] 包括虚实同构关系、治理与管控关系、分工协同关系、价值评价与分配关系等。
[3] 生态型平台组织是一个开放体系，借助数字技术搭建数字平台，进而打破组织边界，在互利共生和可持续发展中不断实现组织目标，维持组织与环境的动态平衡。

某一特定领域的专业知识，而是具备多样化的技能和背景。这种多元化的结构有助于创造更加多样化和全面性的解决方案，推动组织的创新和发展。

- 去威权化。组织中逐渐减少或消除威权主义，实现更加民主、平等和参与式的决策和权力分配方式。领导者不再依靠威权领导，而是通过平权的流程化权力集中，以愿景引领和赋能团队成员。此外，领导者也不再是以往单一的决策者，而是推动共识和协作的引导者和激励者，通过提高员工的积极性和创造力，支持团队建设和发展，加强组织的灵活性和适应性。

- 去中心化。组织不再以单一中心为核心，而是形成多中心的网状平行结构，实现多元化和平行化。一方面，通过数字化的多元结构赋能，组织系统成员更加多元化，各参与主体间的协同关系变得更加紧密。另一方面，通过建立平级的团队结构和推动分权决策也能够推动组织内的信息共享与高效沟通（王凤彬等，2019），从而增强组织的韧性和适应性。

（三）新一代人工智能的替代效应与创造效应

ChatGPT 引领的 AIGC 热潮，正颠覆着包括医疗保健、设计、人力资源、金融、营销在内的各行各业。技术变革和新技术的应用有助于组织在设备、软件、数据资源、人力资产、沟通等方面提升管理能力，优化组织的生产力与绩效（Avolio and Kahai，2003）。因此，在 AIGC 的加持下，从办公工具到编程系统，工作流程将被大幅简化，生产力得到提振。据高盛[①]2023年 4 月发布的报道，未来 10 年，全球年均 GDP 有望增长 7%（约合近 7 万亿美元），初步估计美国劳动生产率的年增长率亦有望提高 1.5 个百分点。例如，在医学领域，通过将专业知识数字化，AIGC 可以利用获取到的用户医疗记录和实验结果，提供更深入的见解和更准确的结论，从而赋能医学知识创造与日常工作；在电影业，制片人可以利用 AIGC 来获取灵感、拍摄较短的纪录片或电影等。不仅如此，AIGC 还可以在财务规划、商业风险分析、

---

① Goldman Sachs | 我们的观点 - 生成式 AI 或将推动全球 GDP 增长 7%，https://www.goldmansachs.com/worldwide/greater-china/insights/Generative-AI-global-GDP.html。

库存管理、生产调度、物流和运输等方面产生重要影响,并为未来建立新的应用程序提供更多平台选择。

然而,若AIGC能满足人们的期待,劳动力市场也可能面临重大变革。按就业加权基准,高盛预估全球平均18%的工作岗位或可由人工智能自动化完成,约有3亿个全职岗位或将受人工智能自动化影响(见图5-3)。以美国为例,高盛认为该国约三分之二的职业受到人工智能自动化的影响,且其中超过四分之一的就业岗位可能被替代[1]。

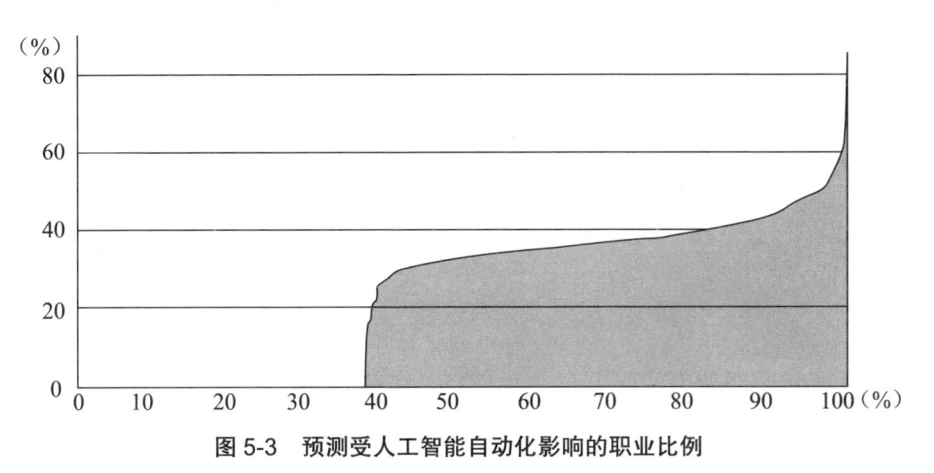

图5-3 预测受人工智能自动化影响的职业比例

资料来源:高盛研究。

据就业资讯公司Challenger, Gray & Christmas, Inc.(以下简称"挑战者公司")公布的数据,2023年5月,美国企业的裁员人数多达80 089人,较4月份增加20%,同比2022年增长了287%。此外,挑战者公司首次将人工智能列入企业裁员的原因,并表示,在美国企业中仅5月份就已有3 900个工作岗位被人工智能这项新兴技术取代。IBM首席执行官阿尔温德·克里希纳(Arvind Krishna)在接受采访时表示,就其公司而言,26万名员工中30%的员工将在五年内被人工智能和自动化取代。人工智能实验室DeepMind的联合创始人穆斯塔法·苏莱曼(Mustafa Suleyman)也公开表示了对人工智能替代作用的担忧,认为人工智能技术的发展将在未来5~10年内威胁到白领阶层。AIGC的替代效应和创造效应到底如何?这两者有何

---

[1] 行政(46%)和法律(44%)类职业最易被人工智能替代,而建筑(6%)和维修(4%)等劳动密集型职业受影响的程度较低。

关联？

在大多数领域和工作岗位中，AIGC 相较于人类表现出更高的效能，这将带来显著的替代效应，对人类工作者产生巨大的冲击并造成严峻的就业危机。第一，从底层逻辑技术和潜在工作技能优势上来讲，AIGC 较人类工作者有压倒性优势。[①]2023 年 1 月 27 日，美国新闻聚合网站 Buzzfeed 宣布裁员 12%，并引入 ChatGPT 协助创作内容。因相较于人力的低成本，亚马逊和苹果等科技巨头也开始利用 ChatGPT 来替代人工编写软件代码，接听客服电话。第二，从全球应用实践和趋势来看，AIGC 将首先替代需要大量知识储备的职业（如律师、会计等）和创意性职业[②]。以管理咨询设计为例，ChatGPT 只需用户提供需求和问题，就能迅速提供多种专业问题解决方案。此外，随着双方交流的深入，ChatGPT 还能逐步优化方案，以更快速、专业和系统化的方式提供服务。在这方面，AIGC 比人类咨询师具备更大的优势。

除替代效应外，AIGC 还具有创造与赋能效应。第一，AIGC 将替代很多繁杂的事务性工作，将人类从平庸的工作中解放出来，为人类赋能，使人类投入到更具创造力、更有意义和更有价值的工作中。第二，AIGC 为人类学习与个人发展提供了便利的渠道。对个体来说，相对于传统自我提升方法（如参加机构培训），人们可以借助 ChatGPT 获取资源、实现赋能与自我提升。AIGC 甚至能助力组织内员工实现跨行跨岗，帮助员工找到心仪岗位，从而使其迸发出更强的工作活力、提升工作绩效。第三，AIGC 技术的进步将创造出新需求与新工作岗位。

AIGC 的替代效应与创造效应存在一定的时空差。短期内替代效应较明显，但从长期来看，AIGC 技术的进步与人工智能革命最终可以创造出更新、更完善的业务模式和产品服务方式，从而产生更多更高质量的就业岗位，尤其是那些具有从 0 到 1 特征、体现原创创新的工作岗位。在 AIGC 情境下，企业家精神与领导力是独特且无法被超越的，因为在某些领域（如伦理）人类的创造力、情感理解和人际交往能力仍然具有独特的价值。

---

① 尤其是归纳性的文字类工作、代码开发相关工作、律师类工作、会计类工作、客服类工作等。
② 如广告创意设计、动漫设计、品牌推广与营销设计等。

第四节 AIGC 在组织应用的挑战与解决方案

随着 AIGC 在各类组织中的广泛应用，医疗保健领域作为人类健康的重要领域，也开始逐步引入人工智能技术，以提升医疗服务质量。但是在医疗保健公司引入 AIGC 以改善患者诊断的情境中，隐私保护成了一个严峻的问题。

通过对大量医学影像和数据的深度学习，AIGC 可以辅助医生进行病灶识别、病情诊断等，人工智能可以通过分析 CT 影像数据，辅助医生进行肺癌、肝癌等疾病的诊断。同时，人工智能还可以对大量的病例数据进行挖掘和分析，为医生提供更加全面的疾病诊断参考。然而，在这一过程中，隐私保护问题引发了广泛关注。医疗图像通常包含敏感的个人身体信息，如 X 射线、CT 扫描和 MRI 图像。在使用生成式模型进行分析时，医疗保健公司发现生成的内容可能包含原始患者身份的细节信息，这种情况可能导致患者的医疗隐私被泄露。问题的根本在于模型在训练阶段学到了训练数据中的细微特征，并在生成输出时保留了这些特征。虽然模型在一般情况下能够提供准确的诊断，但其生成的图像可能包含足够的信息，使得攻击者可以通过推理还原原始图像中的个人身份信息。

为了解决这一问题，行业内采取了一系列措施来强化隐私保护。①匿名化和脱敏处理，即采用先进的匿名化和脱敏技术，以在训练数据中删除可以识别个人身份的关键信息。这确保了生成输出时模型不会包含过于敏感的细节。②差分隐私技术，即引入差分隐私技术，通过在训练数据中引入噪声，确保模型在学习中不过分关注个别数据点，从而降低了隐私泄露的风险。③权衡准确性与隐私保护，即重新评估模型的设计，采取一种权衡的方法，确保提供准确诊断的同时，最大限度保护患者的隐私。④教育与透明度提升，即加强对医护人员和患者的教育，明确生成式模型的工作原理以及采取的隐私保护措施。透明度对于建立信任和接受这种技术至关重要。

通过以上措施的实施，成功解决了 AIGC 在组织中应用时面临的隐私保护问题。这一问题告诉我们，在采用 AIGC 时，隐私保护需要成为关注的核心，并且通过技术和制度手段的综合运用去有效应对这一挑战。

一、AIGC 组织面临的组织挑战

目前以 ChatGPT 为代表的 AIGC 已得到了广泛使用,并被应用于包括在线客服、问答系统、虚拟助手、教育辅导等在内的多个场景。其中,典型的应用场景就是集成了 ChatGPT 的 New Bing[①]。ChatGPT 存在知识信息无法自更新的缺点[②],这导致其给出的回复无法紧跟时代。因此,将搜索引擎与 ChatGPT 进行集成,能够在充分利用 ChatGPT 特点的基础上对此进行改善,以强化对用户的服务。

但在 ChatGPT 不断取得成果的同时,其局限性也逐渐暴露。主要表现在以下方面。①处理复杂任务的出错率高。ChatGPT 的推理能力和理解能力有限,在处理复杂的推理分析计算类任务和抽象任务时极易出现差错。②输出内容缺乏真实性。RLHF 训练方式引导 ChatGPT 按照人类偏好进行学习,可能导致其过分迎合人类偏好而忽略正确答案的情况,出现"一本正经的胡说八道"的情况。③输出内容冗杂。ChatGPT 在生成文本时可能出现表达重复或句子过长的情况,导致输出的内容啰唆或缺乏焦点,降低了用户体验。④数据偏见。ChatGPT 基于互联网数据学习,可能包含一定程度的偏见和刻板印象,生成性别、种族、宗教等方面的偏见内容,引发歧视和不公平现象。⑤数据隐私安全。无论是 ChatGPT,还是国内即将推出的大模型,都难以实现私有化的本地部署。而且目前大模型在专业垂直领域的效果还是未知的,因此通常需要使用开放的领域语料进行微调,这就意味着用户的输入数据要流出到模型服务提供方,易引发数据泄露和隐私安全问题(尤其是企业)。⑥缺乏时效性。由于训练数据存在时间限制,ChatGPT 对实时事件和最新信息的了解有限。这使得 ChatGPT 在处理与当前事件相关的问题时可能不够准确。⑦安全性和道德问题。ChatGPT 有可能生成不道德、有害或具有攻击性的内容,对个人和社会造成伤害。例如,ChatGPT 可能生成恶

[①] New Bing 是微软于 2023 年 2 月 7 日推出的一款人工智能驱动的搜索引擎,不仅能为用户提供可靠、及时的搜索结果和完整的答案,还能给用户带来更具互动感的聊天体验,并为用户提供咨询和建议。

[②] 基于 GPT-4 的 ChatGPT,知识信息截至 2021 年 9 月。

搞、诽谤、煽动仇恨等不当内容。⑧对人类劳动力的替代。目前 ChatGPT 已被广泛应用于企业，[①] 可能导致人类劳动力被取代。自动文本生成、翻译和客户服务等领域的工作岗位可能受到威胁。⑨威胁创造力的产生。一方面，虽然 ChatGPT 可以生成流畅、自然的文本，但其创造力受限于训练数据，很难产生超出训练数据范围的新颖想法。另一方面，虽然 ChatGPT 可以帮助用户提高处理问题的效率，但对 ChatGPT 的过度依赖可能导致用户创意匮乏、独创性减弱。此外，ChatGPT 生成的内容还涉及知识产权和著作权等法律问题。为了解决上述问题，研究者、开发者、政策制定者和监管机构等需要共同努力，制定合适的技术和政策措施，以实现对 ChatGPT 的最大化合理应用。

二、技术术语和专业知识应用

（一）AIGC 技术术语

AIGC 应用涉及多种技术术语，这些术语反映了使用生成模型时涉及的一些核心概念和方法。其中生成模型（generative model）是一类机器学习模型，其能够生成与训练数据相似的新数据。在 AIGC 中，生成模型可以用于生成图像、文本或其他类型的数据。生成对抗网络（generative adversarial network，GAN）也是一种生成模型，由生成器和判别器组成。生成器尝试生成逼真的数据，而判别器试图区分生成的数据和真实数据，两者通过对抗训练来提高性能。迁移学习（transfer learning）是一种机器学习方法，即将在一个任务上学到的知识应用到另一个相关任务上。在 AIGC 中，迁移学习可以帮助模型在执行新任务时更快地学习并提高性能。自监督学习（self-supervised learning）是一种学习方法，其中模型从无标签数据中学习，而无须显式的标签。这对于 AIGC 应用中的大型数据集尤为有用。序列生成模型

[①] 2023 年 2 月对 1000 名美国企业领导人进行了 ChatGPT 工作场所应用调查，结果显示，49% 的企业已经在工作场所应用 ChatGPT，其中 93% 的企业将使用 ChatGPT 的经验视为求职者的额外技能。

(sequence generation models)专注于生成序列数据，如文本、音频和视频。递归神经网络（RNN）和变换器（transformer）是常见的序列生成模型。在生成模型中，注意力机制（attention mechanism）用于指导模型关注输入数据的不同部分，以便更好地捕捉关联和生成输出。对抗性训练（adversarial training）是一种训练生成模型的方法，通过引入对抗性样本来提高模型的鲁棒性，防止对抗性攻击。在 AIGC 中，条件生成（conditional generation）指的是生成模型在给定一些条件（例如类别标签或上下文信息）的情况下生成数据。概率图模型（probabilistic graphical models）用于表示变量之间的概率关系，在 AIGC 中，概率图模型可以用于建模不确定性和推断。超参数（hyperparameters）是在模型训练之前设置的参数，如学习率、批量大小等。调整这些参数可以影响模型的性能。这些术语代表了 AIGC 领域常见的技术和概念，而具体的术语使用可能根据具体的任务、模型和应用场景而有所不同。

（二）AIGC 专业知识

AIGC 应用需要涉及多个领域的专业知识，通常涉及机器学习、深度学习、计算机科学和特定应用领域的知识。首先，对机器学习和深度学习的基本理解是 AIGC 应用的基础，包括对各种模型、损失函数、优化算法、训练和测试过程的理解。其次，要了解各种神经网络架构，如卷积神经网络（CNN）、循环神经网络（RNN）、变换器（transformer）等，并理解它们在不同任务中的应用。然后，在 AIGC 中，合适的数据预处理和特征工程对模型性能至关重要。了解如何处理数据、进行特征选择对任务的执行至关重要。因为 AIGC 应用中常常需要利用大量无标签数据，因此了解自监督学习的原理以及如何使用迁移学习将知识从一个任务转移到另一个任务是重要的。另外，要了解生成模型的工作原理，包括生成对抗网络（GAN）、变分自编码器（VAE）等，以及它们在生成新数据方面的应用。在某些 AIGC 应用中，可能需要使用深度强化学习，因此了解强化学习原理以及在深度学习框架中的实现是有益的。同时需要加强对注意力机制的理解，包括如何在模型中加强注意力，以改善对输入的处理。在 AIGC 应用中，要了解如何进行对抗性训练，以提高模型的鲁棒性，以及如何处理模型的安全性问题。了解 AIGC 应用中涉及的具体领域的专业知识，如医学、金融、自然语言处理等，对于确保模型在特定领域正确理解和生成数据至关重要。要了解伦理学原则和相关法规，特别是在处理敏感数据时，确保 AIGC 应用的合规性和道德性。这些专业知识的整合可以帮助开发团队更好地理解和应用 AIGC 技术，同时确保应用的成功和合规性。

三、个人隐私与数据安全保护

（一）个人隐私问题

AIGC 应用时面临一系列隐私问题，主要涉及如何处理和保护用户的个人信息以及由生成模型产生的数据。以下是一些可能的隐私问题。在生成个人信息的过程中，会模仿个人风格，生成与个体风格高度相似的文字、图像甚至语音等内容，导致"模仿风险"。同时还存在敏感信息的泄露问题，如在训练中可能接触并学习到包含敏感信息的数据，导致生成的内容潜在泄露了敏感信息。在生成的内容上存在过度拟合，导致模型记忆了大量的个体信息，从而有可能泄露这些信息。如果训练数据存在偏见，生成模型可能反映这些偏见，导致生成内容的偏见性。在生成结果上，存在不确定性与误导，生成的内容可能具有迷惑性，用户难以判断其真实性，从而面临被误导的风险。在生成的知识归属上，生成模型可能学习并生成用户的独特知识或表达方式，引发知识所有权的争议。更严重的还存在生成的内容带有欺诈、诽谤、虚假等有害信息，生成模型可能操纵用户，通过生成内容影响他们的观点、情绪或行为。

（二）数据安全

AIGC 在数据保护方面面临的问题主要存在于采集、存储、处理和分享四个阶段。在数据采集和存储阶段存在的风险有两种。一是在敏感信息的收集上，当需要大量的数据进行训练，会存在用户不知情或没有明确同意而收集敏感信息的情况。二是数据安全存储时，存储大量敏感数据可能成为潜在的被攻击目标，因此必须采取适当的加密和访问控制等安全措施。在模型训练处理阶段，存在个体被识别、模型细节被透露的风险。在模型训练中可能过度拟合训练数据，导致模型过于依赖个体数据，从而可能泄露个体信息，因此需要使用差分隐私等技术来减少对个体数据的过度依赖，保护隐私。在数据分享阶段，一方面，在共享生成模型的情况下，可能泄露模型训练时使用的数据特征，从而导致隐私问题。因此需要确保在共享生成模型时采取安全协议，以防止未经授权的访问和数据泄露。另一方面，对于用户来说可能难以理解生成模型是如何使用数据的，因此提高透明度和可解释性是保护用户数据隐私的重要一环。提供用户对于数据使用的选择权，让他们能够控制是否分享特定类型的信息。

为了确保数据安全，多方主体应该符合合规性要求。一要遵守相关的法规和法律框架，如 GDPR、CCPA 等，确保数据处理符合法规要求。二要进行伦理审查，确保生成应用的设计和使用符合社会价值观和道德准则。

四、AIGC 应用偏见的避免与纠正

AIGC 应用在设计、训练和使用过程中可能存在多种偏见问题。这些偏见来源于数据偏见、算法偏见和应用环境偏见等多个方面。其中数据偏见主要存在样本偏见和标签偏见两种。样本偏见，即某些群体的数据量比其他群体更多或更少，模型可能无法充分学习各个群体的特征，导致对少数群体产生偏见。标签偏见指的是数据标签可能带有社会或文化偏见，反映了标注者的观点。这种偏见可能被模型学到并在生成时体现出来。

算法偏见主要分为训练目标偏见和特征选择偏见。训练目标偏见是指如果训练模型的目标存在偏见，模型可能学习到与目标一致的偏见。例如，如果模型的目标是最大化点击率，可能导致偏向于显示更具争议性或引人注意的内容。特征选择偏见是指如果选择的特征反映了社会或文化偏见，模型可能在生成时强化这些偏见。

应用环境偏见主要分为上下文偏见和用户反馈循环偏见。上下文偏见是

指应用的输出可能受到上下文的影响，而上下文本身可能包含偏见。例如，一个翻译模型可能在不同语境中产生不同的偏见。用户反馈循环偏见是指如果用户反馈被引入模型训练循环，且反馈本身带有偏见，模型可能通过反馈进一步强化偏见。

社会和文化偏见中社会刻板印象和文化差异导致的偏见最为突出。社会刻板印象中，模型可能学到社会刻板印象，导致在生成时对某些群体进行刻板化描述。文化差异中如果训练数据来自特定文化，模型可能对其他文化的生成结果存在偏见。

AIGC应用中还存在隐私偏见和公平性偏见。隐私偏见可能通过生成内容暴露用户的隐私信息。模型可能在对待不同群体时存在公平性偏见，导致对某些群体的不公平对待。应对这些偏见的方法包括使用多样化的训练数据、采用公平性增强技术、进行模型审查以及积极参与社会对话，以确保AIGC应用在不强化社会偏见的同时能够提供公正和平等的服务。

五、人机合作与职责的界定与管理

在AIGC应用过程中，人机合作的界定与管理是关键，涉及如何有效整合人类和人工智能系统的能力，以确保安全、有效和负责任的应用。人机合作的界定与管理主要涉及以下几个方面。①任务划分与协同方面，任务划分可以确定哪些任务由人类执行，哪些由人工智能系统执行，以及哪些任务是共同执行的。建立有效的协同机制，使人类与人工智能系统之间能够有效沟通和合作，以实现任务的共同完成。②透明和解释性方面，提供透明的界面和信息，使人类能够理解人工智能系统的工作原理、决策过程和输出。确保系统能够解释其决策，特别是当AIGC系统生成文本或图像时，用户需要了解其生成结果的基础。③责任与监管方面。明确人类和人工智能系统在任务中的责任划分，特别是在关键决策和操作方面的责任。设计有效的监管机制，使人类能够监督人工智能系统的行为，并在需要时进行干预。④用户参与与反馈方面，鼓励用户参与AIGC应用的过程，以确保系统能够满足用户需求和期望。设立反馈机制，使用户能够提供对生成结果的评价和调整建议，从而改善系统性能。⑤安全性与保障方面，确保AIGC应用在操作中不会对用户或环境造成危害。设计保障机制，防止潜在的滥用或恶意使用，保护用户隐私和数据安全。⑥伦理标准与规范方面，遵循伦理准则，确保AIGC应用的设计和操作符合道德和社会价值观。遵循相关法规和行业标准，以确保人机合作在法律和伦理框架内进行。⑦教育与培训方面，为用户提供必要的培训和教育，使其能够理解人工智能系统的工作方式，以及如何与之协同工作。技术人员培训上，需要对涉及设计、开发和维护AIGC系统的技术人员进行培训，使其具备相关的伦理和社会责任意识。

综合来说，人机合作与职责的界定和管理需要综合考虑技术、伦理、法律和社会等多个方面的因素。这有助于确保AIGC应用能够在与人类协同工作的过程中更加负责任、透明和可控。

尽管人工智能对人的体力与部分智力有替代优势，但迄今为止替代的多是重复、克隆或者套路化的部分。创客化员工不要总担心被冷冰冰的人工智能替代，而是想想怎样更好地利用这些新工具、新手段，开拓新的成长空间，抢占先机并脱颖而出。比如，理发师可根据客人的描述，设计出不同发型的客人形象，提供更加个性化、满意度更高的服务。大模型技术的迅猛发展给人的工作岗位职责、企业管理方式带来诸多影响，这需要管理者及时做出调整，积极应对。在利用科技进步带来的优势时，加入人性化元素，让人工智能有温度、有人情味。

为了让人工智能更善解人意，对其开发与运用固然要解决"缺芯"的瓶颈，但也不可"缺心"，即要守住人类的灵魂、情感、价值观等底线，以"心"指导"芯"的开发运用，确保"芯"服务于"心"。让人工智能成为我们的助手、朋友、老师，而不是对手、敌人、主人。当然，人工智能时代的到来有着复杂性、多样性、不确定性，需要我们在管理中未雨绸缪，及早布局。比如，对员工进行继续教育和再培训，使他们充分了解人工智能的用途，学习相关新技能，顺利实现职业转型。这不仅可以为人工智能技术的推广应用提供急需人才，也有利于在创客化员工开展个人业务，让劳动者重新融入劳动力市场。同时，需要我们从构建人类命运共同体、推动经济社会和谐发展的高度参与相关规则的制定，为大模型的研发推广"把脉""测温"，从而实现全人类的共享共赢。

案例 5.4　算法偏见在企业应用中的影响：招聘中的性别歧视

2014年，亚马逊的工程师开发了一款人工智能招聘软件，利用算法和数据分析来筛选候选人，以避免人类招聘官身上特有的"感情用事"问题。事与愿违，这款软件虽避免了"感情用事"问题，却在"偏见"上犯下更大的错误——软件编写者将人类招聘官的筛选模式写入算法，现实世界中无意识的偏见也带进了机器。该系统通过机器学习算法分析过去的员工数据，以预测新员工的表现和适应性。然而，由于历史数据中存在性别歧视的偏差，这一系统在招聘中也表现出诸多偏见。

首先，性别偏见上，系统将更多的男性候选人推荐给招聘团队，因为历史数据中男性员工占多数，导致系统认为男性更适合特定岗位。由于算法依赖于历史数据，系统将这种性别偏见不断加强和延续，排除女性候选人，导致团队构成的单一化和性别多样性的缺失。另外，系统无法准确识别并推荐具有潜力的女性候选人，从而限制了团队多样性和包容性的提升。

在对算法和数据进行处理后，专家团队给出了解决方案。首先，开展数据审查和清理。审查历史数据，识别并纠正潜在的偏见和不平衡。修正数据集，确保包含多样性和平衡性。其次，进行多样性优化。在模型训练时，有意识引入多样性和包容性的因素，以确保系统在推荐候选人时不受性别或其他偏见的影响。再次，保证透明度和监管，确保招聘系统的工作原理透明。有监管机制对算法的输出进行审查，以减少偏见和歧视的发生。最后，多维度评估。将招聘决策不仅基于算法推荐，还要进行多维度的评估，包括面试、技能测试和文化适应性等因素，以便全面地评估候选人的潜力。

结果显示，以上方案有效改善了出现的性别偏见问题，并确保人工智能系统在企业应用中不会加剧偏见，从而帮助企业更好地实现多样性和公平性。

第五节　AIGC 的未来发展与应用前景

一、AIGC 技术和产业发展趋势

（一）AIGC 技术发展趋势

生成算法模型不断创新。随着生成算法的不断进步，AIGC 生成文字、图像、代码、视频等各类内容和数据的能力在不断提升。目前 AIGC 的两种主流生成算法分别是生成对抗网络（GAN）和扩散模型（diffusion model）。GAN 通过对抗性训练生成高质量的数据，而扩散模型的生成内容更具多样性，无论是在内容生成质量上还是效率上都有进一步的提升，该模型是 AIGC 增长的重要因素。未来 AIGC 的发展不仅依赖更大规模的模型和海量数据，还依靠更强大的计算能力，对底层算力的需求也会飞速增长。

大模型应用更加广泛。大模型是 AIGC 技术的引擎，为 AIGC 应用提供了强大的生成能力。通用大模型代表着人类对人工智能未来潜能的广泛设想，而垂直大模型侧重人工智能在特定领域的深入应用。一方面，通用大模型作为内容生成的核心引擎，为 AIGC 应用提供了强大的文本生成和自然语言处理能力，同时也为多模态内容生成和个性化定制提供了基础。然而，通用大模型当前面临的挑战主要是训练和部署通用大模型，需要大量计算资源，成本高昂，并可能生成不适当或有害的内容，引发伦理和隐私问题。另一方面，AIGC 技术可以利用垂直化大模型来生成与特定领域相关更精确、质量更高的内容，有助于满足不同行业和领域的特定需求，推动企业数字化转型，但垂直大模型当前面临的主要挑战是受限于领域范围和数据的可用性。实际上，无论是通用大模型还是垂直大模型，都赋予了 AIGC 充分的想象空间，未来可应用到更广泛的场景中。

多模态技术快速发展。多模态技术的进步推动了 AIGC 生成内容的多样性，使文字、图像、音频、视频等多类数据之间可以相互转化和生成，从而增强了 AIGC 的通用化能力、创造力和实用性。展望未来，多模态技术有望拓展到教育、娱乐、医疗等多个领域，为用户提供更丰富的体验。比如，在医疗领域，通过读取图像和文本两种不同类型的数据，AIGC 可以自动生成医学图像分析等。随着多模态技术的快速发展，AIGC 将不断提高处理和整合不同模态信息的能力，满足用户广泛的需求，并推动 AIGC 在多个行业领域的应用。

案例 5.5　DeepSeek：以开源与创新重塑 AI 行业格局

DeepSeek（深度求索）成立于 2023 年 7 月，由幻方量化创立，专注于开发先进的大语言模型及相关技术。创始人梁文锋强调原创式创新，坚持开源路线与技术创新，致力于通过技术民主化推动人工智能的普惠发展。DeepSeek 是一款多模态 AI 工具，融合了文本生成、图像创作等功能，为用户提供无缝的创作体验。与传统 AI 应用不同，DeepSeek 采用深度学习和高效的神经网络技术，显著提升了回应速度和内容质量。用户只需简单描述需求，它便能生成多样化且富有创意的内容，改变了人机交互方式。技术上，DeepSeek 具有多项创新。首先，它采用 Mixture-of-Experts (MoE) 架构，仅激活与任务相关的专家网络，降低计算成本并提高推理速度。其次，结合 Multi-head Latent Attention (MLA) 机制，通过动态选择注意力头捕获长文本中的深层次上下文关系，提升响应连贯性和复杂查询理解能力。此外，DeepSeek 还具备多令牌预测机制，可同时预测多个令牌，加速推理过程。DeepSeek 的开源策略和低成本优势，使更多企业和从业者能够快速接入并应用 AI 技术，推动行业技术革新。例如，DeepSeek 可快速完成行业研报、竞品分析等任务，以往需要初级顾问花费一周时间的工作，如今半小时即可完成，帮助咨询公司聚焦核心业务和战略思考。

思考题：

1. DeepSeek 如何改变传统的工作流程和效率，这对组织管理中的时间管理和任务分配有何启示？

2. 在使用 DeepSeek 这样的 AI 工具时，如何平衡自动化与人类员工的工作，以确保员工的技能提升和职业发展？

3. DeepSeek 的开源策略对企业的知识产权管理和创新激励机制提出了哪些挑战和机遇？

（二）AIGC 产业体系发展趋势

在 AIGC 产业体系方面，已经形成算力层、模型层和应用层三层产业体系[①]。当前国内外在 AIGC 领域的发展上存在差异，在算力层和模型层方面国外处于领先地位，而在应用层方面国内外都表现出高速发展和广泛应用的特点。

第一层为算力层，作为人工智能生态体系的基石，对于推动 AIGC 技术的快速发展和广泛应用至关重要。它提供了支撑大规模训练、复杂模型研发以及实时推理等计算需求的基础架构，推动了 AIGC 技术的快速发展和广泛应用，主要提供预训练模型，为中间层和应用层提供支持和保障，但由于预训练模型通常需要比较高的技术投入和训练成本，因此具有一定的准入门槛。算力层的发展对于人工智能技术的创新和应用至关重要。目前国外在算力层方面具有强大的优势，拥有大规模的云计算基础设施和超级计算资源，如谷歌、OpenAI、脸书等在硬件和云计算资源方面投入巨大，加速了模型训练和部署。此外，国内也在云计算和超级计算方面取得了显著进展，如阿里云、腾讯云等提供了高性能计算资源。未来国内将继续加强算力基础设施建设，以满足 AIGC 日益增长的计算需求。

第二层为模型层，建立在预训练模型的基础上，通过精细的调整和训练，快速形成垂直、场景特定、个性化的小型模型和应用工具。这一层面支持工业化流程部署，具备按需使用和高效经济的优势。例如，借助循环神经网络（RNN）和长短时记忆网络（LSTM）等模型，可以训练生成式模型，实现语言建模、机器翻译以及对话系统等应用；通过生成对抗网络（GAN）等模型，可培训生成式模型，实现逼真图像和视频的生成。此外，还可利用卷积神经网络（CNN）来提取图像特征，再运用循环神经网络（RNN）或变换器（transformer）等模型生成相应的自然语言描述。GPT-4 代表了这一垂直化和定制化技术的最新发展成果，展示了模型层在特定应用中的潜力和前景。目前国内公司如百度、华为等也发布了自然语言处理和图像生成模型。

---

① 腾讯研究院发布《AIGC 发展趋势报告：迎接人工智能的下一个时代》。

第三层为应用层，代表了 AIGC 技术的最终应用和实际落地，为各领域带来了创新和价值。这一层面覆盖了多个领域，包括商业、医疗、金融、教育、交通等，同时服务面向 C 端和 B 端用户。在应用层，基于底层模型和中间层的垂直模型，各厂商积极开发各种 AIGC 产品和服务，以满足不断增长的内容创造和消费需求。例如，开发出了群聊机器人、文本生成软件、头像生成软件等 AIGC 消费工具，这些工具为用户提供了个性化和高质量的内容生成方式。应用层是 AIGC 技术潜力释放的实践物，为各行各业提供了创新性的解决方案。当前国内外 AIGC 应用正在快速发展，包括翻译、虚拟助手、媒体内容生成、游戏开发等方面，未来 AIGC 将赋能千行百业，对相关领域产生巨大影响。

二、AIGC 行业应用前景

从 2021 年初开始，ChatGPT 带动了全球海量的人工智能应用场景的爆发。人工智能大模型作为 AIGC 背后的关键基础设施，引起广泛关注。人工智能不仅需要巨大的投入，还需要庞大的数据基础。AIGC 作为新的内容生产模式，具有内容多样、可控性强与生产效率高的优点。基于 AIGC 目前在全球的落地情况，AIGC 除了对 IT 行业有变革性影响，其他受影响较大的行业领域有线上游戏、影视传媒、内容资讯、电子商务、办公软件、训练数据、社交软件以及在线教育等。

- "AIGC+线上游戏"。AIGC 在游戏前期制作、游戏中运营的体验及运营优化、游戏周边内容制作的全流程均有应用。AIGC 不仅可以增强游戏的可玩性和吸引力，还可以减轻游戏开发人员的工作负担。目前游戏中应用的 AIGC 技术算比较成熟。代表性机构有腾讯 AILab、启元世界、超参数等。
- "AIGC+影视传媒"。影视传媒行业属于内容行业，AIGC 对影视传媒领域的影响较大。AIGC 影响的细分领域主要包括电影、网络直播、视频剪辑、在线音乐等。例如，美国流媒体平台网飞（Netflix）已经开始使用 AIGC 技术进行个性化内容推荐和剧本生成，以满足不同观众的需求。①

- "AIGC+内容资讯"。AIGC 在内容资讯领域的应用主要是自动生成新闻文章、实时新闻报道，还可根据事件和数据源生成即时报道。例如，Google News 使用 AIGC 技术生成了个性化的新闻推荐，根据用户的搜索历史和兴趣提供相关新闻文章。另外，美联社也采用 AIGC 技术来生成新闻报道，以满足不断增长的新闻需求。

- "AIGC+电子商务"。虚拟数字人主播和个性化营销是电子商务领域中 AIGC 技术的两大代表应用。AIGC 技术可以创建虚拟数字人主播，这些主播能够以自然语言与观众互动，并展示产品或服务，从而降低了人力成本。此外，AIGC 可用于生成个性化的营销内容，并为用户推送精准广告。例如，阿里巴巴、京东、百度等已经借助虚拟数字人主播和个性化营销，为用户提供更好的购物体验。

- "AIGC+办公软件"。AIGC 在办公软件中有广泛的应用前景，可以用于自动化文档的生成，帮助用户快速创建各种文档，包括报告、合同和演示文稿。另外，AIGC 还可以用于电子邮件回复，根据接收到的邮件内容自动生成回复，提高邮件处理效率。此外，AIGC 还可以充当虚拟助手，回答用户的问题、执行任务等，使工作更高效。当前，微软已将 ChatGPT 接入 Office、Teams、Dynamics、Bing 等生产力工具产品线中，目前搜索引擎以及新的人机交互方式成为办公软件领域关注的重点。②

- "AIGC+训练数据"。AIGC 在训练数据领域的应用前景主要是生成合成数据，通过 AIGC 生成图像、文本、语音等完全虚构但保持原始数据特定属性的全新数据。这有助于扩充有限的真实数据集，克服人工智能模型训练的原始数据短缺、隐私泄露等问题，从而完成特定算法的训练和数据分析，降低手工标注的成本。当前，OpenAI 的 GPT 系列模型可用于生成合成文本数据，这些数据可以用于各种自然语言

---

① 2023 年全球流媒体巨头网飞（Netflix）上线了首部 AIGC 动画短片《犬与少年》。
② 微软正在迅速推进 OpenAI 工具商业化，计划将 ChatGPT、DALL-E 等人工智能工具整合进微软旗下的所有产品中，并将其作为平台供用户使用。

处理任务的训练，如文本分类和情感分析。
- "AIGC+社交软件"。AIGC 在社交软件中的应用前景非常广泛，可以用于自动生成社交媒体帖子、评论和回复，从而增加用户的互动和参与度。此外，AIGC 还可以进行情感分析，帮助社交媒体平台监测用户情绪和反馈。例如，Facebook 的 StabilityAI 可以通过对文字的语义理解和分析，帮助用户优化内容[1]。
- "AIGC+在线教育"。AIGC 在在线教育领域的应用主要包括生成教材、智能教育助手、个性化学习建议和自动化答疑等。AIGC 技术可以根据每位学习者的需求和优势来定制个性化的教学内容与方法，通过整合不同领域的知识为学习者提供广泛的学习资源，协助学习者挖掘潜在认知能力以及培养创新思维。例如，美国的在线教育平台 Coursera 已经利用 AIGC 技术建立了智能学习系统，为学习者提供个性化的学习方案[2]。

案例 5.6　宇树科技：以敏捷管理模式和技术突破引领机器人行业发展

宇树科技成立于 2016 年，是一家专注于高性能足式/人形机器人及灵巧机械臂研发、生产和销售的全球领先企业。作为全球最早公开零售高性能四足机器人的公司之一，宇树科技的产品广泛应用于消费、工业、科研和教育领域，客户遍布全球，并在全球四足机器人市场中占据了近 70% 的份额。其成功得益于独特的敏捷管理模式和持续的技术创新。公司采用扁平化组织结构和跨职能团队，快速响应市场需求，例如核心产品 Unitree Go1 从概念到量产仅用一年时间，展现了高效的执行力。创始人王兴兴凭借自主研发的低成本外转子无刷电机驱动技术，开创了全球主流四足机器人的发展方向。宇树科技坚持自主研发，在电机、减速器、控制器等核心部件上取得突破，打

---

[1] 2019 年脸书发布了自己的 AIGC 平台——Stability AI，主要由深度学习技术和自然语言处理技术提供支持。
[2] Coursera 是目前全球最大的在线教育平台之一，与全球超过 200 多所大学和教育机构合作，提供了数千门在线课程和专业认证课程。

破了国外技术垄断，其高性能电机的功率密度达到国际领先水平。同时，公司积极探索人工智能技术的应用，通过 AI 算法实现机器人的自主导航、目标识别和动态避障，显著提升了产品的智能化水平。2023 年 7 月发布的 Unitree Go2 四足机器人，起售价下探至万元以下，进一步推动了消费级机器人的普及。此外，其工业级四足机器人 B2 在电力巡检、消防救援、医疗消杀等领域展现了广泛的应用潜力。

思考题：

1. 分析敏捷管理模式在科技企业中的优势，并探讨其如何帮助企业在快速变化的市场中保持竞争力。

2. 宇树科技如何根据市场需求调整其产品策略？在消费级和工业级机器人市场中，科技企业应如何平衡技术创新和成本控制？

3. 分析具身人工智能如何提升组织在工业生产、物流管理、客户服务等领域的效率，并探讨其未来可能拓展的应用场景以及对企业运营模式的潜在影响。

三、AIGC 的监管与法规

自 2022 年 11 月 OpenAI 开放 ChatGPT 向公众正式提供服务以来，在很大程度上对社会形成了冲击，AIGC 也在全球范围内产生了广泛的影响，各国政府纷纷采取措施以应对 AIGC 带来的挑战。中国网信办在四个月内出台了《生成式人工智能服务管理办法（征求意见稿）》[①]，美国、澳大利亚以及欧洲等国家和地区也陆续出台了相应的政策。

欧盟一向监管较严，目前已经制定了一系列针对 AIGC 的政策，如《数字服务法案》（DSA）。该法案要求在线平台对用户上传的内容进行审核，及时删除违法内容，并承担相应的法律责任。此外，欧盟还鼓励成员国加强合作，共同应对 AIGC 带来的挑战。与此同时，澳大利亚政府关注 AIGC 所

---

① 2023 年 7 月 13 日，国家网信办联合国家发展改革委、教育部、科技部、工业和信息化部、公安部、广电总局公布《生成式人工智能服务管理暂行办法》，提出了国家坚持发展和安全并重、促进创新和依法治理相结合的原则，采取有效措施鼓励 AIGC 创新发展。

带来的隐私和数据安全问题，并采取一系列措施进行管理。例如，澳大利亚已出台《在线安全法》，要求在线平台保护用户数据安全，并对虚假信息的传播承担法律责任。此外，美国政府正努力更新现有的法律法规，以适应 AIGC 的发展。例如，针对虚假新闻的问题，已有多个州出台相关法案，要求平台对虚假信息传播承担法律责任；同时也在积极探索与其他国家在 AIGC 方面的合作与交流，以便共同应对全球性挑战。

在中国，为了应对 AIGC 带来的挑战，政府已经制定了一系列法律法规，包括《互联网信息服务管理办法》等。这份管理办法规定了研发、利用 AIGC 产品向中国公众提供服务的机构和个人需要遵守法律法规，尊重社会公德、公序良俗，还规定了利用 AIGC 服务应当遵守的要求，包括内容合法、不歧视、真实准确、尊重知识产权和个人隐私等。此外，该管理办法还规定了提供者的责任和义务，包括安全评估、数据来源合法性、标注规则、用户投诉接收处理机制等。该管理办法明确规定了对 AIGC 内容的传播和生产者的法律责任，以确保信息的真实性和公正性。

表 5-1 汇总了 AIGC 相关政策法规。

表 5-1　AIGC 相关政策法规汇总

政策	主要内容	发布时间	国家
人工智能大模型竞争力提升方案	（1）夯实人工智能大模型技术产业基础设施； （2）营造人工智能大模型创新生态系统； （3）落实国家层面的人工智能创新制度和文化	2023 年 4 月	韩国
生成式人工智能服务管理暂行办法	（1）坚持发展和安全并重，对生成式人工智能服务实行包容审慎和分类分级监管； （2）明确适用对象和范围：适用于向境内公众提供 AIGC 服务，对大量垂直领域如科研、工业应用等场景排除适用范围； （3）以鼓励产业创新和发展为重，明确生成式人工智能技术发展路径和重点方向； （4）搭建人工智能全生命周期监管体系，对数据、算法等业务适度"松绑"	2023 年 8 月	中国

续表

政策	主要内容	发布时间	国家
一种坚持创新的人工智能监管方法	(1) 基于人工智能的特征定义人工智能，以支持监管机构协调； (2) 采用情境关联方法规范人工智能应用； (3) 提供跨领域的原则指导监管机构应对人工智能风险和机遇； (4) 加强中央职能，以支持监管机构履行人工智能监管框架	2023年3月	英国
科学技术框架	目标为到2030年英国成为全球科技超级大国	2023年3月	英国
人工智能法案	(1) 对人工智能风险进行评级； (2) 制定全流程风险管理措施； (3) 构建监管沙盒	2023年5月	欧盟
国家人工智能委员会法案	围绕人工智能行业制定法规	2023年6月	美国
数字印度法案	为数字监管提供一个总体框架	2023年	印度
数据法案	旨在让欧盟最终用户对使用联网设备时生成的数据具有更多的控制权，包括让用户访问智能设备、机器或设备生成的数据，并在其选择的情况下与外部各方共享这些数据	2023年	欧盟
人工智能战略2022	(1) 构建符合时代需求的人才培养体系，培养各类人工智能人才； (2) 运用人工智能技术强化产业竞争力，使日本成为全球产业的领跑者； (3) 确立一体化的人工智能技术体系，实现多样性、可持续发展的社会； (4) 发挥引领作用，构建国际化的人工智能研究教育、社会基础网络	2022年4月	日本

资料来源：笔者根据研究资料整理而成。

四、AIGC驱动的未来：工作形态与人才需求趋势

随着AIGC技术在教育、传媒、医疗、金融等领域的加速落地，员工所处的工作环境也在发生新的变化。AIGC的应用可以使组织内的业务流程被

优化、学习与技术应用被强化、部分关于重复性任务和数据处理的岗位职能被弱化甚至被替代。尽管 AIGC 在不同行业的应用深度和广度不尽相同，但 AIGC 对未来工作形态会产生深远影响，主要涉及工作类型、技能需求、工作流程、工作环境和时间等多个方面。

在工作类型方面，AIGC 技术的应用可以替代许多重复性和规则性的工作，特别是与内容生成和处理相关的工作。在过去，内容创作、编辑和排版等工作需要人工完成，而现在 AIGC 可以自动生成高质量的文本、图像和视频。这将减少广告文案撰写、产品描述编写、新闻稿撰写等所需技能单一、可重复性高、规则性强的传统内容生成类工作的需求。此外，AIGC 还可以减少一些需要消耗大量时间和人力的劳动密集型工作，如那些涉及数据输入和处理的工作。

在技能需求方面，在 AIGC 技术的应用下，工作所需技能的多样性、重要性和自主性会有所加强，对员工工作的独立性、灵活性和创造性要求会进一步提升。一些技术人员不仅需要了解人工智能算法、大数据处理与分析，还需要有多样化的技能、有复杂的推理和决策能力以及较高的自我判断能力，从而更好地实现与 AIGC 技术的合作。

在工作流程方面，在 AIGC 技术应用的多个行业领域中，AIGC 可以大规模自动化人工劳动的任务，加快了工作流程，降低了生产成本，减少了人为错误的风险。随着人工智能内容生成师、数据分析师等新兴职业的蓬勃发展，未来工作流程会更加高效、灵活和以数据为驱动，AIGC 也会推动工作方式加速实现数智化转型。

在工作环境方面，AIGC 将推动虚拟协作的发展，打破工作环境的地理和时间限制。团队成员可以不受限于工作地点，进行远程办公和线上协作。这可以增加弹性工作时间，让工作方式更加灵活和多样化，从而满足个体差异化的办公环境需求。

在工作时间方面，AIGC 将自动化许多重复性和繁杂的任务，从而节省了员工的时间，员工可以将更多时间用于有创造性和战略性价值的工作。例如，数据输入、文件整理和报告生成可以由 AIGC 完成。这将减少员工花费在这些任务上的时间，提高了工作效率和时间利用率。

除了未来工作形态有变化，AIGC 技术影响下的人才需求也会相应改变。在当今大模型时代，数据和算力固然重要，但是人才是创新的关键驱动因素。目前 AIGC 技术人才不仅深受 IT 行业的欢迎，其他与 AIGC 应用有关的行业领域也急需相关人才，不同行业的头部企业对 AIGC 人才的招聘也在如火如荼地进行。在很多关于 AIGC 相关岗位的描述中，"业务理解"和"行业理解"的能力需求贯穿其中。这意味着企业更加青睐"IT 技能 + 业务理解 + 非 IT 行业经验"的复合型高级人才，原因是 AIGC 产品技术门槛较低，拥有丰富业务或行业经验的非技术人员可以帮助产品加速落地。因此，尤其在一些受 AIGC 技术影响较大的传统行业中，其内容生产、产品研发、市场营销等各个环节对 AIGC 应用型人才的需求持续走高。在 AIGC 时代，随着"技术"与"业务"的边界越来越模糊，个人的技术水平、业务能力、行业经验等综合素质会直接影响 AIGC 相关新产品的落地，这也决定了未来所需的必然是跨界的、高级复合型的人才。[①]

案例 5.7　AIGC 引领数字孪生时代：产业融合与效率提升

在当今数字时代，AIGC 正崭露头角，为我们带来了一个数字孪生的崭新时代。AIGC 时代的到来，不仅标志着产业数字化的深刻变革，更为各行各业带来了前所未有的发展机遇，同时还改变了各行各业的工作方式和效率。

AIGC 在工业领域的作用可谓深远而广泛。首先，在计算机辅助设计方面，AIGC 通过自动化低级、重复、多耗时的任务，将数千小时的时间缩短至几分钟，极大提高了工程设计的效率。其次，AIGC 支持生成衍生设计，为工程师提供更多创意灵感，促使工业设计更具创新性。最后，AIGC 的动态模拟功能使设计中引入变化成为可能，增强了产业的适应性和生动性。最令人瞩目的是 AIGC 推动构建数字孪生系统，将物理环境中的数字几何图形参数化为 3D 建模数据，创造了数字孪生系统，为工业界带来了前所未有的

---

① 2023 年 5 月猎聘大数据研究发布的《2023AIGC 人才趋势洞察》，基于超过 8 700 万个人注册用户、超过 111 万家验证企业、约 21 万个验证猎头用户等大数据储备，有针对性地进行样本筛选，然后战略业务支持中心对数据样本进行整理分析，最终撰写成报告，以此来分析各区域、各行业的 AIGC 人才储备情况、供需情况、流动情况等。

数字化体验。

AIGC在金融领域的应用有助于实现降本增效。AIGC在金融机构中实现了自动化生产，包括金融资讯、产品介绍等，极大提升了金融机构运营的效率。同时，AIGC也成功塑造了视听双通道的虚拟数字人客服，为金融服务注入更多生动性和多元性。这使得金融机构在服务内容呈现方面更加灵活，为客户提供了更加个性化的金融服务体验。

AIGC为教育领域注入新活力。当前很多教育科技公司已经开始利用AIGC生成教育材料和个性化教育辅助工具。这种应用使教育更加灵活和可定制，满足了不同学生的需求。此外，AIGC还有助于知识传播和教育资源的分享。在线课程和自动化教育辅助工具使教育得以普及，促进了教育领域的改革。

医疗保健领域也迎来了AIGC的变革。在辅助诊断方面，AIGC通过改善医学图像质量、辅助录入电子病历等方式，极大解放了医生的智力与精力，提高了医疗效率。同时，AIGC在康复治疗方面的创新也不可忽视，为失声者合成语言音频，为残疾者合成肢体投影，为心理疾病患者合成无攻击感的医护陪伴等，提供了人性化康复治疗，舒缓了患者情绪，加速了患者康复。

资料来源：许雪晨，田侃，李文军. 新一代人工智能技术（AIGC）：发展演进、产业机遇及前景展望 [J]. 产业经济评论，2023（4）：5-22.

章末案例 "AIGC+电商"：推进虚实交融，营造沉浸体验

随着数字技术的发展和应用、消费的升级和加快，购物体验沉浸化成为电商领域发展的方向。AIGC正加速商品3D模型、虚拟主播及至虚拟货场的构建，通过和增强现实、虚拟现实等新技术的结合，实现视听等多感官交互的沉浸式购物体验。

生成商品3D模型，用于商品展示和虚拟试用，提升线上购物体验。基于不同角度的商品图像，借助视觉生成算法自动化生成商品的3D几何模型和纹理，辅以线上虚拟"看、试、穿、戴"，提供接近实物的差异化网购体验，助力高效提升用户转化。百度、华为等企业都推出了商品自动化3D建

模服务，支持在分钟级的时间内完成商品的 3D 拍摄和生成，精度可达到毫米级。相较于传统电商采用图文、短视频的展现形式，3D 动态互动形式的模型可 720° 全方位展示商品主体外观，大幅度降低用户选品和沟通时间，提升用户体验，快速促成商品成交。同时生成出的 3D 商品模型还可用于在线试穿，高度还原商品或服务试用的体验感。如阿里于 2021 年 4 月上线 3D 版天猫家装城，通过为商家提供 3D 设计工具以及商品 3D 模型人工智能生成服务，帮助商家快速构建 3D 购物空间，支持消费者自己动手做家装搭配，为消费者提供沉浸式的"云逛街"体验。数据显示，3D 购物的转化率平均为 70%，较行业平均水平提高了 9 倍，同比正常引导成交客单价提升超 200%，同时商品退换货率明显降低。此外，不少品牌企业也开始在虚拟试用方向上进行探索和尝试，如优衣库虚拟试衣、阿迪达斯虚拟试鞋、周大福虚拟试珠宝、Gucci 虚拟试戴手表和眼镜、宜家虚拟家具搭配、保时捷虚拟试驾等。

　　打造虚拟主播，赋能直播带货。基于计算机视觉、CG 渲染和动作捕捉等技术，打造虚拟主播为观众提供 24 小时不间断的货品推荐介绍以及在线服务能力，为商户直播降低门槛。相比真人直播间带货，虚拟主播具备三大优势：一是虚拟主播能够填补真人主播的直播间隙，使直播间能不停轮播，既为用户提供灵活的观看时间和方便的购物体验，也为合作商家创造更大的生意增量。如欧莱雅、飞利浦、完美日记等品牌的虚拟主播一般会在凌晨 0 点上线，并进行近 9 个小时的直播，与真人主播形成了 24 小时无缝对接的直播服务。二是虚拟化的品牌主播能加速店铺或品牌年轻化进程，拉近与新消费人群的距离，塑造元宇宙时代的店铺形象，未来可通过延展应用到元宇宙中更多元的虚拟场景，实现多圈层传播。如彩妆品牌卡姿兰推出了自己的品牌虚拟形象，并将其引入直播间作为卡姿兰天猫旗舰店日常的虚拟主播导购。同时对于已具备虚拟品牌 IP 形象的传统企业，可直接利用已有形象快速转化形成虚拟品牌主播。如在 2020 年 5 月海尔直播大促活动中，大家所熟知的海尔兄弟虚拟 IP 来到直播间，并同主持人和粉丝一起互动，产生高达千万的播放量。三是虚拟主播人设稳定可控。在头部主播有限并且可能"人设崩塌"的情况下，虚拟主播人设、言行等由品牌方掌控，比真人明星的可控性、安全性要高。

赋能线上商城和线下秀场加速演变，为消费者提供全新的购物场景。通过从二维图像中重建场景的三维几何结构，实现虚拟货场快速、低成本、大批量的构建，将有效降低商家搭建 3D 购物空间的门槛及成本，为一些原本高度倚重线下门店的行业打开了线上线下融合的想象空间，同时为消费者提供了线上线下融合的新消费体验。目前一些品牌已经开始尝试打造虚拟空间。例如，奢侈品商 Gucci 在一百周年品牌庆典时，把线下的 Gucci Garden Archetypes 展览搬到了游戏 Roblox 上，推出了为期两周的虚拟展，五个主题展厅的内容与现实展览相对应。2021 年 7 月，阿里巴巴首次展示了其虚拟现实计划"Buy+"，并提供 360° 虚拟的购物现场开放购物体验。2021 年 11 月，耐克和 Roblox 合作，推出虚拟世界 Nikeland，并向所有 Roblox 用户开放。随着基于图像的 3D 重建技术在谷歌地图沉浸式视图功能中的成功应用，虚拟货场的自动化构建将得到广泛的应用和更好的发展。

资料来源：
AIGC 赋能百业，助力产业升级迭代 [J]. 大数据时代，2023（8）：6-29.
龚思颖. 论沉浸式媒介在数字化零售空间中的应用 [J]. 商业经济研究，2020（22）：5-9.
郑世林，陈志辉，王祥树. 从互联网到元宇宙：产业发展机遇、挑战与政策建议 [J]. 产业经济评论，2022（6）：105-118.DOI:10.19313/j.cnki.cn10-1223/f.20220829.001.

思考题

1. 在 AIGC 赋能电商发展的过程中，应用到了哪些 AIGC 的功能与技术？

2. AIGC 技术的应用为电商发展带来了哪些改变与机遇？你认为各品牌和电商平台应如何应对这些改变，如何抓住机遇？

3. 在 AIGC 赋能电商发展的过程中，是否存在潜在的风险以及可能带来的问题？你认为应该如何规避这些问题？